王力全集　第四卷

漢語詞彙史

王　力　著

中華書局

圖書在版編目(CIP)數據

漢語詞彙史/王力著. —北京:中華書局,2013.8
(2023.7 重印)
(王力全集;4)
ISBN 978-7-101-07827-5

Ⅰ.漢… Ⅱ.王… Ⅲ.詞彙-漢語史 Ⅳ.H13

中國版本圖書館 CIP 數據核字(2011)第 011905 號

書　　　名	漢語詞彙史	
著　　　者	王　力	
叢 書 名	王力全集　第四卷	
責任印製	陳麗娜	
出版發行	中華書局	
	(北京市豐臺區太平橋西里 38 號　100073)	
	http://www.zhbc.com.cn	
	E-mail:zhbc@zhbc.com.cn	
印　　刷	河北新華第一印刷有限責任公司	
版　　次	2013 年 8 月第 1 版	
	2023 年 7 月第 3 次印刷	
規　　格	開本/880×1230 毫米　1/32	
	印張 10¼　插頁 3　字數 250 千字	
印　　數	5001-6000 冊	
國際書號	ISBN 978-7-101-07827-5	
定　　價	45.00 元	

王力先生在工作

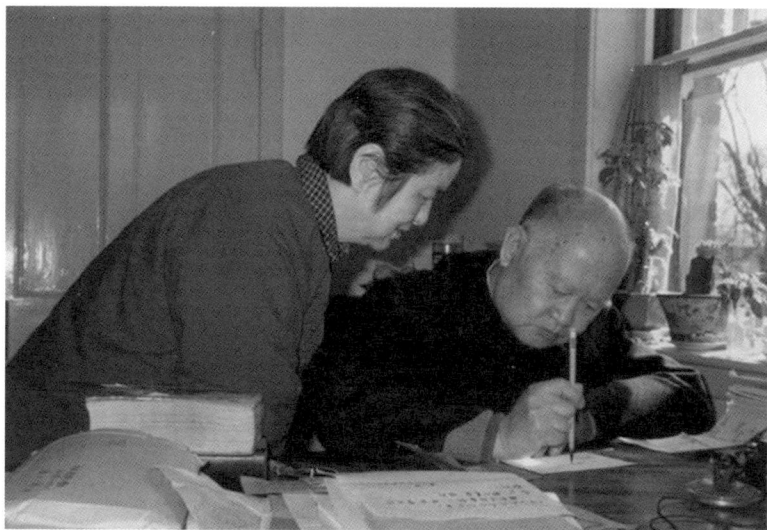

王力先生夫婦

《王力全集》出版説明

王力（1900—1986），字了一，廣西壯族自治區博白縣人，我國著名語言學家、教育家、翻譯家、散文家和詩人。

王力先生畢生致力于語言學的教學、研究工作，爲發展中國語言學、培養語言學專門人才作出了重要貢獻。王力先生的著作涉及漢語研究的多個領域，在漢語發展史、漢語語法學、漢語音韻學、漢語詞彙學、古代漢語教學、文字改革、漢語規範化、推廣現代漢語普通話和漢語詩律學等領域取得了杰出的成就；在詩歌、散文創作和翻譯領域也卓有建樹。

要瞭解中國語言學的發展脉胳、發展趨勢，必須研究王力先生的學術思想，體會其作品的精華之處，從而給我們帶來新的領悟、新的收獲，因而，系統整理王力先生的著作，對總結和弘揚王力先生的學術成就，推動我國的語言學及其他相關學科的發展，具有重要的意義。

《王力全集》完整收録王力先生的各類著作三十餘種、論文二百餘篇、譯著二十餘種及其他詩文等各類文字。全集按内容分卷，各卷所收文稿在保持著作歷史面貌的基礎上，參考不同時期的版本精心編校，核訂引文。學術論著後均附"主要術語、人名、論著索引"，以便讀者使用。

　　《王力全集》的編輯出版工作中，得到了王力先生家屬、學生及社會各界人士的幫助和支持，在此謹致以誠摯的謝意。

中華書局編輯部

2012 年 3 月

本卷出版説明

本卷收入王力先生的專著《漢語詞彙史》。

《漢語詞彙史》是王力先生在《漢語史稿》下册的基礎上修訂改寫而成的。據《王力文集》第十一卷的編印説明介紹，王力先生修訂本書是從 1983 年 9 月 25 日開始的，1984 年 4 月脱稿。1990 年，郭錫良先生根據王力先生的手稿，訂正引文，增補引文篇名，删改了個別引例和詞句，收入到《王力文集》第十一卷。1993 年，商務印書館出版了《漢語詞彙史》單行本。

此次收入《王力全集》，我們以商務印書館 1993 年本爲底本，參考《王力文集》第十一卷（後稱“文集本”）進行編校，修訂了部分錯誤，并核對了書中的引文，統一了體例。

中華書局編輯部

2012 年 3 月

目　録

第一章　社會的發展與詞彙的發展

語言是隨着社會的發展而發展的。在詞彙方面，這種情況特別明顯。這裏我們就各個時代、各種社會的詞彙發展的情況加以概略的叙述。

一、原始社會的詞彙

語言是社會的産物。自從人類有了社會，也就有了語言。語言的産生遠在文字之前。我們在現存的史料中，很難窺見原始社會詞彙的面貌。但是，依理推測，漢語的基本詞彙，絶大部分應該在原始社會中已經存在了。

天文氣象，應該是原始社會詞彙的一個重要部分。甲骨文中的"日、月、風、雲、雨、虹、蜺、雪"等字，在原始社會中應該已經存在相應的概念了。甚至日、夕、晴、雨的概念，也早已有了①。

人稱代詞也屬于原始社會的基本詞彙。從甲骨文中可以看見，第一人稱代詞有"余、朕、我"三字，"余"字用于單數賓格，"朕"字用于領

---

① 甲骨文中有個"㳄"字，説者認爲就是《説文》的"啓"字。《説文》："啓，雨而晝姓（晴）也。"

格，"我"字用于複數主賓格。第二人稱有"女、乃"二字，"女"字用于主賓格，"乃"字用于領格。第三人稱未見。原始社會應該基本上是這種情況。

二、漁獵時代的詞彙

古人打魚大約用兩種手段：第一種是用釣，第二種是用網。甲骨文的"漁"字有下列諸形：

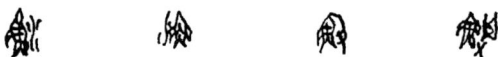

古人打獵的行爲叫做"田"，例如：

庚申卜，狄貞王其田，[往]來亡屮。(《殷契粹編》九三二，下簡稱"《粹》")

乙卯貞王往田。(《粹》七七六)

庚寅卜，尹貞其田于主，往來亡屮。(《殷虛書契後編》上，一五，一，下簡稱"《後》")

也叫做"獸"(狩)，例如：

貞王獸于乂。(《殷虛書契前編》一，四四，七，下簡稱"《前》")

壬辰貞王弜獸囗彡。(《粹》一八九)

指明獵取某物時叫做"逐"，例如：

逐鹿，隻(獲)。(《前》三，三二，二)

自東西北逐杳麋。(《粹》九八〇)

其叀白麋逐。(《粹》九五八)

貞我逐豕。(《粹》九四八)

也叫做"从",例如:

　　　重🔯西麇从。(《粹》九七六)

獵得叫做"隻"(獲),例如:

　　　吉,隻鹿十。(《前》二,一六,一)

　　　貞其射鹿,隻。(《前》三,三二,四)

　　　貞乎逐豕,隻。(《粹》九四七)

　　　其隻生鹿。(《粹》九五一)

　　　獸(狩)隻鹿。(《粹》九五四)

　　　丁卯卜,王大隻魚①。(《卜辭通纂》七四九)

也叫做"禽",例如:

　　　射又(有)豕,禽。(《粹》九五〇)

　　　徝至,其禽鹿。弗禽。(《粹》九五二)

　　　隻射妻鹿,禽。(《粹》九五三)

　　狩獵的對象有鹿、麋、麎、狐(犰)、兕(罘)、豕、兔、雉、虎、象等,例如:

　　　隻鹿一。(《前》二,二三,二)

　　　隻麋一。(《前》二,二四,一)

　　　隻犰(狐)二。(《前》二,三二,五)

　　　隻罘(兕)二。(《前》二,三一,四)

　　　隻犰七。(《前》二,四三,三)

　　　隻□一,麋二,雉二。(《前》二,一一,六)

---

①　漁獵時代,打到魚也叫做"獲"。

隻犰十三。(《前》二,四二,三)

隻犰三,鹿二。(林泰輔《龜甲獸骨文字》一,七,一三,下簡稱
"《林》")

隻鹿二。(《前》二,四四,五)

三、農牧時代的詞彙

農牧時代的農作物,大約有下列幾種:

1. 禾,即穀子;

2. 黍,即黃米;

3. 稷,即高粱;

4. 秬,即黑黍;

5. 麥或來①。

早期農牧社會的農具有耒、耜和蜃。後期有銚。《淮南子·氾論》:
"古者剡耜而耕,摩蜃而耨。"蜃是蚌製的農具,以木製的叫做橃。《説
文》:"橃,薅器也。"以鐵製的叫做鎒。關於耒、耜、鎒、銚作爲農具,有下
面一些例子:

推引銚耨,以當劍戟。(《管子·禁藏》)

耕者必有一耒,一耜,一銚。(《管子·海王》)

君將戴笠衣褐,執銚耨以蹲行畎畝之中。(《晏子》)

古者寡事而備簡,樸陋而不盡,故有挑銚而推車者。(《韓非
子·八説》。何犿注:挑,蜃屬。銚即銚耨剗削之器也。上古摩蜃
而耨也)

————————

① 參看陳夢家《殷虛卜辭綜述》531頁。

春雨日時，草木怒生，銚鎒于弄是乎始修。(《莊子·外物》。
錢，即銚)

操錢鎒與農夫居壠畝之中。(《戰國策·齊策三》。錢，即
銚)

無把銚推耨之勢，而有積粟之實。(《戰國策·秦策四》)

耕作的行爲叫做"耤"。《説文》："耤，帝耤千畝也。"那是後起的
意義了。農牧時代，一般耕作都叫做"耤"。"耤"在甲骨文裏有下列
諸形：

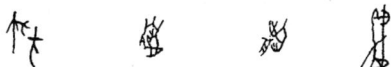

象人手持耒的長柄而足踏耒的下端之形。

收歛叫做"嗇"，例如：

貞今其雨，不佳䆜。(《後》下七，二。䆜，即"嗇"字)

穀熟叫做"年"。卜辭中的"年"是豐收的意思，例如：

庚申卜，貞我受黍年。(《前》三，三十，三)

貞不其受黍年。(《後》上，三一，一二)

古人在穀物收穫以後，行登嘗之禮。登嘗就是以新穫的穀物薦于
寢廟讓祖先嘗新，例如：

登來乙且。(《粹》九〇八)

其登㘰于且乙。(《殷虛文字甲編》二四〇七)

其登黍于宗。(《粹》一五七四)

殷商時代畜牧大盛。供祭祀的牲牢有牛、羊、犬、豕。牛爲太牢，
羊爲少牢(寫作"宰")。牛類有牡、牝、犅、犧(特)。

古人駕車用馬。卜辭中，馬類有多種：

駁　　騽　　驊(寫作羍)　犅①　　駧　　騳　　齝　　骉

焄　　魙　　騳　　　　瑪　　骺

馬牛的飼料叫"芻"。卜辭中，"芻"用作動詞，表示刈草，例如：

> 告芻。(《戬壽堂所藏殷虛文字》三六，一四，下簡稱《戬》)
>
> 貞于亶大芻。(《前》四，三五，一)
>
> 勿芻。(《粹》九二一)

四、奴隸社會的詞彙

奴隸的名稱有"臣、妾、奚、童、僕、宰、衆、民"等。這些字在甲骨文、金文中有以下諸形：

臣　古人稱奴隸爲臣。《左傳·僖公十七年》："男爲人臣，女爲人妾。"《書·費誓》："臣妾逋逃。"《微子》："商其淪喪，我罔爲臣僕。"《詩·小雅·正月》："民之無辜，并其臣僕。"郭沫若説："臣宰視民爲貴。"

妾　妾的本義是女奴。《説文》："妾，有罪女子給事之得接于君者。"

奚　羅振玉云："罪隸爲奚之本誼，故从手持索以拘罪人。其从女者與从大同。周官有女奚，猶奴之从女矣。"

---

① "犅"以下諸字《説文》所無。

童　《説文》："童，男有罪曰奴，奴曰童，女曰妾。"按：童僕的"童"字後來寫爲"僮"。

僕　郭沫若云："字實从辛，𠃋乃有尾人形之頭部也。古奴隸字多从辛，妾字从辛，童字从辛，此僕亦从辛者，剠劅之象形文，古人施黥以之。童妾僕之从辛者，示黥其額也。此僕服賤役，頭上有辛，而尻下有尾，足徵古人之虐待奴隸。"

宰　《説文》："宰，罪人在屋下執事者，从宀，从辛。辛，罪也。"

衆　象一群奴隸在烈日下勞動之形。

民　郭沫若云："臣民均古之奴隸，宰亦稱臣。臣宰視民爲貴，此由周金文中可得其大凡。揆其所以，蓋民乃敵虜之頑強不服命者，即是忠于故族而不甘受异族統治者之遺頑，而臣或宰則其中之携貳者。古人即用其携貳以宰治其同族，故雖同是罪隸而貴賤有分。"

奴隸社會的祭祀非常隆重，祭祀的名目繁多，如"祊、衣、肜、翌、劦、歲、龠、祭、叙、御"等。

祊　卜辭作"⊏"。廟門祭祖曰"祊"，例如：

　　⊏（祊）于毓祖乙。（《粹》二九四）

　　乙未貞其又⊏于父丁。（《粹》三六八）

　　庚子卜殻貞屮⊏于高妣己。（《粹》三九九）

衣　衣爲祭名。所祭者不止一人。例如：

　　辛巳，卜，貞王賓上甲權至于多毓，衣。（《前》二，二五，四）

　　丁酉卜，貞王賓□自上甲至于武乙，衣，亡尤。（《後》上二〇，三）

　　癸亥〔卜□貞〕甲子气酒暨自上甲衣至于多后，亡囦。（《粹》八五）

肜　卜辭作"彡"。肜是祭名。祭後第二日再祭，例如：

　　辛卯卜，亙貞，彡酒于囤，亡𡰥。（《粹》一〇七）

乙未卜,□貞,王窓大乙彡□,亡尤。(《粹》一五九)

翌　翌也是祭名。這是依殷王廟號之日祭王的一種祭禮。也叫
"翌日",例如:

甲戌翌上甲,乙亥翌乙,丙子翌囚,丁丑翌曰,壬午翌示壬,癸
未翌示癸,乙酉翌大乙,丁亥翌大丁,甲午翌大甲,[丁酉翌沃丁],
庚子翌大庚。(《粹》一一三)

甲寅上甲翌,乙卯乙翌,丙辰……(《粹》一一四)

丁巳[卜行]貞:王[賓]父丁翌,[亡]尤。(《粹》三〇九)

戊申卜,尹貞:王賓大戊翌日,亡尤。(《粹》二一五)

酓①　酓也是祭名。也叫"酓日"。也寫作"召",例如:

丙辰[卜尹]貞:翌丁召于大丁,亡屯。(《粹》一七一)

翌日大乙,王其召祖乙。(《粹》一五二)

己亥卜,旅貞:翌庚子酓于大庚,亡屯。(《粹》二〇一)

己巳卜貞:王賓召酓日,亡尤。(《粹》二〇三)

歲　歲是歲祭,每歲舉行一次,例如:

癸酉卜,行貞:王□賓父丁歲,二牛。(《後》上一九,一四)

壬申卜,行貞:王賓歲,二牛。(《戩》二〇,二)

甲午卜,其又歲于高祖乙,三牢。(《粹》一六三)

癸巳卜,瞂貞:翌日祖甲歲其宰。(《粹》三三三)

龠　卜辭寫作"閜",龠就是禴。《説文》作"礿",云:"礿,夏祭
也。"卜辭中有兩個例子:

———————————

① 郭沫若寫作"盉"。

戊戌卜，口貞：王賓中丁彡聞，亡囚。（《粹》二二〇）

乙巳卜，旅貞：王賓戔甲彡聞叔，［亡尤］（《粹》二二六）

祭　祭是專名，不是一般祭祀的意思，例如：

乙丑卜，尢貞：王賓匚祭。（《後》上八，一一）

乙亥卜，尹貞：王賓大乙祭，亡囚。（《粹》一三七）

丙辰卜貞：王賓卜丙祭，亡尤。（《粹》一七九）

［甲辰卜行］貞：翌乙巳祭于小乙，亡壱。（《粹》二八〇）

叔　叔也是祭名，卜辭中常見，例如：

戊申［卜］，旅貞：王賓叔，亡尤。（《粹》二一四）

貞王賓叔，亡尤。（《粹》二二五）

丁巳［卜行］貞：［王賓］叔，［亡尤］。（《粹》二六六）

甲午卜行貞：王賓叔，亡尤。（《粹》二七二）

御　也寫作"卸"。即《說文》的"禦"字。《說文》："禦，祀也。"例如：

己□卜，亘貞：卸于祖丁。（《戩》四，一五）

癸巳貞：卸于父丁，其百小宰。（《粹》二〇）

戊戌卜，卸于河。（《粹》四九）

己巳卜，出貞：卸王于囲。（《粹》一〇〇）

與祭祀有關的詞彙有"告、冊、祝"等。"告"是向祖宗報告，"冊"（也寫作冎、删）是書面祈禱，"祝"（也寫作"兄"）是口頭祈禱，例如：

［甲］辰卜，狄［貞］：其告于上甲。（《粹》九四）

于大乙告。（《粹》一二九）

叀冊用。（《粹》一）

王其又(侑)于高祖乙,叀册用。(《粹》一六二)

叀高祖夒,祝用,王受又。(《粹》一)

叀祖丁祝用。(《粹》二六一)

祭天叫做"尞、酒",郊祭叫做"郊",祭山川叫做"旅",祈雨叫做
"雩"。

尞,又寫作"奈"。卜辭作 。"尞"就是柴的意思。《說文》:
"柴,燒柴焚燎以祭天神。"例如:

己巳卜,王奈于東。(《前》四,一五,七)

甲辰卜,丙奈于河,一羊,一豕,卯一牛。(《粹》四四)

奈于土。(《粹》一九)

甲辰卜,乙巳其奈于莖,小雨。(《粹》二六)

酒　卜辭寫作"酒、酚"。郭沫若以爲就是"櫎"字①。《說文》:
"櫎,積火燎之也。……酒,柴祭天神,或从示。"例如:

其酒奈夒。(《粹》六)

于來日庚酒,王受又(祐)。(《粹》四一)

丙子卜,㲋貞:乎(呼)言酒河,奈三豕、三羊,卯五牛。(《粹》四七)

貞來辛酉酒王亥②。(《粹》七六)

郊　卜辭寫作"夵",例如:

于河夵,雨。(《粹》六五五)

辛亥卜夵,王受又(祐)。(《粹》六五六)

旅　"旅"也是祭名。《論語·八佾》:"季氏旅於泰山。"卜辭祇有

---

① 羅振玉以爲是"酌"字,今不取。
② 祭祖先也叫"酒"。

一個例子：

> 乙未卜,于夒衆旅,雨。(《粹》十)

雩　卜辭寫作"霝","雩"是求雨的祭。《説文》:"雩,夏祭樂於赤帝以祈甘雨也。"例如:

> 于翌日丙霝,又(有)大雨。(《粹》八四八)
>
> 弜乎(呼)霝,亡大雨。(《粹》八四六)

五、封建社會的詞彙

封建社會的詞彙,主要在抽象概念方面,如"忠、孝、仁、義、聖、賢、敬、信"等。

忠　對人盡心盡力叫做"忠",例如:

> 爲人謀,而不忠乎?(《論語·學而》)
>
> 愛之能勿勞乎?忠焉能勿誨乎?(同上,《憲問》)

"忠"又特指對人君的忠誠,例如:

> 居上克明,爲下克忠。(《書·伊訓》)
>
> 爾尚蓋前人之愆,惟忠惟孝。(《書·蔡仲之命》)
>
> 爲人君必惠,爲人臣必忠。(《墨子·兼愛下》)
>
> 人主莫不欲其臣之忠。(《莊子·外物》)

孝　善事父母爲"孝",例如:

> 父頑,母嚚,象傲,克諧以孝。(《書·堯典》)
>
> 其爲人也孝弟,而好犯上者,鮮矣。(《論語·學而》)
>
> 以是爲人臣不忠,爲子不孝。(《墨子·非儒下》)

人親莫不欲其子之孝。(《莊子·外物》)

仁 博愛叫做"仁"①。《説文》:"仁,親也。"例如:

不如叔也,洵美且仁。(《詩·鄭風·叔于田》)

視人之國若視其國,視人之家若視其家,視人之身若視其身。是故諸侯相愛,則不野戰;家主相愛,則不相篡;人與人相愛,則不相賊。……是以仁者譽之。(《墨子·兼愛中》)

澤及萬世而不爲仁。(《莊子·大宗師》)

分均,仁也。(同上,《胠篋》)

義 行爲合理叫做"義",例如:

無偏無頗,遵王之義。(《書·洪範》)

其養民也惠,其使民也義。(《論語·公冶長》)

苟虧人愈多,其不仁兹甚矣,罪益厚。當此天下之君子皆知而非之,謂之不義。今至大爲攻國,則弗知非,從而譽之謂之義。此可謂知義與不義之別乎!(《墨子·非攻上》)

生亦我所欲也,義亦我所欲也。二者不可得兼,捨生而取義者也。(《孟子·告子上》)

聖 "聖"在最初祇是聰明能幹、通達事理的意思,例如:

母氏聖善。(《詩·邶風·凱風》。毛傳:"聖,叡也。")

國雖靡止,或聖或否。(《詩·小雅·小旻》。毛傳:"人有通聖者,有不能者。")

聰作謀,睿作聖。(《書·洪範》)

人之有技,若已有之。人之彦聖,其心好之。(《書·泰誓》)

---

① 《論語》裏"仁"字的意義很廣泛。這裏"博愛"指狹義。韓愈《原道》:"博愛之謂仁。"

後來引申爲聖人的"聖",即全知全能的意思,例如:

> 夫子聖者與? 何其多能也?(《論語·子罕》)
>
> 聖人,吾不得而見之矣。(同上,《述而》)
>
> 賢聖之君六七作。(《孟子·公孫丑上》)
>
> 禹大聖也,而形勞天下也如此。(《莊子·天下》)

賢　事多而勞叫做"賢"。《廣雅·釋詁一》:"賢,勞也。"例如:

> 大夫不均,我從事獨賢。(《詩·小雅·北山》)
>
> 此莫非王事,我獨賢勞也。(《孟子·萬章上》)

有德行、有才能也叫做"賢",例如:

> 任賢勿貳,去邪勿疑。(《書·大禹謨》)
>
> 推賢讓能,庶官乃和。(《書·周官》)
>
> 賢哉回也! 一簞食,一瓢飲,在陋巷。人不堪其憂,回也不改其樂。賢哉回也!(《論語·雍也》)
>
> 見賢思齊焉,見不賢而内自省也。(同上,《里仁》)

敬　對工作嚴肅認真叫做"敬"。《説文》:"敬,肅也。"例如:

> 敬授人時。(《書·堯典》)
>
> 予臨兆民,懍乎若朽索之馭六馬,爲人上者奈何不敬。(《書·五子之歌》)
>
> 道千乘之國,敬事而信,節用而愛人,使民以時。(《論語·學而》)
>
> 居處恭,執事敬,與人忠。(同上,《子路》)

後來"敬"又表示尊敬、敬重,例如:

> 爵位不高則民不敬也。(《墨子·尚賢中》)
>
> 吾敬鬼尊賢。(《莊子·山木》)

> 夫遇長不敬,失禮也。(同上,《漁父》)
>
> 君臣主敬。(《孟子·公孫丑下》)

信　言語誠實叫做"信"。《説文》:"信,誠也。"例如:

> 信言不美,美言不信。(《老子》)
>
> 言而不信,何以爲言?(《穀梁傳·僖公二十二年》)
>
> 子以我爲不信,吾爲子先行,子隨我後,觀百獸之見我而敢不走乎?(《戰國策·楚策》)

引申爲守信用,例如:

> 言必信,行必果。(《論語·子路》)
>
> 人而無信,不知其可也。(同上,《爲政》)
>
> 大人者,言不必信,行不必果,惟義所在。(《孟子·離婁下》)
>
> 尾生溺死,信之患也。(《莊子·盜跖》)

六、上古社會的衣食住行

上古社會的衣着,有衣、裳、冠、帶等。

衣　衣的本義是上衣。《説文》:"上曰衣,下曰裳。"例如:

> 東方未明,顛倒衣裳。(《詩·齊風·東方未明》)
>
> 惟衣裳在笥。(《書·説命中》)

又泛指衣服。例如:

> 薄污我私,薄澣我衣。(《詩·周南·葛覃》)
>
> 豈曰無衣? 與子同袍。(《詩·秦風·無衣》)
>
> 士志於道,而耻惡衣惡食者,未足與議也。(《論語·里仁》)

衣弊履穿。(《莊子·山木》)

裳　裳是下衣,即裙。《説文》作"常",或作"裳",云:"下裙也。"上古時代男子穿裳,例如:

> 緑衣黄裳。(《詩·邶風·緑衣》)
>
> 心之憂矣,之子無裳。(《詩·衛風·有狐》)
>
> 乃生男子,載寢之牀,載衣之裳,載弄之璋。(《詩·小雅·斯干》)
>
> 八月載績,載玄載黄,我朱孔陽,爲公子裳。(《詩·豳風·七月》)

冠　古人的冠以笄貫髮,以巾覆之。冠下有纓。冠制完全不同于今天的帽子。帽子用來保暖,而冠則是一種裝飾品。(《月令》章句:"冠,首飾也。")戴冠表示禮貌。古人二十歲才結髮戴冠,例如:

> 羔裘玄冠不以吊。(《論語·鄉黨》)
>
> 昔者楚莊王解冠組纓,絳衣博袍,以治其國。(《墨子·公孟》)
>
> 與惡人言,如以朝衣朝冠坐于塗炭。(《孟子·公孫丑上》)
>
> 于是正衣冠與之坐。(《莊子·達生》)

帶　帶所以束衣,帶束在衣的外面,帶上懸掛一些飾物,叫做"佩"。男子用革帶,婦女用絲帶(男子也可用絲帶)。帶也是一種裝飾品。和今人的褲帶不同。帶也表示禮貌。古人有冠必有帶,例如:

> 心之憂矣,之子無帶。(《詩·衛風·有狐》)
>
> 淑人君子,其帶伊絲。(《詩·曹風·鳲鳩》。鄭箋:"謂大帶也。大帶用素絲,有雜色飾焉。")
>
> 赤也,束帶立於朝,可使與賓客言也。(《論語·公冶長》)
>
> 昔者齊桓公高冠博帶,金劍木盾,以治其國。(《墨子·公孟》)

上古社會的飲食,有"酒、漿、食(sì)、羹"等。

酒　上古時代很早的時候就有了酒。相傳夏禹時儀狄造酒。《説

文》："古者儀狄作酒醪,禹嘗之而美,遂疏儀狄。"例如:

> 我用沈酗于酒。(《書·微子》)
>
> 朝夕日祀兹酒。(《書·酒誥》)
>
> 鄉人飲酒。(《論語·鄉黨》)
>
> 禹惡旨酒而好善言。(《孟子·離婁下》)

漿　漿是帶酸味的飲料。上古時代還没有茶。古人飲漿等于今人喝茶,用來解渴。《説文》作"𤖅",云"𤖅,酢𤖅也"(酢就是醋),例如:

> 或以其酒,不以其漿。(《詩·小雅·大東》)
>
> 維北有斗,不可以挹酒漿。(同上)
>
> 魏王貽我大瓠之種,我樹之成而實五石。以盛水漿,其堅不能自舉也。(《莊子·逍遥游》)
>
> 簞食壺漿以迎王師。(《孟子·梁惠王下》)

食　食就是飯,讀祥吏切(sì)。上古"飯"字祇當動詞用(吃飯),名詞的"飯"説成"食",例如:

> 飯疏食,飲水,曲肱而枕之,樂亦在其中矣。(《論語·述而》)
>
> 一簞食,一瓢飲。(同上,《雍也》)
>
> 以饋食享先王。(《周禮·春官·大宗伯》。疏:"食是黍稷。")
>
> 子卯,稷食菜羹,夫人與君同庖。(《禮記·玉藻》。疏:"食,飯也。以稷穀爲飯,以菜爲羹而食之。")

羹　羹是帶汁的肉。《説文》作"𩱧",小篆作"羹",云:"五味盉羹也。"《字林》作"臇",云:"肉有汁也。"《爾雅·釋器》:"肉謂之羹。"羹不是湯,而是肉食。作羹之法是和以五味(主要是鹽梅),摻以米屑。

不加五味的叫做"大羹"。加菜叫做"芼"。祇用菜不用肉的叫做"菜羹"。菜羹是煮熟的菜,不是菜湯。羹是用來就飯的菜。一般人吃飯祇有一個菜,就是羹(超過一個菜叫做"兼味"),例如:

> 毛炰胾羹。(《詩·魯頌·閟宮》。胾,大塊肉)
>
> 大羹不致。(《左傳·桓公二年》)
>
> 雖疏食菜羹,必祭。(《論語·鄉黨》)
>
> 一簞食,一豆羹,得之則生,弗得則死。(《孟子·告子上》)

上古社會的住所,有"宮、室、堂、庭"等。

宮 原始社會的人穴居。甲骨文裏的"宮"字寫作𢉩。後來人們有了房子,也叫"宮"。在上古社會裏,"宮"指一般的房子,并不專指帝王的宮殿,例如:

> 于以采蘩,于澗之中;于以用之,公侯之宮。(《詩·召南·采蘩》)
>
> 令無入僖負羈之宮。(《左傳·僖公二十八年》)
>
> 譬之宮牆,賜之牆也及肩。(《論語·子張》)
>
> 且許子何不爲陶冶,捨皆取諸宮中而用之?(《孟子·滕文公上》)

室 室字有廣義,有狹義。廣義"室"就是宮,例如:

> 定之方中,作于楚宮;揆之以日,作于楚室。(《詩·鄘風·定之方中》)
>
> 上古穴居而野處,後世聖人易之以宮室。(《易·繫辭下》)
>
> 卑宮室而盡力乎溝洫。(《論語·泰伯》)

狹義"室"指堂後的房間,堂後以牆隔開,後部中央叫"室",室的東西兩側叫"房",例如:

> 其室則邇,其人甚遠。(《詩·鄭風·東門之墠》)
>
> 曰爲改歲,入此室處。(《詩·豳風·七月》)

穀則异室,死則同穴。(《詩·王風·大車》)

由也,升堂矣,未入于室也。(《論語·先進》)

堂　階上室外的正廳叫做"堂",例如:

一人冕執鉞立于西堂。(《書·顧命》)

子之昌兮,俟我乎堂兮。(《詩·鄭風·豐》)

躋彼公堂,稱彼兕觥。(《詩·豳風·七月》)

王坐于堂上,有牽牛而過堂下者。(《孟子·梁惠王上》)

庭　《説文》:"庭,宮中也。"庭就是院子。也寫作"廷",例如:

子有廷内,弗洒弗埽。(《詩·唐風·山有樞》)

俟我于庭乎而。(《詩·齊風·著》)

念兹皇祖,陟降庭止。(《詩·周頌·閔予小子》)

八佾舞于庭。(《論語·八佾》)

上古社會的交通工具,有"車、馬、舟、梁"等。

車　上古時代,很早就有了車。車有轅,有輿,有輪。作爲交通工具,車是用馬拉的,例如:

明試以功,車服以庸。(《書·舜典》)

惠而好我,携手同車。(《詩·邶風·北風》)

有女同車,顏如舜華。(《詩·鄭風·有女同車》)

有棧之車,行彼周道。(《詩·小雅·何草不黃》)

馬　上古的馬是用來拉車的,不是用來騎坐的,例如:

御非其馬之正。(《書·甘誓》)

乃偃武修文,歸馬于華山之陽。(《書·武成》)

之子于歸,言秣其馬。(《詩·周南·漢廣》)

叔于田,乘乘馬。(《詩·鄭風·叔于田》)

舟　舟就是船。上古叫"舟"不叫"船",例如:

若乘舟,汝弗濟。(《書·盤庚中》)

二子乘舟,汎汎其景。(《詩·邶風·二子乘舟》)

羿善射,奡盪舟。(《論語·憲問》)

且夫水之積也不厚,則其負大舟也無力。(《莊子·逍遥游》)

梁　梁就是橋。《説文》:"梁,水橋也。"上古叫"梁"不叫"橋",例如:

有狐綏綏,在彼淇梁。(《詩·衛風·有狐》)

造舟爲梁,不顯其光。(《詩·大雅·大明》)

除道梁溠。(《左傳·莊公四年》)

亦爲君之東游津梁之上。(《國語·晉語》)

十二月輿梁成。(《孟子·離婁下》)

當是時也,山無蹊隧,澤無舟梁。(《莊子·馬蹄》)

尾生與女子期于梁下。女子不來,水至不去,抱梁柱而死。(同上,《盗跖》)

七、歷代詞彙的發展

上古社會裏,漢語詞彙已經相當完備了。但是隨着社會的發展,新事物不斷產生,也就不斷產生新詞。現在舉"紙、硯、盌(碗)、案、碓、磴、帆、艇、寺、庵、觀、塔"十二字爲例。

紙　紙是我國古代四大發明之一。上古時代未有紙,文字寫在竹帛上。相傳東漢蔡倫造紙,但是 1957 年陝西灞橋漢墓曾發現西漢早

期的紙張,例如:

> 自古書契多編以竹簡。其用縑帛者,謂之爲紙。縑貴而簡重,并不便于人。倫乃造意用樹膚麻頭及敝布魚網以爲紙。(《後漢書·蔡倫傳》)

> 令達自選《公羊》嚴、顏諸生高才者二十人,教以《左氏》,與簡紙經傳各一通。(同上,《賈逵傳》)

硯　先秦時代已有墨,例如:

> 其大本擁腫而不中繩墨。(《莊子·逍遥游》)

> 宋元君將畫圖,衆史皆至,受揖而立,舐筆和墨。(同上,《田子方》)

但當時用的大概是墨汁,不是墨錠,所以用不着硯台。到漢代才有硯台。《釋名》:"硯,研也,研墨使和濡也。"字亦作"研",例如:

> 大丈夫無他志略,猶當效傅介子、張騫立功异域,以取封侯,安能久事筆研間乎!(《後漢書·班超傳》)

> 弟雲嘗與書曰:"君苗見兄文,輒欲燒其筆硯。"(《晉書·陸機傳》)

盌(碗)　《説文》:"盌,小盂也。"《方言》:"盂,宋楚魏之間或謂之盌。"字亦作"椀",例如:

> 無當之玉盌,不如全用之埏埴。(《抱朴子·廣譬》)

> (王敦)遺玉環玉椀以申厚意。(《晉書·周訪傳》)

案　《説文》:"案,几属。"案是一種有脚的托盤,用來盛食品,例如:

> 淮陰侯謝武涉,漢王賜臣玉案之食。(《楚漢春秋》)

妻爲具食,不敢于鴻前仰視,舉案齊眉。(《後漢書·梁鴻傳》)

碓　《説文》:"碓,舂也。"段注:"舂者,搗粟也。杵臼所以舂,本斷木掘地爲之。師其意者,又皆以石爲之,不用手而用足,謂之碓。"例如:

伏羲制杵臼之利,後世加巧,因借身以踐碓。(桓譚《新論》)
(石虎)又有舂車木人,乃作行碓于車上。(《鄴中記》)

磑　《説文》:"磑,䃺也。古者公輸班作磑。""䃺"就是"磨"。按:"磑"大約是漢代的創造,托言公輸班。《急就篇》:"碓磑扇隤舂簸揚。"

帆　字亦作"颿"。上古行舟,有楫而無帆。帆始于漢代。《釋名》:"隨風張幔曰帆。"例如:

然後方餘皇,連舼舟,張雲帆,施蜺幬。(馬融《廣成頌》)
樓船舉颿而過肆。(左思《吳都賦》)

艇　小船叫"艇"。《釋名》:"二百斛以下曰艇。艇,挺也。其形徑挺,一人二人所乘行者也。"例如:

越舲蜀艇,不能無水而浮。(《淮南子·俶真》)
鈎艇收緍盡,昏鴉接翅稀。(杜甫《復愁》)

寺　"寺"字在漢初是官署的意思。佛教傳入中國後,佛寺亦稱"寺",例如:

(恭)尤信佛道,調役百姓,修營佛寺。(《晉書·王恭傳》)
山頭南郭寺,水號北流泉。(杜甫《秦州雜詩》)

庵　字亦作"菴"。原是小草舍的意思。《釋名》:"草圓屋曰蒲。……又謂之庵。"例如:

> 軍中大疫，死者十三四，規親入庵廬，巡視將士。（《後漢書·
> 皇甫規傳》）

> 編茅爲庵，削荆爲筆。（《拾遺記》）

尼姑所居曰庵，乃是近代的事。《紅樓夢》九十三回：“且説水月
庵中小女尼女道士等初到庵中。”

觀　道教的廟宇叫“觀”（guàn）。這個名詞大約起于南北朝，
例如：

> 何必縱其盗竊，資營寺觀？（《魏書·釋老志》）
> 至于佛宇道觀，游覽者罕不經歷。（《劇談録》卷下）

塔　塔是佛教的建築物。《説文新附》：“塔，西域浮屠也。”塔字
最初見于晉葛洪《字苑》。這個名詞的産生大約在魏晉時代，例如：

> 烏萇國，……土多林果，引水灌田，豐稻麥。事佛，多諸寺塔，
> 事極華麗。（《魏書·西域傳》）

歷代的外語借詞，另有專章討論，這裏不細述。

第二章　同源字①

同源字,指同一來源的字。漢語是單音節語,因此,同源字也就是同源詞。

同源字必須是語音相同或相近,同時意義相同或相近。如果意義相同或相近,然而語音距離很遠,那祇是同義詞,不是同源字。例如"大、太"是同源字,因爲"大"屬定母,"太"屬透母,定透旁紐相通,而又同屬古韻月部。"巨、大"祇是同義詞,不是同源字,因爲"巨"屬羣母,"大"屬定母,"巨"屬古韻魚部,"大"屬古韻月部,聲母距離既遠,韻部又不相通。

聲母相同或相近,但韻部相隔很遠,不得認爲是同源字。例如"蒙"與"昧"不是同源字,因爲它們的古聲母雖同屬明母,但是"蒙"屬古韻東部,"昧"屬古韻物部,韻部相隔太遠,不能相通。韻部相同或相近,但聲母相隔很遠,不得認爲是同源字。例如"龍"與"虹"雖同屬古韻東部,但是"龍"屬來母,"虹"屬匣母,聲母相隔太遠,不能相通。因此,同源字必須是既雙聲又叠韻的,至少是旁紐、旁韻或陰陽對轉。

判斷同源字,主要是根據古代的訓詁。有互訓、同訓、通訓、聲訓。互訓的例子是:

---

①　本章取材于拙著《同源字典》。

《説文》:"走,趨也。"又:"趨,走也。"

《説文》:"頂,顛也。"又:"顛,頂也。"

《説文》:"銷,鑠金也。"又:"鑠,銷金也。"

《説文》:"捨,釋也。"《左傳·哀公八年》注:"釋,捨也。"

《廣雅·釋器》:"青,蒼也。"《文選》謝朓《始出尚書省》注:"青,即蒼也。"

《廣雅·釋詁二》:"躍,跳也。"《列子·湯問》注:"跳,躍也。"

《廣雅·釋詁一》:"柔,弱也。"《淮南子·原道》注:"弱,柔也。"

《爾雅·釋言》:"逆,迎也。"《史記·五帝本紀》正義:"迎,逆也。"

《廣雅·釋詁》:"報,復也。"《左傳·定公四年》注:"復,報也。"

《爾雅·釋詁》:"溢,盈也。"《易·坎卦》虞注:"盈,溢也。"

《爾雅·釋言》:"遞,迭也。"《易·説卦》虞注:"迭,遞也。"

《左傳·成公十六年》服注:"注,屬也。"《國語·晉語五》注:"屬,猶注也。"

《左傳·文公十年》注:"强,健也。"《戰國策·秦策二》注:"健,强也。"

《左傳·襄公十四年》注:"蒙,冒也。"《漢書·食貨志》下注:"冒,蒙也。"

《詩·大雅·抑》箋:"舊,久也。"《文選》班固《答賓戲》注:"久,舊也。"

《詩·豳風·七月》傳:"疆,竟也。"《説文新附》:"境,疆也。"

《書·禹貢》傳:"奠,定也。"《國語·齊語》注:"定,奠也。"

《老子》二十一章王注:"孔,空也。"《漢書·張騫傳》注:"空,孔也。"

  《漢書·欒布傳》注:"徒,但也。"《王尊傳》注:"但,徒也,
空也。"

同訓的例子是:

  《説文》:"省,視也。"又:"相,省視也。"《爾雅·釋詁》:"相,
視也。"

  《説文》:"扶,佐也。"又:"輔,佐也。"

  《説文》:"國,邦也。"又:"或(域),邦也。"

  《説文》:"句,曲也。"又:"鉤,曲也。"

  《説文》:"盈,器滿也。"又:"溢,器滿也。"

  《説文》:"仰,舉也。"《説文新附》:"昂,舉也。"

  《説文》:"迫,近也。"《説文新附》:"偪,近也。"

  《説文》:"噣,喙也。"《詩·曹風·候人》傳:"咮,喙也。"

  《説文》:"遼,遠也。"《廣雅·釋詁一》:"超,遠也。"又:"遙,
遠也。"

  《説文》:"踣,僵也。"《廣雅·釋詁》:"仆,僵也。"

  《説文》:"夕,莫也。"《詩·大雅·烝民》箋:"夜,莫也。"

  《爾雅·釋詁》:"乃,汝也。"《小爾雅·廣詁》:"若,汝也。"
又:"爾,汝也。""而,汝也。"

  《爾雅·釋詁》:"吾,我也。""卬,我也。"

  《爾雅·釋詁》:"斯,此也。"《廣雅·釋言》:"是,此也。"

  《爾雅·釋木》:"叢,聚也。"《漢書·叔孫通傳》注:"輳,
聚也。"

  《爾雅·釋天》:"迴風爲飄。"《禮記·月令·孟春》注:"迴風
爲猋。"

《爾雅·釋詁》:"登,升也。"《書·舜典》傳:"陟,升也。"

《爾雅·釋詁》:"弘,大也。"又:"宏,大也。"

《廣雅·釋器》:"赭,赤也。"又:"朱,赤也。"

《廣雅·釋詁三》:"湊,聚也。"又:"族,聚也。"

《廣雅·釋詁一》:"亟,急也。"《禮記·檀弓上》注:"革,急也。"

《廣雅·釋詁四》:"增,重也。"《楚辭·招魂》注:"層,重也。"

《廣雅·釋詁四》:"著,明也。"又:"彰,明也。"《荀子·正名》注:"章,明也。"

《詩·唐風·山有樞》傳:"考,擊也。"《淮南子·説林》注:"扣,擊也。"

《詩·小雅·信南山》傳:"或或,茂盛貌。"《文選·古詩十九首》注:"鬱鬱,茂盛貌。"

《荀子·禮論》注:"直,但也。"《呂氏春秋·君守》注:"特,但也。"

應當指出,互訓、同訓的字并不都是同義詞。有些字祇是詞義相關,并非完全同義。例如"盈"和"溢",《廣雅》以"盈"釋"溢",《易》注以"溢"釋"盈",是互訓,《説文》對於這兩個字都解作器滿,是同訓。其實"盈"是器滿,"溢"是充滿而流出來,詞義是不相同的。

通訓,是在某字的釋義中,有意義相關的字。

《説文》:"腜,背肉也。""腜、背"音近。

《説文》:"祡,燒柴焚燎以祭天神。""祡、柴"音同。

《説文》:"漁,捕魚也。""漁、魚"音同。

《説文》:"房,室在旁也。""房、旁"音近。

《説文》:"馨,香之遠聞者。""馨、香"音近。

《説文》："骿,并脅也。""骿、并"音近。

《説文》："嗅,以鼻就臭也。""嗅、臭"音同。

聲訓,是以同音或音近的字作爲訓詁,這是古人尋求語源的一種方法。聲訓,多數是唯心主義的,其中還有許多是宣揚封建禮教的,應該予以排斥。但是,也有一些聲訓是符合同源字的,不能一概抹殺,例如:

《釋名》："負,背也,置項背也。"

《釋名》："福,富也。"

《釋名》："曲,局也。"

《釋名》："瘧,虐也。"

《易·震卦》鄭注："驚之言警戒也。"

《詩·魯頌·泮水》箋："泮之言半。半水者,蓋東西門以南通水,北無也。"

《荀子·禮論》注："鍪之言蒙也,冒也。"

《漢書·藝文志》注："咏者,永也。永,長也。歌所以長言之。"

《急就篇》顏注："櫛之大而粗,所以理鬓者謂之疏,言其齒稀疏也;小而細,所以去蟣蝨者謂之比,言其齒密比也。皆因其體而立名也。"

在漢字中,有所謂會意兼形聲字,這是形聲字的聲符與其所諧的字有意義上的關連,即《説文》所謂"亦聲"。"亦聲"都是同源字,例如:

《説文》："婢,女之卑者也。从女,从卑,卑亦聲。"

《説文》："祏,宗廟主也。《周禮》有郊宗石室。一曰大夫以石爲主。从示,从石,石亦聲。"

《説文》："旄，幢也。从㫃，从毛，毛亦聲。"

《説文》："警，戒也。从言，从敬，敬亦聲。"

《説文》："憼，敬也。从心，从敬，敬亦聲。"

《説文》："彰，文章也。从彡，从章，章亦聲。"

《説文》："齅，以鼻就臭也，从鼻，从臭，臭亦聲。"

《説文》："劃，錐刀曰劃。从刀，从畫，畫亦聲。"

《説文》："忘，不識也。从心，从亡，會意，亡亦聲。"

《説文》："阱，陷也。从阜，从井，井亦聲。"

《説文新附》："詔，告也。从言，从召，召亦聲。"

　　有些字，《説文》没説是會意兼形聲，没有用"亦聲"二字，其實也
應該認爲是"亦聲"，例如：

　　《説文》："詁，訓故言也。从言，古聲。"朱駿聲曰："按：會意，
古亦聲。"

　　《説文》："賣，出物貨也。从出，从買。"朱駿聲曰："按：買
亦聲。"

　　《説文》："伍，相參伍，从人，从五。"段玉裁曰："五亦聲。"

　　《説文》："什，相什保，从人十。"段玉裁曰："此舉會意兼
形聲。"

　　《説文》："佰，相什佰也。从人百。"朱駿聲曰："按：百亦聲。"

　　《説文》："髦，髮也。从髟，从毛。"段玉裁曰："毛亦聲。"

　　《説文》："灓，捕魚也。从鱻，从水，漁，篆文灓从魚。"朱駿聲
曰："按：魚亦聲。"

　　《説文》："骿，并脅也。从骨，并聲。"段玉裁曰："形聲包會
意也。"

　　《説文》："儆，戒也。从人，敬聲。"朱駿聲曰："从人，从敬，會

意,敬亦聲。"

《説文》:"諍,止也。从言,争聲。"朱駿聲曰:"从言争,會意,争亦聲。"

《説文》:"詠,歌也。从言,永聲。"力按:从言永,會意,永亦聲。

《説文》:"駢,駕二馬也。从馬,并聲。"力按:从馬,从并,會意,并亦聲。

《説文》:"驂,駕三馬也。从馬,參聲。"力按:从馬,从參,會意,參亦聲。

《説文》:"駟,一乘也。从馬,四聲。"力按:从馬,从四,會意,四亦聲。

現在我就三個以上的同源字舉例如下:

1. 之部[ə]

見母[k]

kə 改:keang 更:kək 革

《説文》:"改,更也。"《易·革卦》鄭注:"革,改也。"

kiuə 久:giuə 舊:kiu 韭

《詩·大雅·抑》箋:"舊,久也。"《説文》:"韭,菜名,一種而久者,故謂之韭。"

溪母[kh]

khiə 起:kiəng 興:xiə 熙

《説文》:"興,起也。"《爾雅·釋詁》:"熙,興也。"

曉母[x]

xiə 熙:xiə 熹:xio 煦:xiok 旭

《爾雅・釋詁》：　“熙，光也。”《文選》陶潛《歸去來兮辭》注引《聲類》：“熹，亦熙字也。”旁轉侯部爲“煦”，侯尾對轉爲“旭”。“熙、熹、煦、旭”四字同源。

來母[1]

liə 里：lia 閭：lia 廬

《説文》：“里，居也。”“閭，里門也。”“廬，寄也，秋冬去，春夏居。”《漢書・食貨志上》：“在野曰廬，在邑曰里。”

日母[nj]

njiə 耳：njiə 珥：njiə 刵

《説文》：“耳，主聽也。”“珥，瑱也。”（“瑱，以玉充耳也。”）“刵，斷耳也。”

山母[sh]

shiə 史：dzhiə 事：dzhiə 士：dzhiə 仕

《説文》：“史，記事者也。”“士，事也。”“仕，學也。从人，从士。”徐鍇曰：“會意字。”朱駿聲曰：“从人，从士，會意，士亦聲。”《詩・小雅・四月》箋：“仕，事也。”《大雅・文王有聲》箋：“仕，事也。”

精母[tz]

tsiə 子：dziə 字：dziə 牸：tziə 孳

《説文》：“字，乳也。”段注：“人及鳥生子曰乳。”《易・屯卦》：“女子貞不字。”虞注：“字，妊娠也。”《廣雅・釋獸》：“牸，雌也。”王念孫曰：“牸之言字，生子之名。”

《説文》：“孳，汲汲生也。”《説文解字・叙》：“字者，言孳乳而浸多也。”

從母[dz]

dzə 材：dzə 財：dzə 才

木有用叫做“材”，物有用叫做“財”，人有用叫做“才”。

幫母[p]

piuə 不：piuə 否：piuət 弗

《廣韻》：“不，弗也，甫鳩切。”《廣雅·釋詁四》：“否，不也。”《公羊傳·桓公十年》注：“弗者，不之深也。”

滂母[ph]

phə 剖：phiuək 副：phiuək 疈：phyək 劈

《説文》：“剖，判也。”“副，判也。”“疈，判也。”“劈，破也。”《一切經音義》十九引《埤倉》：“劈，剖也。”

並母[b]

buə 倍：buə 培：buə 陪

“倍”有增加的意義，“培”是在庄稼上加土，“陪”是在土丘上加土。“倍、培、陪”三字同源。

《左傳·僖公三十年》注：“倍，益也。”《禮記·中庸》：“故栽者培之。”注：“培，益也。”《説文》：“陪，重土也。”朱駿聲曰：“重阜也，所謂再成邱也。”《廣雅·釋詁四》：“陪，益也。”

明母[m]

mə 母：mə 姆：ma 媽：ma 姥

《説文》：“姆，女師也。讀若母。”《廣雅·釋親》：“媽，母也。”《廣韻》：“姥，老母。”

2. 支部[e]

溪母[kh]

khyue 奎：koa 胯：khoa 跨：kha 綺（袴）：giai 騎

《説文》：“奎，兩髀之間。”段注：“奎與胯双聲。”《説文》：“胯，股也。”段注：“合兩股曰胯。”《説文》：“跨，渡也。”段注：“謂大其兩股間，以有所越也。”《説文》：“綺，脛衣也。”段注：“今所謂套袴也。”《説文》：“騎，跨馬也。”

定母［d］

dye 蹄：dye 蹏：dyek 蹢：thyek 踢

“蹄、蹢”音近義同。“蹄”和“蹏”是名詞和動詞的區別。“蹏”是獸蹄，“蹢”是用蹄踢。後來詞義擴大爲一般的腳踢，音轉爲 thyek，寫作“踢”。

照母［tj］

tjie 支：tjie 枝：tjie 肢：sjie 翅

《説文》：“支，去竹之枝也。”徐灝曰：“支、枝古今字。干支猶幹枝也。”《説文》：“枝，木別生條也。”又：“肢，體四肢也。肢，肢或从支。”徐鍇曰：“肢，支也。”《説文》：“翄，翼也。”今字作“翅”。

日母［nj］

njie 兒：ngye 婗：ngie 倪：ngye 麑：ngye 鯢：ngye 蜺：ngye 齯：njiə 魤：mye 麛

《説文》：“兒，孺子也。”“婗，嬰婗也。”徐鍇曰：“嬰婗，嬰兒貌也。”《孟子·梁惠王下》注：“倪，弱小嬰倪者也。”《論語·鄉黨》皇疏：“麑，鹿子也。”《爾雅·釋魚》：“鯢，大者謂之鰕。”《廣韻》：“蜺，似蟬而小。”《説文》：“齯，老人齒也。”《爾雅·釋詁》疏引作：“老人兒齒也。”《説文》：“魤，魚子也。”段注：“魚子，謂成細魚者。”《説文》：“麛，鹿子也。”

禪母［zj］

zjie 是：tsie 此：sie 斯：tziə 兹

《廣雅·釋言》：“是，此也。”《爾雅·釋詁》：“斯，此也。”“兹，此也。”

3. 魚部［a］

影母［○］

ia 於：hiua 于：ha 乎：hiuan 爰

《廣雅・釋言》：“於，于也。”《爾雅・釋詁》：“于，於也。”《吕氏春秋・貴信》注：“乎，於也。”《爾雅・釋詁》：“爰，于也。”

見母［k］

ka 沽：ka 酤：ka 賈：kea 價：ka 估：ka 雇

《論語・鄉黨》釋文：“沽，買也。”《説文》：“酤，一宿酒也。一曰買酒也。”《爾雅・釋言》：“賈，市也。”《説文新附》：“價，物直也。从人賈，賈亦聲。”《廣韻》：“估，市稅。”《集韻》：“雇，傭也。”

ka 羖：ka 牯：kea 豭：kea 麚

《説文》：“羖，夏羊牡曰羖。”《玉篇》：“牯，牝牛。”按：當是牡牛之誤。《説文》：“豭，牡豕也。”“麚，牡鹿。”

溪母［kh］

kha 枯：kha 殈：khô 槁：hak 涸：khat 渴：giat 竭：xiat 歇

草木缺水爲“枯”，爲“槁”；江河缺水爲“竭”，爲“歇”，爲“涸”；人缺水欲飲爲“渴”。諸字同源。“殈”是“枯”的分别字。

《説文》：“枯，槁木也。”“殈，枯也。”“槁，木枯也。”《爾雅・釋詁》：“涸，竭也。”《説文》：“渴，欲歓歇。”徐鍇曰：“今俗作渴字。”段注：“水渴（竭）則欲水，人渇則欲飲，其意一也。”《國語・周語上》：“昔伊洛竭而夏亡。”注：“竭，涸也。”《爾雅・釋詁》：“歇，竭也。”《方言》十二：“歇，涸也。”

疑母［ng］

nga 吾：ngai 我：ngang 卬

《爾雅・釋詁》：“吾，我也。”又：“卬，我也。”

匣母［h］

hea 瑕：hea 霞：hea 騢：hea 蝦

《説文》：“瑕，玉小赤也。”《説文新附》：“霞，赤雲氣也。”《説文》：“騢，馬赤白雜毛，謂色似鰕魚也。”段注：“鰕魚，謂今之蝦。蝦略有紅色，凡叚聲多有紅義。”

定母［d］

da 途（塗涂）：dia 除：dang 唐

《玉篇》：“途，路也。”《説文》：“除，殿陛也。”《廣雅·釋宫》：“除，道也。”《爾雅·釋宫》：“廟中路謂唐。”

da 徒：dan 但：dək 特：diək 直

《吕氏春秋·异用》注：“徒，猶但也。”《君守》注：“特，但也。”《孟子·梁惠王上》注：“直，猶特也，但也。”

來母［l］

la 盧：la 黸：la 旅：la 壚：la 獹：la 瀘：la 櫨：la 矑

這些字都和黑色的意義有關，故得同源。

《書·文侯之命》“盧弓一”，傳：“盧，黑也。”《説文》：“黸，齊謂黑爲黸。”《左傳·僖公二十八年》注：“旅，黑弓。”《書·禹貢》：“下土墳壚。”《釋文》引《説文》：“壚，黑剛土也。”《玉篇》：“獹，韓獹，天下駿犬。”《漢書·王莽傳》師古注：“韓盧，古韓國之名犬也。黑色曰盧。”《水經注·滱水》：“盧奴城内西北隅有水淵而不流，……水色正黑，俗名黑水池。或云水黑曰盧，不流曰奴，故此城藉水以取名矣。”字又作“瀘”。《史記·司馬相如傳》：“於是乎盧橘夏孰……”索隱：“吴録云：‘建安有橘，冬月樹上覆裹。明年夏，色變青黑，其味甚甘美。’盧即黑是也。”字又作“櫨”。《説文》：“櫨，果之美者。”《廣韻》：“矑，目童子也。”按：目童子是黑的，所以叫“矑”。字本作“盧”。《漢書·揚雄傳》注引服虔：“盧，目童子也。”

照母［tj］

tjya 赭：thjyak 赤：thia 褚：tjio 朱：tjlo 絑

《説文》：“赭，赤土也。”《廣雅・釋器》：“赭，赤也。”《説文》：“褚，卒也。”《方言》三：“卒，或謂之褚。”注：“言衣赤也。”《説文》：“朱，赤心木也。”《廣雅・釋器》：“朱，赤也。”《説文》：“絑，純赤也。”按：“朱、絑”實同一詞。

“赭、赤、朱”三字，意義相近而不相同。赭是紅褐色，赤是紅色，朱是深紅。

神母［dj］

djia 抒：sjia 舒：sjia 紓：thia 攄

《左傳・文公六年》：“難必抒矣。”注：“抒，除也。”服虔作“紓”，云：“紓，緩也。”《方言》十二：“抒，解也。”《説文》：“舒，伸也。一曰舒緩也。”《廣雅・釋詁四》：“攄，舒也。”

日母［nj］

njia 如：njiak 若：njiə 而：njiai 爾：njian 然

在用作形容詞詞尾的情況下，“如、若、而、爾、然”五字同源。《論語・述而》：“子之燕居，申申如也，夭夭如也。”《詩・衛風・氓》：“桑之未落，其葉沃若。”《詩・齊風・猗嗟》：“頎而長兮。”《論語・先進》：“子路率爾而對。”《詩・邶風・終風》：“惠然肯來。”

njia 汝（女）：njiai 爾：njiak 若：njiə 而：nə 乃（迺）：niə 你

這些字都是第二人稱代詞，實同一詞。

《詩・邶風・雄雉》箋：“爾，汝也。”《小爾雅・廣詁》：“若，汝也。”“而，汝也。”“乃，汝也。”《廣韻》：“你，秦人呼傍人之稱，乃里切。”方以智《通雅》：“爾汝若乃一聲之轉。爾又爲尔，尔又爲你，俗書作你。”

喻母［j］

jia 豫：jiuat 悦：jyak 懌

《爾雅·釋詁》："豫,樂也。"《易·豫卦》釋文："豫,悦豫也。"《説文新附》："懌,悦也。"

審母[sj]

sjya 捨(舍):sjyak 赦:sjiak 釋

《説文》："捨,釋也。"字本作"舍"。《左傳·哀公十二年》釋文："舍,釋也。"《爾雅·釋詁》："赦,舍也。"《左傳·哀公八年》注："釋,舍也。"

幫母[p]

pa 布:phiua 敷:pha 鋪:pha 舖:pha 溥:pha 普:bang 旁

在鋪陳的意義上,"布、敷、鋪"同義。鋪陳的"鋪"引申爲店鋪的"鋪",與攤開的"攤"引申爲攤子的"攤"同理。"敷"與"溥"義近,"溥、普"實同一詞,音轉爲"旁"。"旁"也是溥的意思。

《山海經·海内經》注："布,猶敷也。"《詩·小雅·小旻》傳："敷,布也。"《廣雅·釋詁三》："鋪,布也。"《詩·大雅·召旻》箋："溥,猶遍也。"《孟子·萬章下》注："普,遍也。"《説文》："旁,溥也。"

pea 把:pyang 秉:pyang 柄

"把"作爲動詞,表示持、握;作爲名詞,表示手執處。"秉"作爲動詞,表示執持;作爲名詞,表示禾把。"柄"是斧柄,也是手執處。三字同源。

piua 傅:phiua 俌:biua 扶:biua 輔:biua 賻

"扶"是具體的攙扶,"俌、傅、輔"是抽象的扶助,"賻"則是以財助喪。五字同源。

明母[m]

miua 無(无):miua 毋:miuang 亡:miuang 罔:mak 莫:miai 靡:miat 蔑:muat 末:miuət 未:miuət 勿

這些都是明母字,都有否定的意思。

4. 侯部［o］

見母［k］

ko 狗：ko 豿：kio 駒：ku 羔：xo 犅

小犬爲狗，小熊、小虎爲豿，小馬爲駒，小羊爲羔，小牛爲犅。五字同源。

ko 句：ko 鉤：ko 枸：ko 軥：ko 刓：ko 笱：kio 拘：kio 痀：gio 胊：khiok 曲：giok 局：giok 踀

這些字都和曲義有關，故得同源。

《説文》：“句，曲也。”“鉤，曲也。”《荀子·性惡》：“故枸木必將待檃栝烝矯然後直。”注：“枸讀爲鉤，曲也。”《説文》：“軥，軛下曲者。”又：“刓，鐮也。”段注：“刓亦作鉤。”《説文》：“笱，曲竹捕魚具也。”《漢書·司馬遷傳》：“使人拘而多畏。”師古曰：“拘，曲礙也。”《説文》：“痀，曲脊也。”“胊，脯脡也。”《公羊傳·昭公二十五年》注：“屈曰胊，申曰脡。”《詩·小雅·正月》傳：“局，曲也。”《玉篇》：“踀，踡踀不伸也。”

溪母［kh］

kho 叩：kho 敂：kho 扣：khu 考（攷）：kheô 敲：kheôk 殻

《論語·憲問》：“以杖叩其脛。”集解：“叩，擊也。”《説文》：“敂，擊也。”《荀子·法行》注：“扣，與叩同。”《説文》：“攷，擊也。”字亦作“考”。《詩·唐風·山有樞》：“子有鍾鼓，弗鼓弗考。”傳：“考，擊也。”《説文》：“敲，橫擊也。”“殻，擊頭也。”

疑母［ng］

ngio 遇：nga 晤：nga 迕：ngak 遌：ngak 愕：ngea 迓：ngyang 迎：ngyak 逆：ko 姤：ko 覯：ho 逅

《説文》：“遇，逢也。”《爾雅·釋詁》：“遇，遻也。”《詩·陳風·東

門之池》傳："晤，遇也。"《玉篇》："连，遇也。"《説文》："遻，相遇驚
也。"《廣雅·釋詁一》："愕，驚也。"《爾雅·釋詁》："迓，迎也。"《説
文》："迎，逢也。""逆，迎也。關東曰逆，關西曰迎。"《廣雅·釋言》：
"姤，遇也。"《説文》："覯，遇見也。"段注："覯與遇叠韻。"《説文》：
"遘，遇也。"《詩·唐風·綢繆》"見此邂逅"，朱注："邂逅，相遇之意。"

　　端母[t]

tio 咮：tiok 噣：teok 啄

　　《説文》："咮，鳥口也。""噣，喙也。""啄，鳥食也。"

　　定母[d]

do 逗：dio 住（侸）：tio 駐

　　《説文》："逗，止也。""侸，立也。"《廣韻》："住，止也。"《説文》：
"駐，馬立也。"段注："人立曰侸，俗作住；馬立曰駐。"

　　來母[l]

lo 扁：lo 漏：liu 霤：liu 廇：liu 溜：liu 流

　　這些字都有水流下的意思，故得同源。

　　《説文》："扁，屋穿水下也。""漏，以銅受水，刻節。"《爾雅·釋
宮》："西北隅謂之屋漏。"《説文》："霤，屋水流也。""廇，中庭也。"《字
林》作"溜"。《左傳·宣公二年》"三進及溜"，釋文："溜，屋霤也。"

　　從母[dz]

dzio 聚：dzio 冣：dziu 逎：tsok 湊：tsok 輳：tsok 簇（蔟）：dzok 族：so 藪：
dzong 叢（藂）：dzhiuəm 崇

　　《説文》："聚，會也。""冣，積也。"段注："積以物言，聚以人言，其
義通也。"《詩·商頌·長發》"百禄是遒"，傳："遒，聚也。"《廣雅·釋
詁三》："湊，聚也。"《漢書·叔孫通傳》師古注："輳，聚也。"《白虎
通·五行》："簇者，湊也。"《左傳·宣公十五年》疏："藪是草木積聚之
處。"《廣雅·釋詁三》："族，聚也。""叢，聚也。"《説文》："藂，艸叢生

貌。"《小爾雅·廣詁》:"崇,叢也。"《廣雅·釋詁三》:"崇,聚也。"

　　滂母[ph]

phio 泭:phiu 桴:biu 浮:phiô 漂

　　《説文》:"泭,編木以渡也。"《國語·齊語》"乘桴濟河",注:"小泭曰桴。"《説文》:"浮,氾也。""漂,浮也。"

5.宵部[ô]

　　見母[k]

kô 高:kiô 驕:kiô 矯:kiô 撟:giô 喬:giô 嶠:kio 駒:khiô 蹻:giô 翹

　　《説文》:"馬高六尺爲驕。"《詩·周南·漢廣》"言秣其駒",傳:"五尺以上曰駒。"《楚辭·九章·惜誦》注:"矯,舉也。"《説文》:"撟,舉手也。"《書·禹貢》傳:"喬,高也。"《爾雅·釋山》:"山鋭而高曰嶠。"《説文》:"蹻,舉足行高也。"《漢書·高帝紀》"亡可蹻足待也",集注引文穎:"蹻,猶翹也。"《廣雅·釋詁一》:"翹,舉也。"《詩·周南·漢廣》疏:"翹翹,高貌。"

kô 縞:kyô 皎:hô 曒:hô 顥:hôk 皜:hôk 鷝:hôk 皠:hôk 鶴:hu 皓:hu 皞

　　這些字都和白的意義有關。

　　《書·禹貢》傳:"縞,白繒。"《説文》:"皎,月之白也。""曒,玉石之白也。""顥,白貌。"《孟子·滕文公上》注:"皜皜,白甚也。"《説文》:"鷝,鳥白肥澤貌。""皠,鳥之白也。"《説文》:"皓,日出貌。"徐鍇曰:"初見其光白也。"《楚辭》劉向《九嘆·遠游》注:"鶴,白鳥也。"《説文》:"皞,皓旰也。"

　　透母[th]

thiô 超:dyô 趒跳:jiô 謡:thu 透:jiôk 躍:teôk 卓:theôk 踔:theôk 逴:thyôk 趠

　　《説文》:"超,跳也。""趒,雀行也。"徐鍇曰:"鳥雀跳行也。"

"跳……一曰躍也。"《説文新附》:"透,跳也。"《南史·后妃傳下》:"妃知不免,乃透井死。"《説文》:"踰,跳也。"《廣雅·釋詁二》:"躍,跳也。"《釋名·釋姿容》:"超,卓也,舉脚有所卓越也。"《後漢書·馬融傳》注:"踔,跳也。"《文選》班固《西都賦》注:"趠躒,猶超絶也。"《廣韻》:"趫,跳貌。"《詩·召南·草蟲》:"趯趯阜螽。"傳:"趯趯,躍也。"

　　審母[sj]

sjiô 少:siô 小:sjiuk 叔:syu 筱:syu 謏:sheô 稍

　　《廣雅·釋詁三》:"叔,少也。"《説文》:"筱,箭屬,小竹也。"《説文新附》:"謏,小也。"《廣雅·釋訓》:"稍稍,小也。"

6. 幽部[u]

　　見母[k]

kyu 叫:kyu 訆:kyu 噭:kyô 敫:kyô 謷:kyô 嗷:xiô 嚻:xeu 虓:xeu 哮:hu 嗥:hô 號:xo 吼(听)

　　《説文》:"叫,呼也。""訆,大呼也。""噭,高聲也。""敫,所謌也。""謷,痛呼也。""嗷,吼也。一曰嗷呼也。""嚻,聲也。""虓,虎鳴也。""哮,豕驚聲也。"《一切經音義》二引《通俗文》:"虎聲謂之哮虓。"《説文》:"嗥,咆也。""號,呼也。""听,厚怒聲。"通常寫作"吼"。

　　日母[nj]

njiu 柔:njiu 煣:njiu 鍒:njiu 鞣:njiu 燸(揉):njiu 輮:njiu 擾(㹞):njiôk 弱:njiôk 蒻:njiuk 肉

　　《史記·樂書》正義:"柔,軟也。"《説文》:"煣,和田也。从田柔,柔亦聲。""鍒,鐵之耎(軟)也。""鞣,耎也。从革,从柔,柔亦聲。""燸,屈申木也。"字亦作"揉"。《易·繫辭下》:"揉木爲耒。"《説文》:"輮,車輞也。"按:揉木爲輪,故車稱"輮"。《廣雅·釋詁一》:"柔,弱也。"

《急就篇》顔注:"蒻,謂蒲之柔弱者也。"《説文》:"㮃,牛柔謹也。"通常寫作"擾"。《史記·夏本紀》:"其後有劉累,學擾龍。"《爾雅·釋器》:"肉倍好謂之璧。"《説文》"輮"字下段注:"按:輮之言肉也。凡物邊爲肉,中爲好。"

幫母[p]

peu 苞:pu 葆:mu 茂:mu 楙:mu 菽(茦)

《詩·大雅·行葦》箋:"苞,茂也。"《説文》:"葆,艸盛皃。""茂,草豐盛。""楙,木盛也。"按:"茂、楙"實同一詞。《説文》:"菽,細艸叢生也。"《廣雅·釋言》:"菽,葆也。"王念孫曰:"菽之言茂,葆之言苞也。"《漢書·律曆志》師古注:"茦,謂叢生也。茦與菽通。"

並母[b]

bu 抱:pu 保:pu 褓(緥):phiu 孚(孵):biuək 伏

《説文》:"保,養也。"孫詒讓、林義光都認爲"保"是"褓"的古文。《説文》:"緥,小兒衣也。""孚,卵孚也。"徐鍇曰:"鳥抱,恒以爪覆其卵也。"《漢書·五行志·中之上》:"雌鷄伏子。"

明母[m]

mu 冒:mu 帽:miu 鍪:miu 霧:mong 蒙(冡):mong 幪:mong 雺:miuəng 夢:miuəng 瞢(懜):myeng 冥:myeng 瞑:mong 朦:mong 矇:meang 盲:mong 曚:mô 眊:mu 瞀:mu 貿

這些字都和蒙冒的意義有關。天蒙冒則爲霧,爲夢,爲冥;目蒙冒則爲盲,爲眊,爲瞀,爲矇。故諸字同源。

《説文》:"冒,蒙而前也。"《詩·邶風·日月》傳:"冒,覆也。"《釋名》:"帽,冒也。"《漢書·雋不疑傳》"著黄冒",師古注:"冒,所以覆冒其首。"《荀子·禮論》注:"鍪之言蒙也,冒也,所以冒首。"《釋名·釋天》:"霧,冒也,氣蒙亂覆冒物也。"《説文》:"冡,覆也。"《周禮·夏官·方相氏》:"掌蒙熊皮。"注:"蒙,冒也。"《説文》:"幪,蓋衣也。"

《廣雅・釋詁二》：“懜，覆也。”《説文》：“夢，不明也。”《詩・小雅・正月》：“視天夢夢。”《説文》：“瞢，目不明也。”“懜，不明也。从心，夢聲。”段注：“此舉形聲兼會意。”《漢書・五行志・下之上》“正晝雷，其廟獨冥”，師古注：“冥，暗也”。《爾雅・釋言》：“蒙，奄也。”（奄，覆也。）《書・洪範》傳：“蒙，陰闇也。”《説文新附》：“朦，月朦朧也。”《集韻》：“矇曨，日未明。”《釋名》：“盲，茫也，茫茫無所見也。”《説文》：“矇，童矇也，一曰不明也。”“眊，目少精也。”《玉篇》：“瞀，目不明貌。”《禮記・檀弓下》“貿貿然來”，注：“貿貿，目不明之貌。”

7. 職部［ək］

見母［k］

kək 革：khuak 鞹（鞹）：kuak 郭：kuak 椁（槨）

《説文》：“革，獸皮治去其毛。”“鞹，去毛皮也。”臯，通常寫作“郭”。《釋名》：“郭，廓也，廓落在城外也。”《孟子・公孫丑下》：“三里之城，五里之郭。”《周禮・地官・閭師》“不樹者無椁”，注：“椁，周棺也。”字亦作“槨”。《孝經・喪親》：“爲之棺槨衣衾而舉之。”

kiək 革：kiək 亟：kiək 悈：kiək 棘：kiəp 急

《禮記・檀弓上》：“夫子之病革矣。”注：“革，急也。”釋文：“革，紀力反。”《詩・大雅・靈臺》“經始勿亟”，箋：“亟，急也。”《説文》：“悈，急也。”《詩・小雅・采薇》“玁狁孔棘”，箋：“棘，急也。”

端母［t］

tiək 陟：təng 登：dəng 騰：djiəng 乘：sjiəng 升：sjiəng 陞：sjiəng 昇：təng 隥（嶝）：təng 鐙：də 駘

《説文》：“陟，登也。”《爾雅・釋詁》：“陟，陞也。”“登，升也。”《詩・小雅・十月之交》“百川沸騰”，傳：“騰，乘也。”《豳風・七月》“亟其乘屋”，傳：“乘升也。”《易・升卦》疏：“升者，登也。”《廣韻》：

"陞,登也,躋也。""昇,日上。"《説文》:"隮,仰也。"段注:"登陟之道
曰隮。"《集韻》:"鐙,馬鞍具。"《廣雅・釋詁一》:"蹬,履也。"王念孫
曰:"登蹬聲相近。今人獨謂足跐物爲蹬,又謂馬鞍兩旁足所跐爲鐙,
其義一也。"《史記・天官書》"兵相駘藉",集解引蘇林曰:"駘,音臺,
登躡也。"王念孫曰:"駘與登聲亦相近。"

定母[d]

dək 代:dyek 遞:dyet 迭

《説文》:"代,更也。"《漢書・地理志下》"實與諸姬代相干也"。
師古注:"代,遞也。"《刑法志》"轉相攻伐,代爲雌雄",師古曰:"代亦
迭也。"《説文》:"遞,更易也。"《爾雅・釋詁》:"遞,迭也。"《易・説
卦》"迭用柔剛",虞注:"迭,遞也。"

神母[dj]

djiək 食:djiək 蝕:ziə 飼(飤)

食有四個意義:第一是吃,第二是給人吃,第三是飯,第四是糧食。
本來都讀入聲,後來第二、三兩個意義讀去聲。第二個意義另寫作
"飤、飼"。但是,"飼"的意義也變窄了,變爲飼養牲畜了。《説文》:
"蝕,敗創也。从虫人食,食亦聲。"一般寫作"蝕"。日月之蝕,本寫作
"食"。

幫母[p]

puək 背:pək 北:muə 胂(胈):biuə 負:biuə 偩:biuə 蝜:buək 偝(背):
buə 倍

《説文》:"背,脊也。""北,乖也,从二人相背。"徐灝曰:"古者宮室
皆南向,故以所背爲北。"《説文》:"胂,脊肉也。"字亦作"胈"。《禮
記・內則》注:"胈,脊側肉也。"《廣韻》:"背,弃背,蒲昧切。""偝,向
偝,蒲昧切。"《釋名》:"負,背也,置項背也。"《禮記・樂記》:"禮樂偩
天地之情",注:"偩,猶依象也。"按:"偩"應是"負"的或體。蝜蝂,即

負版。柳宗元《蝜蝂傳》：“蝜蝂，善負小蟲也。”《説文》：“倍，反也。”
《周髀算經》下“倍正南方”，注：“倍，猶背也。”

piək 偪（逼）：peak 迫：bak 薄：pyek 愊

《爾雅·釋言》：“逼，迫也。”《説文》：“迫，近也。”《釋名·釋言
語》：“薄，迫也。”《説文》：“愊，仄也。”

8. 錫部［ek］

影母［○］

iek 嗌：iek 齸：yan 咽：yan 嚥：yet 噎：yet 咽：yet 欭

《説文》：“嗌，咽也。”《廣韻》：“嗌，喉也。”《爾雅·釋獸》：“麋鹿
曰齸。”郭注：“江東名咽爲齸。齸者，齮食之所在。”《説文》：“咽，嗌
也。”《玉篇》：“嚥，吞也。”“噎，飯窒也。”《廣韻·屑韻》：“咽，哽咽
也。”《集韻》：“咽，聲塞也。”《説文》：“欭，嚘也。”朱駿聲曰：“與噎略
同，謂氣逆不得息。”

清母［tsʻ］

tsiek 刺：tsiek 莿：tsiek 朿：tsiek 諫：tshek 策：tsheak 籍（耤）：tsheok 擉：
dzheok 撲（捅）

《説文》：“刺，直傷也。”“莿，朿也。”“朿，木芒也。”《説文》：“諫，
數諫也。”字本作“刺”。《廣雅·釋詁二》：“刺，箴也。”《爾雅·釋
草》：“茦，刺。”《説文》：“籍，刺也。《周禮》曰：‘籍魚鱉。’”《廣韻》：
“耤，以叉矛取物也。”《莊子·則陽》“冬則擉鱉于江”，釋文引司馬注：
“擉，刺也。”《集韻》：“撲，刺也。”字亦作“捅”。《文選》張衡《西京賦》
“叉簇之所攙捅”，注：“攙捅，貫刺之也。”

9. 鐸部［ak］

曉母［x］

xak 壑：kok 谷：keang 埂：kheang 坑（阬）：kham 坎（埳）：heam 陷（臽）

《爾雅・釋詁》：“壑，溪壑也。”《釋水》：“水注溪曰谷。”《説文》：“埂，秦謂坑爲埂。”《玉篇》引《倉頡》：“埂，小坑也。”《爾雅・釋詁》：“阬，虚也。”注：“謂阬壍也。”《説文》：“坎，陷也。”“臽，小阱也。”

喻母［j］

jyak 夜：syak 昔（舍）：zyak 夕：zyak 汐

《詩・大雅・烝民》箋：“夜，莫也。”《廣雅・釋詁四》：“昔，夜也。”《集韻》：“舍，夜也。”《説文》：“夕，莫也。”《文選》郭璞《江賦》“或夕或朝”，注引《抱朴子》：“云朝者，據朝來也。言夕者，據夕至也。”後來這個意義寫作“汐”。

從母［dz］

dzyak 藉：dzyak 席：tzia 菹：tzian 薦：tziang 簀

《説文》：“藉，祭藉也。”段注：“稭字下：‘禾稿去其皮，祭天以爲藉也。’”王筠曰：“藉菹一事，經皆言菹，注皆言藉，其物則用茅。”《説文》：“席，籍也。”“菹，茅藉也。”“荐，薦席也。”一般寫作“薦”。《楚辭》劉向《九嘆》“逢紛”注：“薦，卧席也。”《廣雅・釋器》：“簀，席也。”王念孫曰：“簀席一聲之轉。”

10. 屋部［ok］

定母［d］

dok 竇：dok 瀆：dok 隩：jio 窬

《説文》：“竇，空也。”徐鍇曰：“水溝口也。”《説文》：“瀆，溝也。”“隩，通溝也。”《一切經音義》九引《三倉》：“窬，門邊小竇也。”

11. 沃部［ôk］

見母［k］

keôk 教：keô 㱿：heô 效：heô 校：heuk 學：heuk 斅

《説文》：“教，上所施，下所效也。”“㱿，放（仿）也。”一本作“效也”。“效，象也。”《孟子·滕文公上》：“校者，教也。”《廣雅·釋詁三》：“學，效也。”《書·盤庚上》“盤庚斅於民”，傳：“斅，教也。”

端母［t］

tyôk 吊：thjiuk 俶：zjiuk 淑

《書·費誓》“無敢不吊”，鄭注：“吊，猶善也。”《詩·小雅·節南山》“不吊昊天”，箋：“吊，猶善也。”《説文》：“俶，善也。”《詩·周南·關雎》“窈窕淑女”，傳：“淑，善也。”

定母［d］

diôk 濯：dyuk 滌：sok 涑（漱）

《説文》：“濯，瀚也。”《廣雅·釋詁二》：“濯，洒（洗）也。”《詩·大雅·泂酌》“可以濯罍”，傳：“濯，滌也。”《説文》：“滌，洒也。”“涑，瀚也。”字亦作“漱”。《玉篇》：“漱，濯生練也。”

12. 覺部［uk］

照母［tj］

tjiuk 祝：tjiuk 咒：tjiu 訓：tiu 疇：diu 詶

“祝、咒”本同一詞。祝願和詛咒是一件事的兩面。

《説文》：“訓，禱也。”朱駿聲曰：“按：即禱之或體。”段注：“《玉篇》云：‘《説文》職又切，詛也。’《玄應》六引曰：‘祝，今作咒，《説文》作訓，詛也。之授切。’”《説文》：“禱，訓也。”“詶，訓也。”

13. 蒸部［əng］

端母［t］

təng 登：təng 鐙（燈）：tyeng 錠

《爾雅·釋器》：“瓦豆謂之登。”《詩·大雅·生民》：“于豆于登。”傳：“瓦曰登。”《説文》：“鐙，錠也。”徐鍇曰：“錠中置燭，故謂之鐙。”今字作“燈”。《説文》：“錠，鐙也。”《廣韻》：“豆有足曰錠，無足曰鐙。”朱駿聲曰：“按：無足曰錠，有足曰鐙。《禮記·祭統》注：‘鐙，豆下柎也。’知鐙有足，則知錠無足。”

來母［l］

liəng 陵：liuəm 隆：liong 隴：liuk 陸

《説文》：“陵，大阜也。”《爾雅·釋山》“宛中隆”，注：“山中央高。”《説文》：“隴，天水大阪也。”“陸，高平也。”

14. 耕部［eng］

影母［○］

ieng 嬰（䌰）：ieng 瓔：ieng 纓：iang 紾：iang 鞅

《説文》：“䌰，頸飾也。”“嬰，頸飾也。”朱駿聲曰：“嬰實與䌰同。”《荀子·富國》“是猶使處女嬰寶珠”，注：“嬰，繫于頸也。”《廣韻》：“瓔，瓔珞。”《説文》：“纓，冠系也。”“紾，纓卷也。”《廣韻》：“紾，冠纓。”《説文》：“鞅，頸靼也。”《釋名·釋車》：“鞅，嬰也。喉下稱嬰，言纓絡之也。”畢沅曰：“古聲纓鞅相轉，又嬰本人頸飾，鞅在馬頸象之，故借以名。”

見母［k］

kieng 頸：kang 亢（吭肮）：heong 項：kyeng 剄：heng 莖：hyeng 脛：heang 胻

　　《説文》:"頸,頭莖也。""亢,人頸也。""項,頭後也。"桂馥曰:"頭當爲頸。"《玉篇》:"項,頸後也。"《玉篇》:"到,以刀割頸也。"《廣雅·釋詁三》:"莖,本也。"《釋名·釋形體》:"脛,莖也,直而長似物莖也。"《説文》:"胻,脛耑也。"

　　端母[t]

tyeng 丁:tieng 貞:tang 當

　　《爾雅·釋詁》:"丁,當也。"注:"相當值。"《廣雅·釋詁三》:"貞,當也。"王念孫曰:"貞之言丁也。"《楚辭·離騒》:"攝提貞于孟陬兮。"戴震注:"貞,當也。"《廣雅·釋詁三》:"當,直也。"

tyeng 頂:tyen 顛:tyen 巓:tyen 槇:thyen 天:dyeng 定(頲):dye 題

　　《説文》:"頂,顛也。""顛,頂也。"《廣韻》:"巓,山頂也。"《説文》:"槇,木頂也。""天,顛也。"《易·睽卦》"其人天且劓",虞注:"黥額爲天。"《爾雅·釋言》:"頲,題也。"注:"題,額也。"字本作"定"。《詩·周南·麟之趾》"麟之定",傳:"定,題也。"《廣雅·釋親》:"題,額也。"《山海經·北山經》"有獸焉,其狀如豹而文題白身",注:"題,額也。"

　　定母[d]

dyeng 定:dyen 奠:nyeng 寧

　　《説文》:"定,安也。"《詩·小雅·六月》"以定王國",箋:"定,安也。"《書·禹貢》"奠高山大川",傳:"奠,定也。"《爾雅·釋詁》:"寧,安也。"

dyeng 梃:dyeng 莛:dyeng 挺:thyeng 珽:thyeng 脡:diang 杖:diang 仗:deng 棖

　　《廣雅·釋器》:"梃,杖也。"朱駿聲曰:"竹曰竿,艸曰莛,木曰梃。"《説文》:"莛,莖也。"《荀子·勸學》注:"挺,直也。"《廣雅·釋器》:"珽,笏也。"《禮記·玉藻》"天子搢珽",注:"珽之言挺也。"《公

羊傳·昭公二十五年》“與四胘脯”,注:“屈曰胸,申曰胘。”《説文》:
“根,杖也。”

照母[tj]

tjieng 正:tjieng 政:tjieng 整

《説文》:“政,正也。从攴,从正,正亦聲。”“整,齊也。从攴,从
束,从正,正亦聲。”

山母[sh]

sheng 生:sieng 性:sieng 姓

《孟子·告子上》:“生之謂性。”《説文》:“姓,人所生也。从女,从
生,生亦聲。”

清母[ts]

tsyeng 青:dzieng 彭:tsang 蒼:tsong 葱:tsong 繱

《説文》:“青,東方色也。”“蒼,艸色也。”“彭,清飾也。”段注:“疑
此當云青飾也。”《爾雅·釋器》:“青謂之葱。”注:“葱,淺青。”《説
文》:“繱,帛青色。”

幫母[p]

pieng 并:pieng 併:byeng 並(竝、𠕋):byen 骿:byen 駢:pheng 姘

《廣雅·釋言》:“并,兼也。”《説文》:“併,竝也。”“竝,併也。”
“骿,并脅也。”“駢,駕二馬也。”“姘……漢律,齊民與妻婢姦曰姘。”段
注:“此姘取合并之義。”

15. 陽部[ang]

見母[k]

kang 剛:kang 鋼:gia 鉅:giang 彊(强):giang 勥:gian 健:kieng 勁:
gyang 勍(倞):gyang 競:gieng 痙:kyen 堅:kyen 鋻:kien 緊:khen 掔
(掔):khei 鐦:kyei 鐕:khiat 揭:giat 桀:giat 偈

《説文》："剛,彊斷也。"小徐本《説文》："剛,彊也。"《廣韻》："鋼,鋼鐵。"《説文》："鉅,大剛也。"《荀子·議兵》注："大鋼曰鉅。"《説文》："彊,弓有力也。""勥,迫也。"段注："勥者,以力相迫也。"《易·乾卦》"天行健",疏："健者,强壯之名。"《説文》："勁,强也。""劤,彊也。"《説文》："競,强語也。"《爾雅·釋言》："競,强也。"《詩·大雅·桑柔》"秉心無競",傳："競,强也。"《説文》："痙,强急也。""堅,剛也。""鏗,剛也。"《管子·問》"戈戟之緊",注："緊,謂其堅强者。"《説文》："鞏,固也。"《玉篇》："鞏,堅也。"《説文》："鍇,九江謂鐵曰鍇。"《爾雅·釋詁一》："鍇,堅也。"《廣韻》："鐕,堅也。"《詩·衛風·伯兮》"伯兮朅兮",傳："朅,武貌。"《韓詩·衛風·碩人》"庶士有朅",傳："朅,健也。"《廣雅·釋詁一》："偈,健也。"

kuang 廣:khuang 曠:xuang 荒:xuang 沆:khuan 寬:khuat 闊

《廣韻》："廣,闊也。"《史記·賈生列傳》"乃爲賦以自廣",索隱："廣,猶寬也。"《老子》第十五章"曠兮其若谷",注："曠者,寬大。"《詩·周頌·天作》"大王荒之",傳："荒,大也。"《説文》："沆,水廣也。""寬,屋寬大也。"《廣雅·釋詁二》："闊,廣也。"

　　端母[t]

tiang 張:tiang 脹(痕):tiang 漲:tiang 帳:tjiang 掌

《説文》："張,施弓弦也。"《廣雅》："痕,病也。"《急就篇》顔注："脹,謂腹鼓脹也。"字本作"張"。《左傳·成公十年》"將食,張,如厠",注："張,腹滿也。"《廣韻》："漲,大水。"《説文》："帳,張也。""掌,手中也。"朱駿聲曰："張之爲掌,卷之爲拳。"

　　來母[l]

liang 兩:liang 网:liang 輛:liang 裲:liang 緉:lyai 麗:lyai 儷:liai 離

《説文》："网,再也。""兩,二十四銖爲一兩。"徐灝曰："网、兩古今字。"《詩·召南·鵲巢》"百兩御之",傳："百兩,百乘也。"今字寫作

"緉"。《釋名·釋衣服》："裲襠,其一當胸,其一當背也。"《説文》："緉,履兩枚也。"段注："《齊風》'葛屨五兩'。履必雙而後成用也,是謂之緉。"《小爾雅·廣言》："麗,兩也。"《周禮·夏官·校人》"麗馬一圉",注："麗,耦也。"《廣雅·釋詁四》"儷,耦也",《易·離卦》："離,麗也。"《禮記·曲禮上》"離坐離立",注："離,兩也。"王念孫曰:"謂麗也。離與麗古同聲而通用。"

　　審母[sj]

sjiang 傷:sjiang 惕:sjiang 殤:tshiang 創(刅):tshiang 瘡:tshiang 愴

　　《説文》："傷,創也。""惕,憂也。"字本作"傷"。《説文》："殤,不成人也。"《儀禮·喪服》注："殤者,男女未冠笄而死,可哀傷者。"《説文》："刅,傷也。"一般寫作"創"。《玉篇》："瘡,瘡痍也。"按:"創、瘡"實同一詞。《説文》："愴,傷也。"段注："愴訓傷,猶創訓傷也。"

　　明母[m]

meang 泯:meang 畋:mien 民

　　《説文》："泯,民也。""畋,田民也。""民,衆泯也。"

16. 東部[ong]

　　溪母[kh]

khong 空:khong 孔:khiong 銎:kheong 腔:keong 釭:xu 好:khuan 窾:kuai 鍋:kuən 錕

　　《説文》："空,竅也。"《爾雅·釋詁》："孔,閒也。"注："孔,穴也。"《説文》："銎,斤斧穿也。"《説文新附》："腔,内空也。从肉,从空,空亦聲。"《説文》："釭,車轂中鐵也。"徐灝曰:"釭中空,貫軸塗膏以利轉。"《爾雅·釋器》"肉倍好謂之璧",注："好,孔也。"《廣雅·釋詁三》："窾,空也。"《莊子·養生主》："批大郤,導大窾。"《方言》九:"車釭謂之鍋,或謂之錕。"

透母［th］

thong 痛：thong 恫：dong 慟：duəm 疼

《廣雅・釋詁二》：“痛，傷也。”《説文》：“恫，痛也。”《論語・先進》“子哭之慟”，集解引馬注：“慟，哀過也。”《廣雅・釋詁二》：“疼，痛也。”

定母［d］

deong 撞：tsheong 摐：sjiong 摏：sjiong 舂：tjiong 鐘（鍾）：deok 鐲：thjiong 衝轒（憧）

《説文》：“撞，卂擣也。”《廣雅・釋言》：“摐，撞也。”《漢書・司馬相如傳上》“摐金鼓”，師古曰：“摐，撞也。”《廣韻》：“摏，撞也。”《左傳・文公十一年》“富父終甥摏其喉”，注：“摏，猶衝也。”《説文》：“舂，擣粟也。”“鐘，樂鐘也。”楊樹達曰：“鐘者可撞之物。”《説文》：“鐲，鉦也。”《周禮・地官・鼓人》注：“鐲，鉦也，形如小鐘。”《詩・大雅・皇矣》“與爾臨衝”，傳：“衝，衝車也。”疏：“衝者，從旁衝突之稱。”《説文》：“轒，陷陣車也。”

幫母［p］

pong 菶：phiong 丰：phiuəm 豐：buəm 芃

《説文》：“菶，艸盛。”“丰，艸盛丰丰也。”《廣韻》：“豐，茂也，盛也。”《詩・小雅・湛露》“在彼豐草”，傳：“豐，茂也。”《説文》：“芃，艸盛兒。”《詩・鄘風・載馳》“芃芃其麥”，傳：“麥芃芃然方盛長。”

17. 微部［əi］

溪母［kh］

khiuəi 嶵：ngiuəi 巍：nguəi 嵬：nguəi 隗：ngiuai 隇：ngai 峨

《爾雅・釋山》：“山小而衆，嶵。”《釋文》：“嶵，高峻貌。”《説文》：“巍，高也。”“嵬，高不平也。”“隗，隗隗也。”“隇，隓隗，高也。”“隇，厓巖也。"朱駿聲曰："厜羛字後出，叠韻連語，與嵯峨同，實即崔嵬之轉語也。"《説文》："峨，嵯峨也。"《廣雅·釋詁四》："峨，高也。"

匣母［h］

huəi 回：hoan 還：hoan 環：hiuən 運：hiuən 圓：hiuən 沄

《説文》："回，轉也。"《楚辭·招魂》"引車右還"，注："還，轉也。"《國語·晉語二》"戎翟之民實環之"，注："環，繞也。"《廣雅·釋詁四》："運，轉也。"《説文》："圓，回也。"段注："二字叠韻。雲字下曰：'象雲回轉形。'沄字下曰：'轉流也。'凡從云之字皆有回轉之義。"

定母［d］

diuəi 椎（槌）：tjiuai 箠（棰）：tjiuai 捶：toai 樋（箠）：toai 撾：tshiuai 揣：tuai 楇：tiuət 錣：tiuət 筕：tjiet 鏺

《説文》："椎，擊也。"段注："所以擊也。"《漢書·司馬遷傳》"其次關木索，被箠楚受辱"，師古曰："箠，杖也。"《説文》："捶，以杖擊也。"《左傳·文公十三年》"繞朝贈之以策"，注："策，馬樋。"《釋文》："樋，馬杖也。"《集韻》："樋，擊也。"《説文》："揣，一曰捶之。"《老子》第九章"揣而棁之"，注："揣，治擊也。"《説文》："楇，箠也。"《淮南子·道應》注："策，馬捶，端有針，以刺馬，謂之錣。"《説文》："筕，羊車騶箠也。箸箴其端，長半分。""鏺，羊箠，耑有鐵。"

明母［m］

məi 黴：muə 黱（穢霉）：mək 墨：muə 煤

《説文》："黴，中久雨青黑。"《廣雅·釋器》："穢，黑也。"王念孫曰："穢與黱同。今猶謂物傷濕生斑爲穢。"朱駿聲曰："俗字作霉。"《説文》："墨，書墨也。從土，從黑，黑亦聲。"《通俗文》："積烟以爲炱煤。"

18. 脂部［ei］

匣母［h］

hei 諧：hei 龤：hei 騪：huai 和：huai 龢

《爾雅·釋詁》：“諧，和也。”《説文》：“龤，樂和龤也。”“騪，馬和也。”《廣雅·釋詁三》：“和，諧也。”《説文》：“龢，調也。”

透母［th］

thyei 涕：liuei 淚：jiei 洟：siet 泗

《廣雅·釋言》：“涕，淚也。”《説文》：“洟，鼻液也。”《詩·陳風·澤陂》“涕泗滂沱”，傳：“自目曰涕，自鼻曰泗。”段玉裁曰：“泗即洟之假借字也。”

幫母［p］

piei 比：piei 姒：phiei 媲：phiuəi 妃：phuəi 配：phiet 匹

《詩·小雅·六月》“比物四驪”，《釋文》：“比，齊同也。”《爾雅·釋親》：“母爲姒。”疏：“姒，媲也，媲，匹於反。”《説文》：“媲，妃也。”《爾雅·釋詁》：“妃，媲也。”郭注：“相偶媲也。”《説文》：“妃，匹也。”《詩·大雅·皇矣》“天立厥配”，傳：“配，媲也。”《文王有聲》“作豐伊匹”，傳：“匹，配也。”

19. 歌部［ai］

見母［k］

keai 加：keai 枷：keai 駕：kat 盖

《爾雅·釋詁》：“加，重也。”注：“重，叠也。”《玉篇》：“加，蓋也。”《廣韻》：“枷，枷鎖。”《康熙字典》引《廣韻》：“枷，項械也。”按：加于項上，所以叫“枷”。《説文》：“駕，馬在軛中，从馬，加聲。”朱駿聲曰：“按：加亦意。”《廣韻》：“架，屋架。”《淮南子·本經》注：“駕，材木相

乘駕也。"莊逵吉曰："按:《文選》注'駕作架'。"《釋名·釋言語》:
"蓋,加也,加物上也。"

　　匣母[h]

hai 何:hat 曷(害):hap 盍:ha 胡

　　《説文》:"曷,何也。"《爾雅·釋言》:"曷,盍也。"《廣雅·釋詁
三》:"盍,何也。""胡,何也。"

　　精母[tz]

tzai 𠂇:tzai 左:tzan 佐:tzan 賛(贊)

　　《説文》:"𠂇,左手也。""左,手相左助也。"《廣雅·釋詁二》:
"佐,助也。"《小爾雅·廣詁》:"賛,佐也。"

　　並母[b]

biai 皮:biai 被:phiai 披:phiai 帔

　　《釋名·釋形體》:"皮,被也,被覆體也。"《釋衣服》:"被,被也,所
以被覆人也。"披,披在身上的意義,古衹寫作"被"。《孟子·盡心
下》:"被袗衣。"《釋名·釋衣服》:"帔,披之肩背,不及下也。"

20. 物部[ət]

　　影母[○]

iuət 蔚:iuət 鬱:iuən 薀(蘊):iuən 韞:iuan 菀:uat 薈

　　《廣雅·釋訓》:"蔚蔚,茂也。"《説文》:"鬱,木叢生者。"《詩·秦
風·晨風》"鬱彼北林",傳:"鬱,積也。"疏:"鬱者,林木積聚之貌。"
《説文》:"薀,積也。"字亦作"蘊"。《莊子·齊物論》:"而以是相蘊。"
《釋文》:"蘊,積也。"《詩·檜風·素冠》:"我心薀結兮。"按:"薀結"
即"菀結"。《廣雅·釋詁四》:"韞,裹也。"《詩·大雅·桑柔》"菀彼
桑柔",傳:"菀,茂兒。"《説文》:"薈,艸多貌。《詩》曰:'薈兮蔚兮。'"

iuet 鬱:uən 温:iuən 熅:iuək 郁:iuk 燠

　　《爾雅・釋言》：“鬱，氣也。”李注：“鬱，盛氣也。”《漢書・王褒傳》：“不苦盛暑之鬱燠。”師古曰：“鬱，熱氣也。燠，溫也。”《説文》：“燠，鬱烟也。”《文選》劉峻《廣絶交論》“叙温郁則寒谷成暄”，注：“郁與燠古字通。”

　　泥母［n］

nuət 內：nəp 納：nəp 軜：nəp 妠：njiəp 入

　　《説文》：“內，入也。”《廣雅・釋詁三》：“納，入也。”《詩・秦風・小戎》“鋈以觼軜”，傳：“軜，驂內轡也。”《釋文》：“軜，內也。”《後漢書・順烈梁皇后紀》“順烈梁皇后諱妠”，注引《聲類》：“妠，娶也，音納。”按：“妠”就是納婦的“納”。《説文》：“入，內也。”

　　神母［dj］

djiuət 術：djiuət 述：jiuət 遹（聿）：ziuət 遂：ziuət 隧

　　《説文》：“術，邑中道也。”《廣雅・釋宮》：“術，道也。”《漢書・刑法志》“園囿術路”，集注引如淳：“術，大道也。”《説文》：“述，循也。”《詩・邶風・日月》“報我不述”，《韓詩》作“報我不術”。《爾雅・釋言》：“遹，述也。”《釋詁》：“遹，循也。”字亦作“聿”。《詩・大雅・文王》“聿脩厥德”，傳：“聿，述也。”《史記・蘇秦傳》“禽夫差于干遂”，索隱：“遂者，道也。”《詩・大雅・桑柔》“大風有隧”，傳：“隧，道也。”

　　山母［sh］

shiuət 帥：shiuət 率：tziuən 遵：ziuən 循：ziuən 巡：ziuen 徇

　　《左傳・襄公二十五年》“五吏三十帥”，疏：“帥者，有所率領。”《爾雅・釋詁》：“率，循也。”字亦作“帥”。《國語・周語上》“帥舊德”，注：“帥，循也。”《説文》：“遵，循也。”《楚辭・天問》“昏微循迹”，注：“循，遵也。”《風俗通・山澤》：“巡者，循也。”《書・泰誓中》“王乃徇師而誓”，傳：“徇，循也。”

21. 質部[et]

端母[t]

tiet 疐：tiet 躓：dyet 跌：dyet 胅：tyen 顛（趷）：tyen 槙

《爾雅·釋言》：“疐，跲也。”“疐，仆也。”《説文》：“躓，跲也。”《玉篇》：“跌，仆也。”《説文》：“胅，骨差也，讀與跌同。”王筠曰：“讀與跌同，謂二字可通也。”《説文》：“趷，走頓也。”字本作“顛”。《書·盤庚中》“顛越不恭”，傳：“顛，隕也。”《説文》：“槙，一曰仆木也。”段注：“人仆曰顛，木仆曰槙。”

泥母[n]

niet 暱（昵）：niet 黏：njiet 袦：niei 尼：njiai 邇

《爾雅·釋詁》：“暱，近也。”《説文》：“黏，黏也。《春秋傳》曰：‘不義不黏。’”今《左傳·隱公元年》作“不義不暱”。注：“暱，親也。”《玉篇》：“袦，近身衣。”《左傳·宣公九年》“皆衷其袦服以戲於朝”，注：“袦服，近身衣。”《説文》：“尼，從後近之。”朱駿聲曰：“按：近暱之意。字亦作昵，與邇略同。”《説文》：“邇，近也。”

從母[dz]

dziet 疾：dzyei 齊：dzyei 齎：ziuen 徇（侚）：dziap 捷

這五個字都有速的意思。

《廣雅·釋詁一》：“疾，急也。”《玉篇》：“疾，速也。”《國語·齊語》“深耕而疾耰之”，注：“疾，速也。”《爾雅·釋詁》：“齊，疾也。”《廣雅·釋詁一》：“齊，疾也。”《荀子·臣道》“齊給如響”，注：“齊，疾也。”《史記·五帝紀》“幼而徇齊”，集解：“徇，疾也。齊，速也。”《説文》：“齎，炊䉒疾也。”《楚辭·離騷》“反信讒而齎怒”，注：“齎，疾也。”《説文》：“侚，疾也。”《廣雅·釋詁一》：“侚，疾也。”字亦作“徇”。《小爾雅·廣詁》：“捷，疾也。”《吕氏春秋·貴卒》“吳起之智可謂捷矣", 注:"捷,疾也。"

22. 月部[at]

影母[○]

at 遏:at 閼:at 堨:an 按:ian 堰:iet 抑:eap 壓:iap 厭:iap 厴(擪):ia 淤:ia 瘀:iən 亜:iən 堙:iən 陻:iən 湮:iən 闉

這些字同一源。"遏"是遏止,"閼"義同"遏","按"義亦同"遏"。"堨"是水壩,水壩是用來遏水的,音轉爲"堰"。"遏"有塞義,水塞爲"淤",爲"湮",血不流通爲"瘀"。"遏"有抑義,音轉爲"抑",爲"壓",爲"厭",爲"厴"。

見母[k]

kat 割:keat 犗:keat 羯:kiat 羯:kian 犍:gian 虔

《廣雅·釋詁一》:"割,斷也。"《説文》:"犗,騬牛也。"《一切經音義》十四引《字書》:"犗,騬牛也,以刀去陰也。"《廣雅·釋獸》:"犗,犍也。"《集韻》:"羯,騬羊也。"《説文》:"羯,羊羧犗也。"《廣雅·釋獸》:"羧羊犗曰羯。"《説文》:"犍,犗牛也。"《一切經音義》十四引《通俗文》:"以刀去陰曰犍。"《詩·商頌·殷武》"方斲是虔",朱注:"虔,亦截也。"

透母[th]

thuat 脱(説税):thuat 挩:thuat 蜕:diai 裞:dai 扡(拖):duat 奪(敓)

《列子·天瑞》"其狀若脱",注引《爾雅》郭注:"脱,謂剥皮也。"《説文》:"挩,解挩也。"朱駿聲曰:"經傳皆以説,以税,以脱爲之。"《説文》:"蜕,蟬蛇所解皮也。""裞,奪衣也。"《一切經音義》六引《廣雅》:"裞,敓也。"《説文》:"敓,彊取也。"朱駿聲曰:"經傳皆以奪爲之。"

精母[tz]

tzuat 最:tsuat 撮:tshuat 嘬:tzuan 纂:dzhoan 篹:dzuan 攢

《公羊傳・隱公元年》：“會猶最也。”注：“最，聚也。”《管子・禁藏》“冬收五藏，最萬物”，注：“最，聚也。”《廣雅・釋詁三》：“撮，持也。”王念孫曰：“撮之言最也，謂聚持之也。”《孟子・滕文公上》“蠅蚋姑嘬之”，注：“嘬，攢共食之也。”焦循曰：“趙氏謂攢共食之者，‘嘬’从‘最’。”《説文》：“纂，集也。”《漢書・藝文志》“故書之所起遠矣，至孔子纂焉”，集注引孟康：“纂，音撰。”按：“纂”是纂輯的意思。《廣韻》：“攢，聚也。”《文選》張衡《西京賦》“攢珍寶之玩好”，注：“攢，聚也。”

23. 文部[ən]

溪母[kh]

khən 懇（懇）：khuan 款：giuan 惓（拳卷）：khuən 悃

《説文新附》：“懇，悃也。”《廣雅・釋訓》：“懇懇，誠也。”《釋詁一》：“款，誠也。”《集韻》：“惓惓，謹也，又懇至也。”《漢書・司馬遷傳》“拳拳之忠”，師古曰：“拳拳，忠謹之貌。”《説文》：“悃，愊也。”《廣雅・釋詁一》：“悃，至也。”《廣韻》：“悃，至誠。”《楚辭・卜居》：“悃悃款款，樸以忠乎？”

照母[tj]

tjiən 振：tjiən 震：tjiən 娠

《廣雅・釋詁一》：“振，動也。”《説文》：“震，劈歷振物者。”“娠，女妊身動也。”

禪母[zj]

zjiuən 純：zjiuən 淳：zjiuən 醇：siuət 粹

《莊子・齊物論注》：“純者，不雜者也。”《説文》：“粹，不雜也。”《漢書・黃霸傳》“澆淳散樸”，師古曰：“不雜曰淳。”《爰盎傳》“買二石醇醪”，師古曰：“醇者不雜，言其釀也。”

精母[tz]

tziuən 峻∶tziuən 駿∶tziuən 俊

《説文》:“峻,高也。”“駿,馬之良材也。”“俊,材千人也。”

幫母[p]

piuən 分∶puan 半∶phuan 判∶phian 片∶puan 料∶phuan 泮∶phuan 胖∶biat 别∶bian 辨

《説文》:“分,别也。”“半,物中分也。”“判,分也。”“片,判木也。从半木。”段注:“謂一分爲二之木片。”《廣韻》:“片,半也,判也,析木也。”《説文》:“料,量物分半也。从斗,从半,半亦聲。”《詩·魯頌·泮水》釋文:“泮,半也,半有水半無水也。”《説文》:“胖,半體肉。”“冎(别),分解也。”《廣雅·釋詁一》:“冎,分也。”《小爾雅·廣言》:“辨,别也。”

滂母[ph]

phiuən 忿∶biuən 憤∶muən 悶∶biuan 煩∶muan 懣

《説文》:“忿,悁也。”《玉篇》:“忿,恨也,怒也。”《説文》:“憤,懣也。”“悶,懣也。”《玉篇》:“煩,憤悶煩亂也。”《説文》:“懣,煩也。”

24. 真部[en]

定母[d]

dien 陳(敶)∶dien 陣∶tian 展∶sjiei 尸∶sjien 伸(申信)

《廣雅·釋詁一》:“陳,列也。”《玉篇》:“陣,旅也。”《廣韻·震韻》:“敶,列也。”《左傳·成公十六年》“展車馬”,注:“展,陳也。”《説文》:“尸,陳也。”《爾雅·釋詁》:“尸,陳也。”《詩·小雅·祈父》“有母之尸饔”,傳:“尸,陳也。”《廣雅·釋詁三》:“伸,展也。”

喻母[j]

jien 引∶jiat 曳∶jiat 抴∶thai 拕(拖)∶dai 柁(椸舵)∶jien 靷∶dien 紖紾∶jyen 演∶jian 延∶jian 衍

《説文》：“引，開弓也。”《一切經音義》十九引《廣雅》：“曳，行也。”《荀子・非相》“接人則用抴”，注：“抴，牽引也。”《説文》：“抴，曳也。”《廣雅・釋詁一》：“抴，引也。”《論語・鄉黨》“加朝服拕紳”，皇疏：“拕，猶牽也。”《玉篇》：“柂，徒可切，正船木也。”《釋名・釋船》：“其尾曰柂。柂，拕也。在後見拕曳也。”《説文》：“軖，引軸也。”《釋名・釋車》：“軖，所以引車也。”《詩・秦風・小戎》“陰靷鋈續”，傳：“靷，所以引也。”《説文》：“紖，牛系也。”字亦作“紉”。《周禮・地官・封人》鄭注：“紖，著牛鼻繩，所以牽牛者。”《釋名・釋言語》：“演，延也，言蔓延而廣也。”《釋姿容》：“引，演也。”《文選》班固《西都賦》引《倉頡》：“演，引也。”《爾雅・釋詁》：“延，長也。”《呂氏春秋・重言》注：“延，引也。”《易・繫辭上》：“大衍之數五十。”《釋文》引鄭注：“衍，演也。”《後漢書・安帝紀》注：“衍，猶引也。”

精母[tz]

tzien 進：tzian 薦：tziat 祭

《文選》宋玉《高唐賦》“進純犧”，注：“進，謂祭也。”《吕氏春秋・論人》“貴則觀其所進”，注：“進，薦也。”《季春》“薦鮪于寢廟”，注：“薦，進也。”《廣雅・釋言》：“祭，薦也。”《公羊傳・桓公八年》注：“無牲而祭曰薦，薦而加牲曰祭。”

幫母[p]

pien 濱：bien 瀕頻：pyen 邊：biuən 墳濆

《廣雅・釋丘》：“濱，厓也。”《説文》：“瀕，水厓。”字亦作“頻”。《詩・大雅・召旻》“不云自頻”，傳：“頻，厓也。”《廣雅・釋丘》：“墳，厓也。”《詩・周南・汝墳》“遵彼汝墳”，傳：“墳，大防也。”《説文》：“濆，水厓也。”《詩・大雅・常武》“鋪敦淮濆”，傳：“濆，涯。”

25. 元部［an］

影母［○］

an 安：an 侒：ean 晏：ian 宴（燕）

《爾雅・釋詁》：“安，定也。”《説文》：“侒，宴也。”《漢書・司馬相如傳下》“天下晏如也”，師古曰：“晏，安也。”《説文》：“宴，安也。”

見母［k］

kan 乾：han 旱：xan 暵（熯）：xiəi 晞：ian 蔫：iuan 慈：iuai 萎（殘）：ia 菸

《説文》：“暵，乾也。”《詩・王風・中谷有蓷》“暵其乾矣”，傳：“暵，菸貌。”《説文》：“熯，乾貌。”“晞，乾也。”《詩・秦風・蒹葭》“白露未晞”，傳：“晞，乾也。”《説文》：“蔫，菸也。”《玉篇》：“慈，敗也。”“萎，慈也。”《一切經音義》九引《聲類》：“萎，草木菸也。”《説文》：“菸，一曰殘也。”

kiuan 卷：kiuan 捲：khiuan 棬（圈）：giuan 拳：giuan 鬈：giuan 踡：giuan 蜷：giuan 觠：giuan 瘘

《詩・大雅・卷阿》傳：“卷，曲也。”《説文》：“捲，……一曰捲收也。”段注：“即今所謂舒卷字也。”《玉篇》：“棬，曲木盂也。”《廣韻》：“棬，器似升，屈木作。”《孟子・告子上》：“義猶桮棬也。”《説文》：“拳，手也。”段注：“卷之爲拳。”《詩・齊風・盧令》“其人美且鬈”，《説文》：“鬈，髮好也。”按：即頭髮卷曲。《玉篇》：“踡跼，不伸也。”《廣韻》：“蜷，蟲形詰屈。”《説文》：“觠，曲角也。”《廣韻》：“瘘，手屈病也。”

疑母［ng］

ngan 岸：xan 斤（厂）：kan 干：ngeam 巖（岩）：ngeam 嵒（岩）：ngiən 垠（圻沂）：ngak 堮：heən 限

《廣韻》：“岸，水涯高者。”《説文》：“厂，山石之厓巖，人可居。斤，籀文从干。"《詩・魏風・伐檀》"寘之河之干兮",傳:"干,厓也。"《説文》:"巖,岸也。""豈,山巖也。""垠,一曰岸也。圻,垠或从斤。"《廣雅・釋丘》:"垠,厓也。"王念孫曰:"凡邊界謂之垠,或謂之堮,厓岸垠堮,一聲之轉。"《説文》:"堮,圻堮。"《小爾雅・廣詁》:"限,界也。"朱駿聲曰:"垠與限略同。"

定母[d]

duan 團∶duan 摶∶zjiuan 篅∶duən 笹∶thuan 湍

《説文》:"團,圜也。"《文選》班婕妤《怨歌行》:"裁爲合歡扇,團團似明月。"《説文》:"摶,圜也。"《韻會》引《説文》:"摶,以手圜之也。"《説文》:"篅,以判竹,圜以盛穀也。"《廣雅・釋器》:"篅謂之笹。"《孟子・告子上》"性猶湍水也",注:"湍者,圜也。"

禪母[zj]

zjiuan 遄∶thuan 湍∶than 灘∶lat 瀨∶thjiuan 喘∶zjiuan 歂

《爾雅・釋詁》:"遄,速也。""遄,疾也。"《説文》:"湍,疾瀨也。"《廣韻・寒韻》:"灘,水灘。"《翰韻》:"灘,水奔。"《增韻》:"灘,瀨也。"《楚辭・九歌・湘君》注:"瀨,湍也。"《説文》:"喘,疾息也。"《釋名・釋疾病》:"喘,湍也。湍,疾也。氣出入湍疾也。"《説文》:"歂,口氣引也。"王筠曰:"與喘同字。"

26. 緝部[əp]

匣母[h]

həp 合∶heəp 祫∶həp 詥∶həp 盒∶xiəp 歙∶xiəp 翕∶kəp 佮∶kəp 敆∶kheəp 洽∶hap 盍∶hap 闔∶xiap 協(叶)∶xiap 劦∶xiap 勰

《説文》:"合,合口也。""祫,大合祭先祖親疏遠近也。""詥,諧也。"段注:"詥之言合也。"《廣韻》:"盒,盤覆也。"字本作"合"。《莊子・山木》"則呼張歙之",《釋文》:"歙,歛也。"《詩・小雅・常棣》

"兄弟既翕"，傳："翕，合也。"《説文》："佮，合也。"朱駿聲曰："按：配偶之義爲佮，聚會之義爲敆，和協之義爲洽。"《説文》："敆，合會也，从攴从合，合亦聲。"《廣韻》："洽，和也，合也。"《爾雅·釋詁》："盍，合也。"《易·豫卦》"勿疑朋盍簪"，《釋文》："盍，合也。"《易·繫辭上》"是故闔户謂之坤"，虞注："闔，閉翕也。"《説文》："協，衆之同和也。"《左傳·昭公七年》"告之夢，夢協"，注："協，合也。"《説文》："劦，同力也。""恊，同思之和也。"

　　從母［dz］

dzəp 雜：dziəp 集：dziəp 亼：dziəp 緝：dziəp 輯：dziəp 卙：dziuət 萃：tziəp 揖：tzhiəp 戢

　　《廣雅·釋詁三》："雜，聚也。"《爾雅·釋言》："集，會也。"《説文》："亼，三合也。""緝，合也。"《書·舜典》"輯五瑞"，王注："輯，合也。"《説文》："卙，詞之卙也。"《廣韻》引《説文》作"詞之集也"。《廣雅·釋詁三》："萃，聚也。"《小爾雅·廣言》："萃，集也。"《詩·周南·螽斯》"螽斯羽，揖揖兮"，傳："揖揖，會聚也。"《爾雅·釋詁》："戢，聚也。"《詩·小雅·桑扈》"不戢不難"，傳："戢，聚也。"

27. 盍部［ap］

　　溪母［kh］

khyap 篋（匧）：keam 緘：heam 械：heap 柙（押）：ham 函

　　《急就篇》顔注："篋，長笥也。"《説文》："匧，藏也。篋，匧或从竹。"小徐本《説文》："匧，械藏也。"《玉篇》："匧，緘也。"《説文》："緘，束篋也。""械，篋也。""柙，檻也。"《史記·刺客傳》"奉地圖匣"，索隱："匣，亦函也。"《集韻》："函，匱也。"

28. 侵部［əm］

影母［〇］

əm 暗：əm 闇：əm 晻：eəm 黯：iəm 陰：iəm 霒：iəm 蔭（廕）：iəm 窨：iəm 隱：iəm 讔

《説文》："暗，日無光也。"《小爾雅・廣詁》："闇，冥也。"《説文》："晻，不明也。""黯，深黑也。""陰，闇也。""霒，雲覆日也。""蔭，艸陰也。"字亦作"廕"。《説文》："窨，地室也。""隱，蔽也。"《集韻》："讔，廋語也。"

見母［k］

keəm 絳：kəm 紺：hong 紅

《説文》："絳，大赤也。""紺，帛深青揚赤色。""紅，帛赤白色也。"

匣母［h］

həm 含（唅）：həm 琀：heəm 銜：heam 嗛

《説文》："含，嗛也。"《廣雅・釋言》："唅，晻也。"《説文》："琀，送死口中玉也。"字亦作"含"。《説文》："銜，馬勒口中。"

泥母［n］

niuəm 濃：niuəm 醲：niuən 襛：niuəm 穠：nuəm 膿：ngiam 釅

水厚爲"濃"，味厚爲"膿"，酒厚爲"醲"（音轉爲"釅"），衣厚爲"襛"，花木厚爲"穠"。諸字同源。

《詩・小雅・蓼蕭》"零露濃濃"，傳："濃濃，厚貌。"《説文》："醲，厚酒也。""襛，衣厚貌。"《廣韻》："穠，花木厚。"《文選》枚乘《七發》"甘脆肥膿"，注："膿，味之厚也。"《廣韻》："釅，酒醋味厚。"

精母［tz］

tziəm 浸：tziəm 寖：dziam 漸：tiam 霑（沾）：tziam 瀸：tziam 霃：tziam 霰

《論語・顏淵》"浸潤之譖"，皇疏："浸潤，猶漸漬也。"《漢書・成帝紀》“黨與寖廣”，師古曰：“寖，古浸字。浸，漸也。”《廣雅·釋詁二》：“漸，漬也。”《一切經音義》二：“霑，濡也。”《廣雅·釋詁二》：“霑，漬也。”《詩·小雅·信南山》“既霑既足”，疏：“霑，沾潤。”《説文》：“瀸，漬也。”“霰，微雨也。”“霢，小雨也。”朱駿聲曰：“與霰略同。”

清母［ts］

tsiəm 侵：tziəm 祲：ziəp 襲

《左傳·莊公二十九年》：“凡師有鐘鼓曰伐，無曰侵，輕曰襲。”《穀梁傳·襄公二十三年》“齊侯襲莒”，注：“輕行掩其不備曰襲。”《周禮·春官·眡祲》鄭注：“祲，陰陽氣相侵也。”

心母［s］

səm 三：tsəm 參：tsəm 驂：səm 惨：shiəm 參：səp 卅

“參”是三的集體。《易·繫辭上》“參伍以變”，疏：“參，三也。”《説文》：“驂，駕三馬也。”“惨，三歲牛。”《詩·唐風·綢繆》“三星在天”，傳：“三星，參也。”《説文》：“卅，三十并也。”一般寫作“卅”。

29. 談部［am］

見母［k］

kam 甘：kam 柑：ham 酣

《説文》：“甘，美也。”段注：“甘爲五味之一。而五味之可口皆曰甘。”按：古無“甜”字，凡“甜”都説成“甘”。《廣韻》：“柑，木名，似橘。”字本作“甘”。《漢書·司馬相如傳上》“黃甘橙楱”。集注引郭璞：“黃甘，橘屬，而味精。”《説文》：“酣，酒樂也。從酉從甘，甘亦聲。”

由上面大量的例子來看，漢語的詞彙是聚族而居的。從前我們認爲漢語詞彙是一盤散沙，那是錯誤的。它是一群一群的同源字共同構成的。形成同源字的原因很多，主要原因有兩個：第一是方言的差异。例如《説文》：“逆，迎也。關東曰逆，關西曰迎。”“逆、迎”鐸陽對轉，所以是同源。第二是詞義的細微差別。假定先有一個“侵”字，無鐘鼓曰“侵”。但無鐘鼓的“侵”還可以細分爲兩類：其中一類是輕行掩其不備，有必要另立一個名稱，叫做“襲”。“侵、襲”侵緝對轉，所以是同源。這後一種原因最爲常見，以致形成許許多多的詞族。詞族的研究，可以説明漢語詞彙的構成。

第三章　滋生詞[①]

　　所謂滋生詞(又叫派生詞),是指來源于另一個詞的詞。漢語的滋生詞和西洋語言的滋生詞不同。西洋語言(如英語、法語等)的滋生詞,一般是一個詞根加上一個前綴或後綴;漢語的滋生詞不是加頭或加尾,而是變化原詞的聲母或韻部,甚至字音不變,而祇改變字形。有時候是字形不變,而祇是稍變聲母和聲調,例如長短的"長"讀直良切(diang),平聲,滋生爲長幼的"長",讀知丈切(tiang),去聲。

　　現在我們就詞義、語法兩方面對漢語滋生詞加以詳細的分析。

一、滋生詞的詞義分析

　　在同源字中,有許多字并不是同義詞,但是它們的詞義有種種關係,使我們看得出它們是同出一源的。而其中一個是原詞(或叫初詞),另一個是滋生詞。現在一一加以叙述:

　　(一)工具:凡藉物成事,所藉之物就是工具。例如:

　　右,右手,滋生爲佑,用右手幫助人,引申爲佐助。

　　左,左手,滋生爲佐,用左手幫助人,引申爲輔佐。

---

① 　本章取材于拙著《同源字典》。

背,背脊,滋生爲負,用背馱。

柴,木柴,滋生爲祡,燒柴祭天。

帚,笤帚,滋生爲掃,用笤帚掃除。

爪,指甲,滋生爲搔,用指甲撓。

噣,鳥嘴,滋生爲啄,鳥用嘴啄東西。

腋,夾肢窩,滋生爲掖,把別人的胳膊放在自己的腋下攙着走。

勺,杓子,滋生爲酌,用勺子舀酒。

湯,熱水,滋生爲盪,用熱水洗滌器皿。

箠,鞭子,滋生爲搥,用鞭子或棍子打。

筭,籌碼,滋生爲算,用籌碼計算。

咽,喉嚨,滋生爲嚥,用喉嚨吞下。

(二)對象。例如:

耳,耳朵,滋生爲刵,割耳朵;又爲珥,耳墜子。

古,古代的,滋生爲詁,解釋古語的。

魚,魚類,滋生爲漁,捕魚。

輿,轎子,滋生爲舁,擡轎子。

柄,把子,滋生爲秉,握住把子。

臭,氣味,滋生爲嗅,用鼻子辨別氣味。

道,路,滋生爲導,引路。

獸,野獸,滋生爲狩,獵取野獸。

頸,脖子,滋生爲刭,用刀割脖子。

威,威力,滋生爲畏,害怕威力。

術,道路,滋生爲述,遵循前人的道路。

內,裏邊,滋生爲入,走進裏邊。

田,田地,滋生爲佃,耕田。

賓,賓客,滋生爲儐,導引賓客。

粲,餐飯,滋生爲餐,吃飯。

篋,箱篋,滋生爲緘,捆箱篋。

(三)性質,作用。例如:

卑,卑賤,滋生爲婢,卑賤的婦女。

句,曲,滋生爲鉤,一種彎曲的工具;又爲軥,彎曲的車軛;又爲朐,曲脊;又爲胸,屈曲的乾肉。

浮,飄浮,滋生爲桴,浮在水面的交通工具。

含,口含,滋生爲銜,馬含的;又爲琀,死人含的。

磨,研磨,滋生爲礦(也寫作磨,讀去聲),用來磨穀物的工具。

研,研磨,滋生爲硯,用來磨墨的工具。

副,副貳,滋生爲駙,副馬。

聚,聚集,滋生爲轃,衆輻所聚集的轂;又爲族,聚居在一起的氏族;又爲叢,聚集在一起的灌木。

弱,柔弱,滋生爲蒻,蒲之柔弱者。

挺,直的,滋生爲脡,直的乾肉。

冒,蒙蓋,滋生爲帽,蒙蓋在頭上的。

并,并列,滋生爲骿,并脅;又爲駢,并駕的兩馬。

停,停留,滋生爲亭,旅客臨時停留的地方。

橫,橫放的,滋生爲衡,橫放的秤。

永,長,滋生爲咏,長歌。

當,對當,滋生爲襠,袴之當隱處。

張,張開,滋生爲掌,張開的手;又爲帳,張開在床上的。

卷,捲起,滋生爲拳,捲起的手。

空,空的,滋生爲孔,物中空,窟窿。

蕤,花下垂的樣子,滋生爲緌,纓結之餘散而下垂者。

加,把一物放在另一物上,滋生爲駕,把車加在馬上;又爲架,放東西在上面的器具;又爲枷,加在犯人脖子上的刑具。

宜,應該,滋生爲義,應該做的事。

頗,偏,滋生爲跛,一隻脚走路,偏任爲跛。

蔽,遮蔽,滋生爲鞁(韍),用來蔽前的蔽膝;又爲箅,用來遮蔽甑的竹席。

填,塞,滋生爲瑱,用來塞耳的玉器。

引,牽引,滋生爲紖,用來牽牛的繩子。

圜,圓的,滋生爲丸,彈丸是圓的東西。

全,完整,滋生爲牷,用來祭祀的完整的牛。

半,一半,滋生爲泮,泮宮,南面有水,北面無水,是半水。

合,合起來,滋生爲盒,底蓋相合的盛物器。

合,合併,滋生爲祫,合祭。

濕,潮濕,滋生爲隰,低濕的地方。

終,末了,滋生爲冬,一年的末了。

(四)共性。例如:

崖,山邊,滋生爲涯,水邊。

淤,水凝滯,滋生爲瘀,血液凝滯。

呼,往外出氣,呼吸,滋生爲嘘,呵氣。

枯,草木缺水,滋生爲涸,江河缺水;又爲渴,人缺水。

耦,兩人共耕,滋生爲偶,兩人在一起,配偶。

旭,太陽照亮,滋生爲煦,太陽照暖。

少,數量小,滋生爲小,面積小。

學,學習,滋生爲效,向別人學習。

久,時間長,滋生爲舊,經過長時間的。

柔,柔軟,滋生爲擾,柔順。

住,人停留,滋生爲駐,馬停留。

招,以手招,滋生爲召,以口招。

背,背脊,滋生爲北,背的方向。

郭,外城,滋生爲槨,外棺。

獲,畋獵所得,滋生爲穫,耕種所得。

間,門縫,滋生爲隙,牆壁的裂縫。

僮,未成年的男子,滋生爲童,未成年的奴隸。

强,弓有力,滋生爲剛,强斷。

尨,雜色,滋生爲牻,白黑雜毛牛;又爲駹,白黑雜色馬;又爲哤,雜語。

饑,穀不熟,滋生爲饉,菜不熟。

回,旋轉,滋生爲環,玉環,環繞。

決(决),水被衝開缺口,滋生爲缺,器皿被碰破了缺口;又爲玦,環形有缺口的佩玉;又爲闕,皇宮門前面兩邊的樓,中間是缺口。

堅,土堅爲堅,滋生爲鑒,金堅爲鑒。

集,群鳥集於樹上,滋生爲輯,把文章聚集在一起。

合,閉嘴,滋生爲闔,閉門。

合,合口,滋生爲協,合力。

暗,日無光,滋生爲闇,昏暗;又爲陰,太陽照不到的地方,陰暗。

濃,水厚,滋生爲膿,味厚;又爲醲,酒厚;又爲襛,衣厚;又爲穠,花木厚。

任,懷抱,滋生爲妊,懷孕。

侵,侵犯,滋生爲祲,陰陽相侵。

兼,雙禾拿在一起,滋生爲縑,雙線織成的絲織品;又爲鶼,成雙的鳥;又爲鰜,成雙的魚。

曲,彎曲,滋生爲跼,彎腰。

矯,矯首,舉首,滋生爲蹻,舉足;又爲翹,舉起尾巴。

（五）特指。例如：

獻,進獻,滋生爲享,以祭品進獻給神。

紆,彎曲,滋生爲迂,走彎路。

倍,加倍,滋生爲培,加土。

夏,大,滋生爲厦,大屋。

途,路,滋生爲唐,廟中路。

輔,助,滋生爲賻,以財助喪。

怒,發怒,滋生爲獶,犬怒。

跨,跨騎,滋生爲騎,跨馬。

構,搭架子,滋生爲簴,烘衣服的架子。

取,取得,滋生爲娶,取妻。

高,高低,滋生爲驕,馬高;又爲喬,木高。

少,年輕,滋生爲叔,兄弟中年輕的。

包,包裹,滋生爲胞,包裹胎兒的膜。

伏,覆,滋生爲孵,鳥類伏在卵上使卵化爲雛。

孔,洞,滋生爲好,璧孔。

石,石頭,滋生爲祏,宗廟中藏主的石室。

側,偏斜,滋生爲昃,太陽偏西,日斜。

朝,早上,滋生爲潮,早上漲的海潮。

夕,晚上,滋生爲汐,晚上漲的海潮。

背,背脊,滋生爲脢,背肉。

白,白色,滋生爲皤,老人髮白。

增,增加,滋生爲層,重屋。

庭,庭院,滋生爲廷,帝王的庭院。

争,争論,滋生爲諍,盡言力争。

生,生的,不熟的,滋生爲腥,生肉。

冥,幽暗,滋生爲暝,晦暝,天暗。

香,氣味好,滋生爲馨,香之遠聞者。

剛,刀刃堅,滋生爲鋼,剛鐵。

揚,揚起,滋生爲颺,随風飄揚。

民,人民,滋生爲氓(甿),田民。

腫,浮腫,滋生爲瘇,脚腫。

蒙,陰暗,不明,滋生爲曚,曚曨,日未明;又爲朦,朦朧,月不明;又爲矇,目不明。

融,融化,滋生爲鎔,金屬融化。

微,細微,滋生爲溦,小雨。

播,播揚,滋生爲簸,揚米去糠。

加,把某物放在另一物上,滋生爲蓋,由上向下覆蓋。

出,出來,滋生爲茁,艸初生出土的樣子。

遂,道路,滋生爲隧,墓道,地道。

一,一次,滋生爲殪,一箭射死。

割,割掉,滋生爲犗,閹割牛;又爲羯,閹割羊;又爲犍,閹割了的牛。

脱,解脱,滋生爲蜕,蛇蟬脱皮。

大,大的,滋生爲太,最大的。

列,排列,滋生爲栵,排列成行的樹木。

雪,冰雪,滋生爲霰,稷雪,雨雪雜下。

貪,貪心,滋生爲饕,貪吃。

彎,彎曲,滋生爲灣,水流彎曲的地方。

間,中間,滋生爲澗,兩山中間的水。

管,竹管,滋生爲琯,候氣的玉管。

乾,乾燥,滋生爲暵,晒乾;又爲熯,烤乾,烘乾。

貫,貫穿,滋生爲擐,穿戴甲胄。

踐,踏上,滋生爲躔,日月行到某一星次。

按,摁,滋生爲擪,輕按。

豎,直立,豎着,滋生爲樹,把植物豎着栽。

夜,夜間,晚上,滋生爲夕,傍晚,黃昏。

擴,擴張,滋生爲彍,張弓。

（六）行爲者,受事者。例如：

沽,買賣,滋生爲賈,買賣人。

率,率領,滋生爲帥,率領全軍的人。

輔,輔佐,滋生爲傅,輔佐帝王、太子的人。

（七）抽象。例如：

寤,睡醒,滋生爲悟,覺醒。

扶,攙扶,滋生爲輔,扶助,輔佐。

撫,撫拍,滋生爲憮,受撫。

逆,對着走,滋生爲忤,忤逆。

釋,解脱,滋生爲赦,使脱罪;又爲捨,放弃。

超,越過,滋生爲卓,卓越。

角,比力,滋生爲較,比較。

驚,驚竦,滋生爲警,警惕;又爲敬,心存警惕,不要犯錯誤。

相,視,滋生爲省,內視,反省。

工,手工,滋生爲功,工作;又爲攻,進行某種工作。

疼,疼痛,滋生爲痛,悲痛;又爲恫,痛心;又爲慟,極度悲痛。

捧,雙手捧着,滋生爲奉,奉承,供奉。

宛,屈曲,滋生爲冤,冤屈。

軟,柔軟,滋生爲懦,軟弱。

瘁,勞累得病,滋生爲悴,憔悴。

喟,嘆氣,滋生爲慨,感慨。

演,長流,滋生爲延,延長;又爲衍,延之使長。

製,裁制衣服,滋生爲制,制裁,制定。

蔭,樹陰,滋生爲廕,祖先的餘蔭。

沈,沈溺在水裏,滋生爲耽,沈溺在歡樂裏。

歉,食不滿,滋生爲慊,心不滿。

函,含,容,滋生爲涵,涵容,包涵。

(八)因果。例如:

知,知識,滋生爲智,多知。

冶,冶煉,滋生爲鎔,銷鎔。

逋,奴隸或罪犯逃亡,滋生爲捕,把逃亡的人捉回來。

霤,中霤,穴居室中雨水流下處,滋生爲漏,雨水從屋頂流下。

照,太陽照耀,滋生爲昭,明亮。

噪,吵鬧,滋生爲嘈,吵鬧的聲音。

眊,目少精,滋生爲瞀,目不明。

窈,深,滋生爲幽,暗。

煣,用火烤木使曲,滋生爲輮,車輞,煣木所成。

福,鬼神佑助,滋生爲富,多財,古人以爲是神佑的結果。

革,去掉獸皮的皮,滋生爲鞹,去毛的獸皮。

阸,阻塞,滋生爲厄,受困。

髡,剃髮,滋生爲髢,把頭髮剃下來做成的假髮。

造,創造,製造,滋生爲就,造成。

清,水清,滋生爲淨(净),清潔。

景,日光,滋生爲影,物體擋住日光,四周有光,中間無光。

獻,進獻,滋生爲饗,神享受人所進獻的祭品。

饑,饑荒,滋生爲飢,飢餓。

回,回轉,滋生爲還,歸來。

碎,破碎,滋生爲屑,碎末。

遏,阻止,阻擋,滋生爲堨,爲堰,擋水的工程。

陳,陳列,滋生爲陣,軍隊的行列。

捲,捲曲,滋生爲拳,捲曲的手;又爲鬈,髮曲;又爲卷,捲起來的竹簡或帛書。

乾,乾燥,滋生爲旱,乾旱。

見(現),出現,滋生爲顯,顯現。

摶,把東西揉成圓形,滋生爲團,圓形。

斷,截斷,滋生爲段,一段就是一截。

燔,烤,滋生爲膰,烤熟的祭肉。

(九)現象。例如:

踞,蹲,箕踞,滋生爲倨,沒有禮貌。

瞿,敬視貌,滋生爲懼,害怕。

伏,趴倒,滋生爲服,降服。

(十)原料。例如:

紫,紫色,滋生爲茈,茈草,可染紫。

綟,蒼艾色,滋生爲莀,莀草,可染蒼艾色。

旄,用氂牛尾裝飾的旗子,滋生爲氂,氂牛。

屋,用帷幄做成的住所,滋生爲幄,帷幄。

帛,絲織品,滋生爲幣,束帛,用來送禮。

構,木頭搭的房子,滋生爲桷,方形的椽子。

(十一)比喻,委婉語。例如:

趾,脚,滋生爲址,地基,牆脚。

枝,樹枝,滋生爲肢,四肢,肢體。

解,解結,滋生爲懈,鬆懈,不緊張。

材,木材,滋生爲才,人材。

阻,阻塞,滋生爲沮,阻止,勸阻。

張,張弓,張開,滋生爲脹,膨脹,體積增大;又爲漲,水漲。

强,弓有力,滋生爲健,强壯。

浸,泡,浸漬,滲透,滋生爲漸,逐漸。

没,沉没,滋生爲殁,死亡(委婉語)。

隕,從高處摔下來,滋生爲殞,死亡(委婉語)。

徂,往,滋生爲殂,死亡(委婉語)。

(十二)形似。例如:

籥,管籥,樂器,滋生爲鑰,鎖鑰。

登,禮器,滋生爲鐙,膏燈。

莖,草木榦,滋生爲頸,頭莖;又爲脛,脚莖。

領,脖子,滋生爲嶺,山腰,山的脖子。

井,水井,滋生爲阱,陷井。

瑟,樂器,滋生爲箏,似瑟的樂器。

梗,草木刺人,滋生爲鯁,魚刺。

障,屏障,滋生爲嶂,像屏障的山。

裳,下裙,滋生爲常,旗似裳。

箱,車箱,滋生爲廂,東西廂似車箱。

囱,烟囱,滋生爲窗,天窗似烟囱。

螺,螺蛳,滋生爲腡,指紋回旋似螺。

鴈,鴻雁,滋生爲鵝,家鴈,舒鴈。

根,樹根,滋生爲跟,脚跟似樹根。

緜,絲棉,滋生爲棉,木棉似絲棉。

文,文采,滋生爲雯,雲文。

(十三)數目。例如:

一,數目,滋生爲壹,專一。

二,數目,滋生爲貳,二心,副職。

三,數目,滋生爲參,三的集體,三分;又爲驂,駕三馬。

四,數目,滋生爲駟,一乘爲駟,四馬的集體。

五,數目,滋生爲伍,户口五家爲伍,軍隊五人爲伍。

十,數目,滋生爲什,十倍,十分,軍隊十人爲什。

百,數目,滋生爲佰(伯),百倍,軍隊百人爲佰。

兩,雙,滋生爲輛,車有兩輪,故以輛爲量詞;又爲緉,履兩枚相配成雙,故以緉爲量詞;又爲裲襠,即兩當(既當胸,又當背);又爲麗,駕兩謂之麗;又爲儷,配偶。

(十四)色彩。例如:

綦,青黑色,滋生爲騏,青黑色的馬。

鐵,黑金,滋生爲驖,馬如鐵赤黑色。

玈,黑色,滋生爲旅,旅弓,黑弓。

皓,白色,滋生爲縞,白繒。

(十五)使動。例如:

貸,借入,滋生爲貸,借出,使貸。

賒,賒入,滋生爲貰,賒出,使賒。

買,買入,滋生爲賣,賣出,使買。

糴,買米,滋生爲糶,賣米,使糴。

受,接受,滋生爲授,授予,使接受。

贅,典押入,滋生爲質,典押出,使贅。

入,進入,滋生爲納,使入。

至,到來,滋生爲致,使至。

去,離開,滋生爲祛,祛除,使離開。

食,吃,滋生爲飤(飼),使吃。

別,分别,滋生爲辨,辨别,使分别。

勸,努力,滋生爲勉,使努力。

在漢語裏,初詞和滋生詞的關係不是處處都很清楚的。例如"帚"和"掃"的關係,到底先有"帚",而後派生爲"掃"呢? 還是先有"掃",而後派生爲"帚"呢? 又如"崖"和"涯"的關係,到底先有"崖"而後派生爲"涯"呢? 還是先有"涯"而後派生爲"崖"呢? 這些情況是不容易斷定的。但是,在大多數的情況下,派生詞是可以斷定的。例如"取"和"娶"、"包"和"胞"、"咽"和"嚥"、"陳"和"陣"等等,其派生的關係是很清楚的。

形聲字不能作爲派生的標準,因爲漢語詞彙的形成遠在文字之前。例如"招"與"召"、"背"和"北"、"材"和"才"等等,從語言發展的線索看,還是先有"招、背、材"之類,這是不言而喻的。

二、滋生詞的語法分析

從語法上看,有名詞滋生爲名詞、形容詞或動詞,有形容詞滋生爲名詞,形容詞或動詞滋生爲名詞、形容詞或動詞。有轉音的滋生詞,有同音不同調的滋生詞,有同音不同字的滋生詞。茲分別舉例如下:

(一)名詞—名詞

兒 njie,孺子;　　　　麑 ngye,鹿子。

鴈 ngean,鴻雁;　　　鵝 ngai,家鴈。

母 mə,母親;　　　　姥 ma,女師。

背 puək,脊背;　　　北 pək,北方。

景 kyang,日光;　　　影 yang,影子。

旁 bang,旁邊;　　　房 biuang,室在旁。

民 mien,人民;　　　氓 meang,野民。

囪 tsong,烟囪;　　　窗 tsheong,天窗。

（以上轉音）

伯 peak，伯仲； 　　霸 peak，諸侯之長。

徵 tiəng，徵兆； 　　症（證）tiəng，病症。

（以上同音不同調）

牙 ngea，牙齒； 　　芽 ngea，萌芽。

蓐 njiok，草墊； 　　褥 njiok，褥子。

府 pio，府庫； 　　腑 pio，腑臟。

藏 dzang，庫藏， 　　臟 dzang，腑臟。

耦 ngo，耦耕， 　　偶 ngo，配偶。

構 ko，屋架； 　　篝 ko，烘衣架。

枝 tjie，樹枝； 　　肢 tjie，肢體。

趾 tjiə，足； 　　址 tjiə，地基。

斧 piua，斧子； 　　黼 piua，黼形如斧。

雷 luəi，雷電； 　　罍 luəi，罍刻作雲雷形。

材 dzə，木材； 　　才 dzə，人才。

脣 djiuən，嘴脣； 　　漘 djiuən，水厓。

耳 njiə，耳朵； 　　珥 njiə，耳墜子。

毛 mô，毛髮； 　　髦 mô，頭髮。

眉 miei，眉毛； 　　楣 miei，門楣。

郭 kuak，外城； 　　槨 kuak，外棺。

石 zjyak，石頭； 　　祐 zjyak，宗廟主。

管 kuan，竹管； 　　琯 kuan，候气的玉管。

籥 jiak，樂器； 　　鑰 jiak，鎖鑰。

竹 tiuk，竹子； 　　築 tiuk，樂器似筝。

鐵 tyet，鋼鐵； 　　驖 tyet，馬色似鐵。

昏 xuən，黃昏； 　　婚 xuən，婚姻。

豋 təng,祭器；　　　燈 təng,膏燈。

井 tzieng,水井；　　阱 tzieng,陷井。

庭 dyeng,庭院；　　廷 dyeng,朝廷。

童 dong,兒童；　　　僮 dong,僮僕。

　　　（以上同音不同字）

（二）名詞—形容詞

豚 duən,小豬；　　　腞 dyət,肥腞。

　　　（以上轉音）

弟 dyei,兄弟；　　　悌 dyei,善事兄。

　　　（以上同音不同調）

人 njien,人類；　　　仁 njien,仁慈。

　　　（以上同音不同字）

（三）名詞—動詞

背 buək,脊背；　　　負 biuə,用背馱。

肩 kyan,肩膀；　　　掮 gian①,用肩扛。

蹄 dye,馬蹄；　　　踢 thyek②,用脚踢。

爪 tzheô,手指甲；　　搔 su,用指甲撓。

朝 tiô,早上；　　　朝 diô,早上朝見。

咽 yen,喉嚨；　　　嚥 ian,下咽。

帚 tjiu,笤帚；　　　掃 su,掃地。

坎 kham,陷阱；　　　陷 heam,掉進陷阱。

嚛 tiok,鳥嘴；　　　啄 teok,鳥啄食。

頸 kieng,脖子；　　　到 kyeng,割頸。

---

①　"掮"是近代的滋生詞,吳方言。

②　"踢"是近代的滋生詞,它的前身是"踶"dye。

臭 thjiu，氣味；　　　嗅 thjiuk，聞氣味。

湯 thang，熱水；　　　盪 dang，用熱水洗。

　　　（以上轉音）

道 du，路；　　　　　導 du，引路。

威 iuəi，威力；　　　畏 iuəi，害怕。

右 kiuə，右手；　　　佑 hiue，幫助。

左 tzai，左手；　　　佐 tzai，幫助。

家 kea，家庭；　　　嫁 kea，出嫁。

杖 diang，拐杖；　　　仗 diang，倚仗。

扇 sjian，扇子；　　　搧 sjian，搧動。

賓 pien，賓客；　　　儐 pien，導引賓客。

陰 iəm，陰影；　　　蔭 iəm，樹遮陰。

　　　（以上同音不同調）

魚 ngia，魚類；　　　漁 ngia，捕魚。

勺 tjiôk，勺子；　　　酌 tjiôk，舀酒敬客。

田 dyen，田地；　　　佃 dyen，種地。

駝 dai，駱駝；　　　馱 dai，馱運。

腋 jyak，胳肢窩；　　掖 jyak，扶掖。

箠 tjiuai，馬鞭子；　　捶 tjiuai，用鞭打。

輿 jia，車、轎子；　　舁 jia，抬轎子。

獸 sjiu，野獸；　　　狩 sjiu，狩獵。

禽 qiən，獵獲物；　　擒 qiəm，捕獲。

闌 lan，欄檻；　　　攔 lan，遮攔。

保 pu，保護；　　　堡 pu，城堡。

遏 at,遏止；　　　　　竭 at,水壩①。

　　　（以上同音不同字）

（四）形容詞—名詞

　　黑 xək,黑色；　　　　墨 mək,筆墨。

　　濕 sjiəp,潮濕；　　　隰 ziəp,阪下濕。

　　三 səm,數目；　　　驂 tsəm,并駕的三匹馬。

　　橫 hoang,橫的；　　　衡 heang,秤,天平。

　　卑 pie,低,賤；　　　婢 bie,婢女。

　　　　（以上轉音）

　　兩 liang,數目；　　　輛 liang,車輛。

　　空 khong,空虛；　　　孔 khong,窟窿。

　　　　（以上同音不同調）

　　四 siet,數目；　　　駟 siet,馬四匹。

　　五 nga,數目；　　　伍 nga,五的集體。

　　十 zjiəp,數目；　　　什 zjiəp,十的集體。

　　甘 kam,甜；　　　　柑 kam,柑橘。

　　剛 kang,堅硬；　　　鋼 kang,剛鐵。

　　疏 shia,稀疏；　　　梳 shia,梳子。

　　比 biei,密；　　　　篦 biei,篦子。

　　夏 hea,大；　　　　廈（厦）hea,大屋。

　　勞 lô,勞累；　　　　癆 lô,癆病。

　　彎 oan,彎曲；　　　灣 oan,水曲。

　　　（以上同音不同字）

---

① “竭”音轉爲“堰”ian。

（五）形容詞—形容詞

香 xiang，香臭；　　　馨 xyeng，遠香。

高 kô，高低；　　　　喬 giô，木高。

青 tsyeng，青色；　　蒼 tsang，蒼艾色。

大 dat，大小；　　　太 that，極大。

長 diang，長短；　　長 tiang，長幼。

　　　（以上轉音）

一 iet，數目；　　　壹 iet，專一。

二 njiə，數目；　　貳 njiə，二心。

側 tzhiək，傾斜；　　昃 tzhiək，日斜。

　　　（以上同音不同字）

（六）形容詞—動詞

廣 kuang，廣大；　　擴 khuak，擴大。

長 diang，長短；　　長 tiang，生長。

　　　（以上轉音）

非 piuəi，錯，不對；　誹 piuəi，非議，誹謗。

　　　（以上同音不同調）

上 zjiang，在上的；　尚 zjiang，崇尚。

平 bieng，公平；　　評 bieng，平議。

　　　（以上同音不同字）

（七）動詞—名詞

分 piuən，一分爲二；　半 puən，半個。

堙 ien，堵塞洪水；　　堰 ian，水壩。

辨 bian，辨別；　　　別 biak，區別。

包 peu，包裹；　　　胞 pheu，胞衣。

藏 dzang，貯藏谷物；　倉 tsang，谷倉。

聚 dzio,聚集；　　　　族 dzok,氏族。

封 piong,劃封疆；　　　邦 peong,邦國。

含 həm,嘴含；　　　　銜 heəm,馬嚼子。

教 keôk,教育；　　　　校 heôk,學校。

死 siei,死亡；　　　　屍 sjiei,死屍。

圍 hiuəi,圍起來；　　　帷 hiuəi,帷幄。

召 diô,召喚,號召；　　詔 tjiô,詔令。

浮 biu,浮沈；　　　　桴 phiu,木筏。

冒 mu,蒙冒；　　　　霧 miu,雲霧。

獲 hoak,獵獲；　　　　穫 huak,收穫。

增 tzəng,增加；　　　　層 dzəng,重屋。

填 dyen,塞；　　　　填 thyen,充耳玉器。

侵 tsiəm,侵犯；　　　祲 tziəm,陰陽相侵。

（以上轉音）

陳 dien,陳列；　　　　陣 dien,戰陣。

坐 dzuai,坐下；　　　座 dzuai,座位。

舞 miua,舞蹈；　　　巫 miua,巫婆。

摩 muai,摩擦；　　　磨 muai,石磨。

研 ngian,研磨；　　　硯 ngian,硯台。

率 shiuət,率領；　　帥 shiuət,將帥。

張 tiang,張開；　　　帳 tiang,帳幕。

卷 kiuan,卷起來；　　卷 kiuan,書卷。

結 kyet,打結；　　　髻 kyet,髮髻。

沽 ka,買賣；　　　　賈 ka,商人。

秉 pyang,握,拿；　　柄 pyang,工具手握處。

奉 biong,奉獻；　　　俸 biong,俸禄。

脱 thuat,解脱；　　　蛻 thuat,蟬蛇所解皮。

斷 duan,割斷；　　　段 duan,片段。

鋪 pha,鋪陳；　　　鋪 pha,店鋪。

傳 diuan,傳統；　　　傳 diuan,傳記。

當 tang,對當；　　　襠 tang,袴襠。

（以上同音不同調）

合 həp,合起來；　　　盒 həp,盒子。

停 dyeng,停留；　　　亭 dyeng,驛亭。

引 jien,牽引；　　　靷 jien,車靷。

嬰 ieng,纏繞；　　　纓 ieng,冠纓。

隔 kek,隔開；　　　膈 kek,橫膈膜。

援 hiuan,攀援；　　　猿 hiuan,猿猴。

告 kuk,告知；　　　誥 kuk,誥命。

指 tjiei,指點；　　　旨 tjiei,意旨。

虐 ngiôk,虐待；　　　瘧 ngiôk,瘧疾。

障 tjiang,障蔽；　　　嶂 tjiang,峰嶂。

涷 lian,涷絲；　　　練 lian,白絹。

字 dziə,生子；　　　牸 dziə,牝牛。

冒 mu,蒙冒；　　　帽 mu,帽子。

披 phiai,披在身上；　帔 phiai,披在肩背的衣。

（以上同音不同字）

（八）動詞—形容詞

超 thiô,超越；　　　卓 teôk,卓越。

（以上轉音）

知 tie,知,懂；　　　智 tie,多知。

（以上同音不同調）

（九）動詞—動詞

1. 一般動詞

阻 tzhia,阻礙；　　　沮 dzia,勸阻。

跨 khoa,跨騎；　　　騎 giai,騎馬。

走 tzo,跑；　　　　　趨 tsio,快走。

盈 jieng,器滿；　　　溢 jiek,溢出。

露 la,露出；　　　　　裸 luai,裸體。

伏 biuək,伏身；　　　孵 phiu,孵卵。

遇 ngiua,遇見；　　　晤 nga,會見。

逋 pa,逃亡；　　　　捕 ba,捕捉。

捨 sjya,釋放；　　　赦 sjyak,赦免。

　　　　（以上轉音）

爭 tzheng,爭論；　　　諍 tzheng,諫諍。

解 ke,解開；　　　　　懈 ke①,鬆懈。

　　　　（以上同音不同調）

寤 nga,睡醒；　　　　悟 nga,覺悟。

徂 dza,往；　　　　　殂 dza,死亡。

沒 muət,沈沒；　　　歿 muət,死亡。

反 piuan,翻轉；　　　返 piuan,返回。

任 njiəm,抱；　　　　妊 njiəm,懷孕。

振 tjien,振動；　　　娠 tjien,懷孕。

免 mian,免除；　　　娩 mian,分娩。

瞋 thjien,張目；　　　嗔 thjien,發怒。

度 da,度過；　　　　渡 da,渡水。

---

① 《廣韻》:"懈,古隘切。"

淫 jiəm,過份；　　　霪 jiəm,久雨。

享 xiang,祭享；　　　饗 xiang,受享。

淤 ia,淤積；　　　　瘀 ia,積血。

悸 giet,心悸；　　　瘁 giet,病瘁。

彫 tyu,雕刻；　　　琱 tyu,雕琢。

（以上同音不同字）

2. 動詞—使動

食 djiək,吃；　　　飼 ziə,飼養。

入 njiəp,進入；　　　納 nəp,使入。

散 san,散開；　　　撒 sat,使散開。

（以上轉音）

去 khia,離開；　　　祛 khia,使去。

買 me,買進；　　　賣 me,使買。

受 zjiu,接受；　　　授 zjiu,使受。

（以上同音不同調）

3. 動詞—被動

見 kyan,看見；　　　見(現)hyan,被看見。

4. 不及物—及物

折 djiat,斷；　　　折 tjiat,弄斷。

斷 duan,斷了；　　　斷 tuan①,割斷。

　　值得注意的是：滋生詞大多數是去聲字,如"佑、佐、飼、授、嫁、儐、仗、蔭、陣、座、磨、帥、硯、帳、卷、髻、柄、段、鋪、傳"等等。有些是平聲轉來,如"嫁"由"家"轉、"儐"由"賓"轉、"陣"由"陳"轉、"蔭"由"陰"

---

① 《廣韻》："斷,都管切,斷絕。"

轉、"磨"由"摩"轉、"硯"由"研"轉、"舖"由"鋪"轉、"傳"(傳記)由"傳"轉,有些是上聲轉來,"佑"由"右"轉、"佐"由"左"轉、"授"由"受"轉、"卷"由"捲"轉、"仗"由"杖"轉、"座"由"坐"轉、"柄"由"秉"轉、"段"由"斷"轉,有些是入聲轉來,如"飼"由"食"轉、"帥"由"率"轉、"髻"由"結"轉。由于濁上變去的影响,許多濁音上聲字到宋代變了去聲,于是"右、佑"同音、"受、授"同音,"杖、仗"同音,"坐、座"同音,"斷、段"同音了。

　　許多滋生詞在古代與原始詞同字,最典型的例子是"陣"本作"陳"。其他的如"飼"本作"食"①、"佑"本作"右"、"佐"本作"左"、"悌"本作"弟"、"搧"本作"扇"、"硯"本作"研"、"捲"本作"卷"、"髻"本作"結"、"俸"本作"奉",等等。同音不同字的滋生詞,也有許多本來與原始詞同形,如"擒"本作"禽"、"盒"本作"合"、"旨"(意旨)本作"指"、"鋼"本作"剛"(剛鐵)、"厦"本作"夏",等等。這些都可以説明滋生詞和原始詞的關係。

---

① 　詞義稍有不同。"食"指給人吃,"飼"是飼養牲畜。

第四章　古今詞義的异同

　　語言是發展的,所以古今的詞義是有變化的。當然,有些詞的意義自古至今都是一樣的,例如"人、馬、牛、羊""鷄"等。另外有許多詞的意義起了變化,這種變化大小不等,變化大的,令人看不出歷史聯繫來,例如"集"字,《説文》作"雧",云:"群鳥在木上也。"引申爲鳥停留在樹上(《論語·鄉黨》"翔而後集")。集合的意義是由此引申出來的,而一般人并不會意識到。變化小的,又令人根本不知道有變化。例如"紅"字在上古祇是淺紅的意思(朱駿聲説"其色在赤白黄之間"),上古大紅叫做"朱"或"赤"。這種細微的分别并不是一般人所了解的。此外,還有字形雖同、詞義來源不同的情況。例如"頒"字本來是大頭的意思,後來借爲頒布的"頒";"權"字本是黄華木的意思,後來借爲權力的"權",這就不能從語源上追究它們之間的關係了。

　　我們在這裏祇談變化小的,因爲變化小的容易爲人們所忽略,而它們已足以説明詞義的變遷一般是漸變而不是突變。下面列舉三十二個例子:

　　(1)身　"身"的本義是人的軀幹。金文"身"字作 $\dot{\mathfrak{z}}$,突出腹部,示軀幹形。《説文》:"身,躳也。""躳"字从身从吕。"吕"是脊骨。"身"是從前面看的軀幹,"躳"(躬)是從後面看的軀幹。《論語·鄉

黨》"必有寢衣,長一身有半",并不是蓋過全身,還加一半,而是寢衣
之長到膝①。《易·艮卦》:"六四,艮其身,無咎。象曰:'艮其身,止諸
躬也。'"也是説衹達到軀幹部分,而不及趾和腓。

（2）眼　"眼"的本義是眼珠子。《説文》:"眼,目也。"釋義不確
切。戴侗曰:"眼,目中黑白也。"那才是正確的。合黑白與眶謂之目。
《釋名》:"眼,限也,瞳子限限而出也。"可見"眼"就是眼珠子,例如:

> 其於人也,爲寡髮,爲廣顙,爲多白眼。（《易·説卦》）
> 聶政大呼,所擊殺者數十人,因自皮面,抉眼,屠腸,遂以死。
> （《戰國策·韓策》）
> 子胥抉眼。（《莊子·盗跖》）
> 抉吾眼,置之吳東門,以觀越之滅吳也。（《史記·吳世家》）
> 露眼赤睛②,大聲而嘶。（《漢書·王莽傳》）
> （阮）籍能爲青白眼。（《世説新語·簡傲》注）

（3）臉　《説文》無"臉"字。《集韻》:"臉,頰也,居奄切。"《韻
會》:"臉,目下頰上也。""臉"字起於南北朝,本義是目下頰上,特指婦
女搽胭脂的地方。所以一個人不是有一張臉（liǎn）,而是有兩臉
（jian）③,例如:

> 帛上看未終,臉下淚如絲。（梁武帝《代蘇屬國婦》）
> 玉貌歇紅臉,長嚬串翠眉。（梁簡文帝《妾薄命》）
> 横波滿臉萬行啼,翠眉暫斂千重結。（梁元帝《燕歌行》）
> 滿面胡沙滿鬢風,眉銷殘黛臉銷紅。（白居易《王昭君》）

---

① 參看劉寶楠《論語正義》,《諸子集成》本214頁。
② 眼指目中黑白,睛指瞳子。
③ 《辭源》以爲頰義的"臉"讀力減切,是不對的;又以爲"臉"通"瞼",借作眼。舉《玉臺新
　詠》"帛上看未終,臉下淚如雨（絲）"爲例,更是錯誤的。

疑怪昨宵春夢好,元是今朝鬥草贏。笑從雙臉生。(晏殊《破陣子》)

輕勻兩臉花,淡掃雙眉柳。(晏幾道《生查子》)

(4)脚　"脚"的本義是小腿。《説文》:"脚,脛也。"例如:

羊起而觸之,折其脚。(《墨子·明鬼下》)

乳間股脚,自以爲安室利處。(《莊子·徐無鬼》)

詈侮捽搏,捶笞臏脚。(《荀子·正論》)

孫子臏脚,兵法修列。(司馬遷《報任安書》)

昔司馬喜臏脚于宋,卒相中山。(《漢書·鄒陽傳》)

臣觀其齒歯牙,樹頰胲,吐唇吻,擢項頤,結股脚,連雕尻。(同上,《東方朔傳》)

(5)趾　《廣韻》:"趾,足也。""趾"就是今天的脚,例如:

麟之趾,振振公子。(《詩·周南·麟之趾》)

四之日舉趾,同我婦子,饁彼南畝。(《詩·豳風·七月》)

屨校滅趾。(《易·噬嗑卦》)

莫敖必敗,舉趾高,心不固矣。(《左傳·桓公十三年》)

有目有趾者,待是而後成功。(《莊子·田子方》)

字亦作"止",例如:

皆有枕,北止。(《儀禮·士昏禮》)

斬左止。(《漢書·刑法志》)

古書中"趾"字不當脚趾講①。脚趾的意義衹作"指",例如:

---

①　舊《辭海》以爲"趾"亦指足指,舉左思《吳都賦》"足趾之所不蹈"爲例,誤。"足趾"是同義詞連用,不是指脚趾。"指"屬古韻脂部,"趾"屬古韻之部,"趾"不可能假借爲"指"。

漢王傷胸,乃捫足曰:"虜中吾指。"(《漢書·高帝紀》)

碎卿等諸人,作得李長史一脚指不?(《北史·李幼廉傳》)

(6)皮 "皮"字在先秦專指獸皮,例如:

島夷皮服。(《書·禹貢》)

羔羊之皮,素絲五紽。(《詩·召南·羔羊》)

牛則有皮,犀兕尚多,弃甲則那?(《左傳·宣公二年》)

然二子者,譬于禽獸,臣食其肉,而寢處其皮矣!(同上,《襄公二十一年》)

人的皮不叫"皮"而叫"膚",例如:

餓其體膚。(《孟子·告子下》)

無使土親膚。(同上,《公孫丑下》)

蚊虻噆膚,則通昔不寐矣。(《莊子·天運》)

噬膚滅鼻無咎。(《易·噬嗑卦》)

"皮"和"膚"的分別是很清楚的。

(7)涕 上古時代眼淚叫"涕"不叫"淚"。鼻涕叫"泗"不叫"涕"。例如:

睠言顧之,潸焉出涕。(《詩·小雅·大東》)

念彼共人,涕零如雨。(同上,《小明》)

有美一人,傷如之何?寤寐無爲!涕泗滂沱!(同上,《陳風·澤陂》)

孟孫才其母死,哭泣無涕,中心不戚。(《莊子·大宗師》)

(8)祥 《説文》:"祥,福也。"段注:"凡統言則災亦謂之祥,析言則善者謂之祥。""祥"在上古祇表示預兆,包括吉兆和凶兆。《左傳·僖公十六年》:"是何祥也?吉凶焉在?"可見"祥"是包括吉兆和凶兆

的,例如:

> 國家將興,必有禎祥;國家將亡,必有妖孽。(《禮記·中庸》)
>
> 襲于休祥。(《國語·周語下》)

(以上指吉兆)

> 亳有祥桑穀共生于朝,一暮大拱。(《史記·殷本紀》)
>
> 將有大祥,民震動,國幾亡。(《左傳·昭公十八年》)
>
> 熒惑之禍,非寒暑風雨之類,身死命終之祥也。(《論衡·變虛》)

(以上指凶兆)

> 大人占之:維熊維羆,男子之祥;維虺維蛇,女子之祥。
> (《詩·小雅·斯干》)
>
> 善祥出,國必興;惡祥見,朝必亡。(《論衡·异虛》)

(以上泛指預兆)

(9)臭　上古"臭"字是氣味的意思。所以《廣韻》說:"臭,凡氣之總名。"《書·盤庚》:"若乘舟,汝弗濟,臭厥載。"疏:"臭,古者香氣穢氣之總名。"下面是一些例子:

> 同心之言,其臭如蘭。(《易·繫辭上》)
>
> 色惡不食,臭惡不食。(《論語·鄉黨》)
>
> 今譬于草木,寡君在君,君之臭味也。(《左傳·襄公八年》)
>
> 一薰一蕕,十年尚猶有臭。(同上,《僖公四年》)
>
> 口之于味也,目之于色也,耳之于聲也,鼻之于臭也,四肢之于安佚也,性也。(《孟子·盡心下》)
>
> 一曰五色亂目,使目不明;二曰五聲亂耳,使耳不聰;三曰五臭薰鼻,困懷中顙;四曰五味濁口,使口厲爽。(《莊子·天地》)

（10）信　在上古時代，書信叫做"書"，不叫做"信"，例如：

> 叔向使詒子産書。（《左傳·昭公六年》）

> 郢人有遺燕相國書者。（《韓非子·外儲説左上》）

到了中古時代（大約在 5 世紀以前），"信"字有了使者的意義，例如：

> 公卿將校……馳遣信就阮籍求文。（《世説新語·文學》）

> 幽州刺史鮮卑段匹磾數遣信要琨，欲與同獎王室。（《晉書·劉琨傳》）

> 謝公與人圍棋。俄而謝玄淮上信至。看書竟，默然無言。（《世説新語·雅量》）

最後一個例子前面説"信"，後面説"書"，可見"信"不就是"書"，而是帶信的人。在 6 世紀以後，有"書信"二字連用的例子：

> 別罷花枝不共攀，別後書信不相關。（梁元帝《別詩》）

> 省郎憂病士，書信有柴胡。（杜甫《寄韋有夏郎中》）

> 書信中原闊，干戈北斗深。（杜甫《風疾舟中伏枕書懷》）

但是這"書信"也祇是并列詞組，表示書信和使者，并不等于現代的雙音詞"書信"。在杜甫時代，"書"和"信"的分別還是很清楚的，所以他説：

> 詩好幾時見，書成無信將。（《寄彭州高三十五使君適虢州岑二十七長史參》）

書成無信將，是説信寫好了，可是没有人送信。可見在盛唐時代，書信還是叫做"書"，不叫做"信"。大約幾十年以後，"信"字才真正有現代所謂書信的意義了，例如：

> 紅紙一封書後信，綠芽十片火前春。（白居易《謝寄新茶》）

> 寄信船一隻，隔鄉山萬重。（賈島《題朱慶餘所居》）

（11）袴　《説文》：“絝，脛衣也。”字亦作“袴”。這是套袴，不是現代所謂袴子。段玉裁云：“今所謂套袴也。左右各一，分衣兩脛。”例如：

　　齊有狗盗之子與刖危子戲而相誇，……危子曰：“吾父獨冬不失袴。”（《韓非子·外儲説左下》）

　　屠岸賈聞之，索于宮中，夫人置兒絝中。（《史記·趙世家》）

　　短衣大絝。（《漢書·景十三王傳》）

（12）幸　《説文》：“幸，吉而免凶也。”上古所謂“幸”，不是泛指幸福，而是指逢凶化吉，例如：

　　罔之生也幸而免。（《論語·雍也》）

　　小人行險以徼幸。（《禮記·中庸》）

　　善人在上，則國無幸民。（《左傳·宣公十六年》。幸民，專做壞事而希望免禍的人）

　　有顏回者好學，不幸短命死矣。（《論語·先進》）

（13）惡　在上古和中古漢語裏，惡是善的反面，也是美的反面。在近代和現代漢語裏，“惡”的意義範圍縮小，美的反面不再叫做惡了[1]。下面是美的反面的例子[2]：

　　士志于道，而耻惡衣惡食者，未足與議也。（《論語·里仁》）

　　如惡惡臭，如好好色。（《禮記·大學》）

　　無國而不有美俗，無國而不有惡俗。（《荀子·王霸》）

　　盡王諸將善地，徙故王王惡地。（《史記·陳餘列傳》）

　　博戲，惡業也，而桓發用之富。（同上，《貨殖列傳》）

---

[1]　祇有雙音詞“醜惡”還表示美的反面。

[2]　有時可解爲“好”的反面，但不是惡人的“惡”。

> 渴不飲盜泉水,熱不息惡木陰。(陸機《猛虎行》)
>
> 寧逢惡賓,無逢故人。(《西京雜記》)
>
> 有時逢惡客,還家亦少酣。(元結《將船何處去》)

(14)低 "低"的本義是低頭,與"昂"相對,例如:

> 據軾低頭,不能出氣。(《莊子·盜跖》)
>
> 低卬夭蟜據以驕驁兮。(司馬相如《大人賦》。這是指龍頭的低昂)
>
> 拂衣而喜,奮袖低昂,頓足起舞。(楊惲《報孫會宗書》。這是指人頭的低昂)

上古時代,"高低"祇說成"高下",例如《老子》"高下相傾"。

(15)完 在上古時代,"完"字不當完畢講,祇當完整、完備講,例如:

> 少有,曰苟完矣。(《論語·子路》)
>
> 蓬戶不完。(《莊子·讓王》)
>
> 食則饘粥不足,衣則豎褐不完。(《荀子·大略》)
>
> 城入趙而璧留秦;城不入,臣請完璧歸趙。(《史記·廉頗藺相如列傳》)

直到中古時代,"完"字還不當完畢講,仍舊是完整的意思。例如:

> 大人豈見覆巢之下復有完卵乎?(《世說新語·言語》)
>
> 有孫母未去,出入無完裙。(杜甫《石壕吏》詩)

(16)壞 《爾雅·釋詁》:"壞,毀也。""壞"的本義是房屋毀壞。凡房屋自己倒塌或用人力毀壞,都叫做"壞",例如:

> 大室屋壞。(《春秋·文公十三年》)

無俾城壞。(《詩·大雅·板》)

壞大門及寢門而入。公懼,入于室,又壞户。(《左傳·成公十年》)

古人有善攻者,穴土而入,縛柱施火,以壞吾城。(《墨子·備穴》)

築十仞之城,城者既十仞矣,則又壞之。(《莊子·則陽》)

壞宫室以爲汙池。(《孟子·滕文公下》)

宋有富人,天雨牆壞。(《韓非子·説難》)

泰山其頹乎!梁木其壞乎!哲人其萎乎!(《禮記·檀弓上》)

墮壞城郭。(《史記·秦始皇本紀》)

三年不爲禮,禮必壞;三年不爲樂,樂必崩。(《論語·陽貨》。這是以房屋的崩壞比喻禮樂的敗壞)

好壞的“壞”,是上古、中古漢語所没有的。

(17)饑　“饑”的本義是饑荒,不當飢餓講,例如:

年饑,用不足。(《論語·顔淵》)

加之以師旅,因之以饑饉。(同上,《先進》)

凶年饑歲,君之民老弱轉乎溝壑。(《孟子·梁惠王下》)

(18)餓　《説文》:“餓,飢也。”這個解釋不確切。“餓”在上古漢語裏表示没有飯吃,餓得要死,而不是一般的“飢”,例如:

齊大饑,黔敖爲食于路,以待餓者而食之。(《禮記·檀弓下》)

宣子田于首山,舍于翳桑,見靈輒餓。問其病。曰:“不食三日矣。”(《左傳·宣公二年》)

伯夷叔齊餓于首陽之下。(《論語·季氏》)

途有餓莩而不知發。(《孟子·梁惠王上》)

如饑而不飽,寒而不温,則有凍餓之害矣。(《論衡·道虚》)

（19）勤　《説文》：“勤，勞也。”“勤”字在上古不是努力、用功的意思，而是勞苦、辛苦的意思，例如：

恩斯勤斯，鬻子之閔斯。（《詩·豳風·鴟鴞》）

萬民多有勤苦凍餒，轉死溝壑中者。（《墨子·兼愛下》）

今天下之君子之爲文學出言談也，非將勤勞其煩舌而利其唇呡也。（同上，《非命下》）

民之于利甚勤。（《莊子·庚桑楚》）

其生也勤，其死也薄。（同上，《天下》）

將終歲勤動，不得以養其父母。（《孟子·滕文公上》）

直到唐代，還是沿用這個意義，例如：

我雖消渴甚，敢忘帝力勤。（杜甫《別蔡十四著作》）

我未下瞿唐，空念禹功勤。（杜甫《寄薛三郎中》）

農月須知課，田家敢忘勤？（杜甫《贈王二十四侍御契》）

但是，就在唐代，努力、用功的意義也已經開始了，例如：

不是無膏火，勸郎勤六經。（杜甫《奉酬薛十二丈判官見贈》）

業精于勤荒于嬉。（韓愈《進學解》）

（20）回　《説文》：“回，轉也。”“回”在上古是轉動、回旋、環繞的意思，不是回來的意思，例如：

倬彼雲漢，昭回于天。（《詩·大雅·雲漢》。雲漢，天河。回，旋轉）

回朕車以復路兮。（《楚辭·離騷》。回，掉轉頭）

凡回于天地之間，包于四海之内。（《墨子·辭過》。回，環繞）

圖回天下于掌上。（《荀子·儒效》。回，運轉）

水深而回。（同上，《致士》。回，旋轉）

“回”字用作歸的意義,大約在唐代,例如:

> 誰道山公醉? 猶能騎馬回。(孟浩然《裴司士見訪》)
>
> 醉臥沙場君莫笑,古來征戰幾人回? (王翰《凉州曲》)

這個意義也寫作“迴”,例如:

> 侍婢賣珠迴,牽蘿補茅屋。(杜甫《佳人》)
>
> 衰疾江邊臥,親朋日暮迴。(杜甫《雲山》)

(21)購　在上古時代,購是懸賞徵求的意思,例如:

> 吾聞漢購我頭千金。(《史記·項羽本紀》)
>
> 乃多以金購豨將。(《漢書·高帝紀》)
>
> 後購求得書,以相校,無所遺失。(同上,《張安世傳》)
>
> 購光武十萬户。(《後漢書·光武帝紀》)

直到宋代,“購”字還是重金購買的意思,例如:

> 吴興太守真好古,購買斷缺揮縑繒。(蘇軾《孫莘老求墨妙亭》)

至於“購”字表示一般的買,那是更晚的事了。

(22)愛　“愛”字自古至今都當寵愛講,但是,在上古時代,“愛”字還表示捨不得,例如:

> 賜也,爾愛其羊,我愛其禮。(《論語·八佾》)
>
> 吾非愛死也,知不集也。(《左傳·襄公二十三年》)
>
> 甚愛必大費,多藏必厚亡。(《老子》)
>
> 百姓皆以王爲愛也,臣固知王之不忍也。(《孟子·梁惠王上》)
>
> 齊國雖褊小,吾何愛一牛? (同上)

(23)憐　《説文》:“憐,哀也。”“哀”是憐憫的意思,這個意義一直

沿用到現代漢語裏。《爾雅·釋詁》："憐，愛也。"這個意義一直沿用
到唐代以後，例如：

> 我見汝亦憐，何況老奴？（《世説新語·賢媛篇》注引《妒記》）

> 婉伸郎膝上，何處不可憐？（《子夜歌》）

> 憐歡好情懷，移居作鄉里。（同上）

> 韋侯別我有所適，知我憐君畫無敵。（杜甫《題壁上韋偃
> 畫馬歌》）

> 馬官厩養森成列，可憐九馬爭神駿。（杜甫《韋諷録事宅觀曹
> 將軍霸畫馬圖》）

> 東望少城花滿烟，百花高樓更可憐。（杜甫《江畔獨步尋
> 花》）

> 尚憐詩警策，猶憶酒顛狂。（杜甫《戲題上漢中王》）

（24）勸　《説文》："勸，勉也。"段注："《廣韻》'奬勉也'。按：勉
之而悦從亦曰勸。"在上古時代，"勸"衹表示勉勵別人做好事，不表示
勸誘或勸阻別人做壞事。人們受到奬勵而樂意做好事，也叫"勸"，
例如：

> 勸之以九歌。（《書·大禹謨》）

> 舉善而教不能則勸。（《論語·爲政》）

> 故賞不用而民勸。（《荀子·强國》）

> 懲惡而勸善。（《左傳·成公十四年》）

> 信賞爵以盡能，明誹譽以勸沮。（《韓非子·八經》。勸沮，
> 勸勉和阻止）

> 歸乎顯善昭惡，勸戒後人。（《漢書·古今人表序》。顯善以
> 勸，昭惡以戒）

"勸"字大約在唐代以後才有規勸、勸阻的意義，例如：

或勸亮曰："子傭夫也,何不擇其養主,而受苦若是乎?(《朝野僉載》)

(25)稍　"稍"在上古是漸的意思,而不是略微的意思。一直到中古還是這樣,例如:

自繆公以來,稍蠶食諸侯。(《史記·秦始皇本紀》)

其後秦稍蠶食魏,十八歲而虜魏王,屠大梁。(同上,《魏公子列傳》)

項王乃疑范增與漢有私,稍奪之權。(同上,《項羽本紀》)

上以爲能,稍遷至大中大夫。(同上,《酷吏列傳》。稍遷,一步一步升官)

上怒稍解,因上書請朝。(同上,《梁孝王世家》)

吳王之弃其軍亡也,軍遂潰,往往稍降太尉、梁軍。(同上,《吳王濞列傳》)

上以德施,實分其國,不削而稍弱矣。(同上,《主父偃列傳》)

吏稍侵辱之。(同上,《絳侯世家》)

天涯稍曛黑,倚杖更徘徊。(杜甫《課小豎鋤斫舍北果林枝蔓荒穢淨訖移牀》)

野哭初聞戰,樵歌稍出村。(杜甫《刈稻了咏懷》)

但是在唐代,"稍"字已經産生略微的意義了,例如:

皇姨有寡居者持節入宮,粧飾稍過,上見之極不悦。(《因話錄》卷一)

弟感其言,爲之稍節。(《唐語林》)

稍不如意,相顧笑議。(同上,又見《金華子雜篇》)

稍留心爲學者,則妄穿鑿。(同上,又見《資暇集》)

（26）暫　《説文》：“暫，不久也。”“暫”在上古表示短時間，例如：

　　武夫力而拘諸原，婦人暫而免諸國。（《左傳·僖公三十三年》。暫，等于説“一下子”）

　　不蹔費者不永寧。（《漢書·匈奴傳》。蹔，同“暫”。）

直到唐代，還是這個意義，例如：

　　秉筆記録，不暫廢輟。（《唐語林》）

　　羈離暫愉悦，羸老反惆悵。（杜甫《次晚洲》）

　　病葉多先墜，寒花衹暫香。（杜甫《薄游》）

　　暫醉佳人錦瑟旁。（杜甫《曲江對雨》）

　　烽火有時驚暫定，甲兵無處可安居。（郎士元《贈韋司直》）

　　後來變了在正式做某事之前，暫時先做某事的意思，如“暫行規程、暫定條例”等。這種意義的演變是很自然的。

　　（27）僅　“僅”字在上古和在現代一樣，作爲副詞，都是甚言其少，或表示衹的意思，例如：

　　藉使子嬰有庸主之材，僅得中佐，山東雖亂，秦之地可全而有。（《史記·秦始皇本紀》）

　　輕卒鋭兵，長驅至國，齊王遁而走莒，僅以身免。（同上，《樂毅列傳》）

　　夫自上聖黄帝作爲禮樂法度，身以先之，僅以小治。（同上，《秦本紀》）

　　諸公幸者乃爲中涓，其次厪得舍人。（《漢書·賈誼傳》。厪，同“僅”）

到了唐代，“僅”字變爲甚言其多，有幾乎達到的意思，例如：

　　江國踰千里，山城僅百層。（杜甫《泊岳陽城下》）

邇後絕不相聞,迨茲僅一紀矣。(白居易《燕子樓詩序》)。一紀,十二年)

士卒僅萬人。(韓愈《張中丞傳後叙》)

一游東諸侯,得錢僅百萬。(《唐語林》,又見《金華子雜篇》)

某有中外親族數千口,兄弟甥侄僅三百人。(《唐語林》)

(28)文章　《考工記》云:"畫繢之事……青與赤謂之文,赤與白謂之章。"先秦所謂"文章",主要是指刺綉品,例如:

瞽者無以與乎文章之觀。(《莊子·逍遥游》)

是故駢于明者,亂五色,淫文章。(同上,《駢拇》)

滅文章,散五采,膠離朱之目,而天下始人含其明矣。(同上,《胠篋》)

觀人以言,美于黼黻文章。(《荀子·非相》)

目好色,而文章致繁。(同上,《王霸》)

日夜合離,以成文章。[①] (同上,《賦篇》)

"文章"有用來比喻禮的,例如:

焕乎其有文章。(《論語·泰伯》)

夫子之文章可得而聞也;夫子之言性與天道,不可得而聞也。(同上,《公冶長》)

奥窔之間,簟席之上,斂然聖王之文章具焉。(《荀子·非十二子》)

綏綏兮其有文章也。(同上,《儒效》)

後世所謂"文章",指詩文而言,例如:

---

① 這兩句話賦的是箴(針),這個例子最足以證明文章就是刺綉品。

况乎文章,述志爲本;言與志反,文豈足徵?(《文心雕龍·情采》)

文章千古事,得失寸心知。(杜甫《偶題》)

李杜文章在,光焰萬丈長。(韓愈《調張籍》)

(29)風流 "風流"在最初是個名詞,表示風俗教化或流風遺俗,例如:

其風聲氣俗,自古而然。今之歌謡慷慨,風流猶存耳。(《漢書·趙充國辛慶忌傳贊》)

士女沾教化,黔首仰風流。(《後漢書·王暢傳》)

到了後來,"風流"轉化爲一種不十分固定的意義,大致是指士大夫階層所喜愛的一種生活方式,即所謂"雅"。用作名詞的時候,大致等於所謂"雅事"或"雅興",例如:

(韓康伯)門庭蕭寂,居然有名士風流。(《世説新語·品藻》)

英雄割據雖已矣,文彩風流今尚存。(杜甫《丹青引》)

王謝風流遠,闔廬邱墓荒。(杜甫《壯游》)

不著一字,盡得風流。(司空圖《詩品·含蓄》)

用作形容詞的時候,就指騷人雅士的品質,例如:

江左風流宰相,惟有謝安。(《南史·王儉傳》)

搖落深知宋玉悲,風流儒雅是吾師。(杜甫《咏懷古迹》)

後來"風流"指有才學而不拘禮法,如"風流才子",距離"風流"的原義頗遠了。

(30)消息 "消息"原義是消長,指一消一長,互爲更替,例如:

君子尚消息盈虚,天行也。(《易·剥卦》)

> 日中則昃,月盈則食,天地盈虛,與時消息。(《易·豐卦》)
>
> 消息盈虛,終則有始。(《莊子·秋水》)
>
> 合散消息兮,安有常則?(賈誼《鵬鳥賦》)
>
> 衆芳芬郁,亂于王風,從容猗靡,消息陽陰。(枚乘《七發》)
>
> 黄帝考定星曆,建立五行,起消息,正閏餘,于是有神祇物類之官。(《史記·曆書贊》)
>
> 秋南春北,不失消息。(《易林》)

到了東漢以後,"消息"才有音訊的意思,例如:

> 有客從外來,聞之常歡喜。迎問其消息,輒復非鄉里。(《後漢書·董祀妻傳·悲憤詩》)
>
> 欲覓行人寄消息,依常潮水暝應還。(梁元帝《別詩》)
>
> 龍飆去去無消息,鸞鏡朝朝減容色。(駱賓王《代女道士王靈妃贈道士李榮》)
>
> 清渭東流劍閣深,去住彼此無消息。(杜甫《哀江頭》)
>
> 九度附書向洛陽,十年骨肉無消息。(杜甫《天邊行》)

(31)時候　"時候"本來是時令和氣候的意思,例如:

> 取物必順時候也。(《禮記·王制》注)
>
> 玉霜夜下,旅雁晨飛,想凉燠得宜,時候無爽。(梁簡文帝《與劉孝綽書》)
>
> 九月衣衫,二月衣袍,與時候不相稱。(《唐語林》,又見《因話録》卷一)
>
> 離亭向水開,時候復蒸梅。(李頻《明州江亭夜別段秀才》)
>
> 意靜氣清時候好,醉歸日月更相尋。(宋黄裳《菊花》)

到了近代,"時候"變爲雙音詞,不再表示時令和氣候了,例如:

今日將晚,不是走路的時候,且待明日早行。(《西游記》第十八回)

忙什麼? 等去的時候包也不遲。(《紅樓夢》第二十二回)

(32)處分　唐代以前所謂"處分",是安置、處置或委任的意思,例如:

處分適兄意,那得自任專?(《焦仲卿妻》)

預處分既定,乃啓請伐吳之期。(《晉書·杜預傳》)

其第三等人、第三次等人,委中書門下優與處分。(《唐大詔令集》卷一百〇六)

聖上處分當州事驚人。(《唐語林》)

當嚴明有所,處分寬。(同上,又見《北夢瑣言》)

現代所謂"處分",是對犯了罪或犯了錯誤的人的處理。

以上列舉了這許多例子,都是爲了證明一個道理:詞義是發展的,而且變化的情況要比一般人所料想的複雜得多。過去我們的文字學家在這一方面做了許多研究工作,取得了很大的成績。但是,他們衹注意上古,不大注意中古以後的發展;他們衹注意單音詞,不大注意複音詞。所以在這一方面的研究工作,還要投入巨大的人力,才能取得令人滿意的成績。

第五章　詞是怎樣變了意義的

在語言裏,詞是能表者(它能表示一個概念),概念是所表者(詞所表示的是它)。能表者和所表者的關係不是天然的,而是人爲的,所謂約定俗成,能表者和所表者的關係是歷史造成的。因此,這種關係就不是固定的,而是可以變化的。但是,能表者和所表者既然是歷史造成的,它的轉變也就受一定的規律制約着。這就是説,能表者要換一個所表者,在正常的情況下,它祇能轉化爲鄰近的或與原意有關的概念,而不能任意變換。這種轉化,在中國文字學上叫做"引申"。引申是從本來的意義生出一個新的意義來,例如"朝"字本來是早上的意思,引申爲朝見的意思。早上的"朝"(tiô)和朝見的"朝"(diô)不同聲母(t:d),是表示名詞和動詞的分別。爲什麽知道朝見的"朝"是從早上的"朝"引申出來的呢? 因爲朝見是在早上進行的。如果在晚上進行,上古就不叫做"朝",而叫做"夕",《左傳·昭公十二年》:"右尹子革夕。"從朝見的"朝"再引申爲朝南、朝北的"朝",因爲朝見總是面對面的。古人把被朝見者(帝王)叫做"南面"(《易·説卦》"聖人南面而聽天下"),"南面"就是"朝南";把朝見者叫做"北面"(《史記·田單傳》"義不北面於燕"),"北面"就是"朝北"。由此可見,詞義的引申,不一定是從一個樹幹生出許多樹枝來,有時候是枝外生枝,連綿不斷的。

詞義的演變，大約有三種情況：（一）擴大；（二）縮小；（三）轉移。漢語詞義的引申情況大致也可以歸入這三類。詞義的擴大和縮小都保留了原義的全部或一部分；詞義的轉移則是脱離了原義的範圍而轉入另一詞義的範圍。這三種情況的界限不是很清楚的；但是，爲了幫助了解詞義的發展和變化的内部規律，這種解釋還是有用的。

我們應該區別詞義的發展和詞義的變化。所謂詞義的發展，是指甲義發展爲乙義，而甲乙兩義同時存在，甲義并未消失。例如早上的"朝"和朝見的"朝"。所謂詞義的變化，是指甲義變化爲乙義，甲義因而消失了，例如"脚"由脛義變化爲足義之後，脛義不再存在了。

下面分别叙述詞義的擴大、縮小和轉移。

（一）詞義的擴大就是概念外延的擴大。換句話説就是縮小了特徵，擴大了應用範圍。下面試舉出一些例子來討論：

（1）江　《説文》："江，江水也，出蜀湔氐徼外岷山，入海。""江"本是專有名詞，就是今天的長江（揚子江），例如：

> 江漢朝宗於海。（《書·禹貢》）
> 吴將泝江入郢。（《左傳·哀公四年》）
> 決汝漢，排淮泗，而注之江。（《孟子·滕文公上》）
> 昔者楚人與越人舟戰於江。（《墨子·魯問》）
> 且籍與江東子弟八千人渡江而西。（《史記·項羽本紀》）

這個意義一直沿用到後代，凡祇稱"江"者，一般總指長江（如"江南、江北"）。但是"江"字早就有了變爲普通名詞的傾向，《禹貢》把江的支流也叫"江"（如"三江、九江"）。後來專有名詞後面加上"江"字，如《史記・貨殖列傳》“浙江南則越”，“江”已經變了河流的通稱①。至于杜甫詩中屢屢説到“江山”，更不一定都指的是長江了②。

（2）河　《説文》：“河，河水，出敦煌塞外昆侖山。”“河”和“江”的情況一樣，起初是專指黄河，例如：

> 浮于洛，達于河。（《書・禹貢》）
>
> 導河積石，至于龍門。（同上）
>
> 鳳鳥不至，河不出圖，吾已矣夫！（《論語・子罕》）
>
> 鼓方叔入于河，播鼗武入于漢。（同上，《微子》）
>
> 昔者舜耕于歷山，陶于河濱，漁于雷澤。（《墨子・尚賢下》）
>
> 秋水時至，百川灌河。（《莊子・秋水》）

但是，《禹貢》已經把河的支流叫做“九河”。後來專有名詞後面加上“河”字，如《晉書・輿服志》：“横汾河而祠后土。”“河”就變了河流的通稱③。等到別的河流也叫“河”，有時候爲了區别，原來的河衹好加上形容詞，叫做“黄河”，如《漢書・功臣表序》：“使黄河如帶，泰山如礪。”

（3）房　《説文》：“房，室在旁也。”“房”的本義是正室兩边的房間，例如：

> 胤之舞衣，大貝、鼖鼓在西房；兑之戈，和之弓、垂之竹矢在東房。（《書・顧命》）
>
> 君子陽陽，左執簧，右招我由房。（《詩・王風・君子陽陽》。朱注：房，東房也）

---

① 《論衡・書虚》：“且投于江中，何江也，有丹徒大江，有錢唐浙江，有吴通陵江。”這更清楚地表示“江”是河流的通稱。

② 但也限于長江以南；長江以北的河流不叫“江”。“黑龍江、松花江”等，是晚起的名稱了。

③ 但也限于黄河流域。長江以南叫“江”不叫“河”。

執薦者百人,侍西房。(《荀子·正論》)

戰國以後,"房"就可以用來指一般房子了,例如:

無門無房,四達之皇皇也。(《莊子·知北游》)

曩者,江充先治甘泉宮人,轉至未央、椒房。(《漢書·車千秋傳》。注:椒房,殿名,皇后所居也)

老夫貪佛日,隨意宿僧房。(杜甫《和裴迪登新津寺寄王侍郎》)

(4)屋　屋的本義是帳幕。《説文》:"屋,居也。"徐灝曰:"古宮室無屋名。古之所謂屋,非今之所謂屋也。《大雅·抑》篇:'尚不愧于屋漏。'毛傳:'屋,小帳也。'《周禮·幕人》:'掌帷幕幄帟綬之事。'鄭注:'帷幕皆以布爲之。四合象宮室曰幄。王所居之帳也。'蓋'屋'即古'幄'字,相承增巾旁。字又作'楃',木部曰:'楃,木帳也。'《左氏·文十三年傳》:'太室屋壞。''室、屋'并言,則屋非室明矣。蓋于室中爲板屋,施帷帳以依神,今之神盒即其遺制,杜、孔俱未得其義也。車上亦謂之'屋'。《秦風·小戎》篇:'載其板屋。'《史記·南越尉陀傳》:'乃乘黄屋,左纛。'"

後來"屋"字泛指一般的房屋,例如:

落月滿屋梁,猶疑照顏色。(杜甫《夢李白》)

八月秋高風怒號,卷我屋上三重茅。(杜甫《茅屋爲秋風所破歌》)

玉壺買春,賞雨茆屋。(司空圖《詩品·典雅》)

(5)卧　《説文》:"卧,休也。從人臣,取其伏也。"段注:"卧與寢异。寢于牀,《論語》'寢不尸'是也;卧于几,《孟子》'隱几而卧'是也。"

"卧"字很早就泛指一般的睡眠了,例如:

今有一窟,未得高枕而臥也。(《戰國策·齊策》)

今上欲易太子,君安得高枕而臥乎?(《史記·留侯世家》)

諸葛孔明者,臥龍也。(《三國志·蜀書·諸葛亮傳》)

卿屢違朝旨,高臥東山。(《晉書·謝安傳》)

(6)睡　《説文》:"睡,坐寐也。"徐灝曰:"古謂坐寐爲睡。《廣韻》訓爲眠睡,今義也。"《左傳·宣公二年》:"盛服將朝,尚早,坐而假寐。"注:"不解衣冠而睡。"睡就是打瞌睡,例如:

言未卒,齧缺睡寐。(《莊子·知北游》)

夫千金之珠必在九重之淵,而驪龍頷下。子能得珠者,必遭其睡也。(同上,《列禦寇》)

讀書欲睡,引錐自刺其股,血流至足。(《戰國策·秦策》)

孝公既見衛鞅,語事良久,孝公時時睡,弗聽。(《史記·商君列傳》)

將吏被介胄而睡。[1](《漢書·賈誼傳》)

後來"睡"字變爲泛指睡眠,例如:

父母寢睡之後,燃火讀書。(《魏書·祖瑩傳》)

衆雛爛熳睡,喚起霑盤飧。(杜甫《彭衙行》)

自經喪亂少睡眠,長夜沾濕何由徹。(杜甫《茅屋爲秋風所破歌》)

二月饒睡昏昏然,不獨夜短晝分眠。(杜甫《晝夢》)

詞義擴大以後,會不會再縮小呢? 一般説來,這種可能性是很小的。有些情況似乎可以證明這一種發展過程。實際上,那衹是由于偶

---

[1]　"被甲胄而睡"仍是坐寐。《辭源》引此以爲是睡覺,非是。桂馥《説文解字義證》引此以證《説文》,桂氏是對的。

然的和特殊的因素,暫時産生擴大的現象,這種擴大并没有鞏固下來,例如"細"字,按部首應該依朱駿聲的解釋:"絲之微也。"稍爲引申,就是纖細的意義,和現代漢語的"細"是一樣的,例如:

> 昔者楚靈王好士細要。(《墨子·兼愛中》。要,古"腰"字)
>
> 食不厭精,膾不厭細。(《論語·鄉黨》)

但是,曾經有一個時期,"細"字擴大到兼有小的意義,例如:

> 不矜細行,終累大德。(《書·旅獒》)
>
> 細人之愛人也,以姑息。(《禮記·檀弓》)
>
> 夫自細視大者不盡,自大視細者不明。(《莊子·秋水》)
>
> 今以畏壘之細民,而竊竊焉欲俎豆予于賢人之間。(同上,《庚桑楚》)

這種意義在後代也爲古文家所仿用,例如:

> 貪多務得,細大不捐。(韓愈《進學解》)
>
> 傷風敗俗,傳笑四方,非細事也。(韓愈《論佛骨表》)

但是,到底没有在人民口語中生根①。

又如"蟲"字,曾經擴大到動物的總稱,例如:

> 毛蟲之精者曰麟,羽蟲之精者曰鳳,介蟲之精者曰龜,鱗蟲之精者曰龍,倮蟲之精者曰聖人。(《大戴禮·曾子天圓》)
>
> 蜩與學鳩笑之……之二蟲又何知?(《莊子·逍遥游》)
>
> 且鳥高飛以避矰弋之害,鼷鼠深穴乎神丘之下,以避熏鑿之患,而曾二蟲之無知。(同上,《應帝王》)
>
> 虎者戾蟲,人者甘餌也。(《戰國策·秦策》)

---

① 粵方言以"細"代"小",但不是詞義的擴大。見下文。

狂馬不觸木，猵狗不自投于河，雖聾蟲而不自陷，又況人乎？（《淮南子·説林》。注：聾，無知也）

故諸物相賊相利，含血之蟲相勝伏，相齧噬，相啖食者，皆五行氣使之然也。（《論衡·物勢》）

由于這種詞義的擴大并不鞏固，後代并沒有沿用下來。近代稱虎爲“大蟲”，這是凝固的結構，祇能表示上古留下的一些罷了。

在現代方言裏，也有一些詞義擴大的情況。北京一帶所謂“土”，是兼指塵來説的。粵方言所謂“泥”，是兼指乾土來説的。更有趣的是，蘇州所謂“爛泥”，也是兼指乾土來説的。

（二）詞義的縮小就是概念外延的縮小。換句話説，就是擴大特徵，縮小應用範圍。下面試舉出一些例子來討論：

（1）瓦　《説文》：“瓦，土器已燒之總名。”這是“瓦”的本義，例如：

乃生女子，載寢之地，載衣之裼，載弄之瓦。（《詩·小雅·斯干》。毛傳：“瓦，紡塼也。”塼，同“磚”）

以瓦注者巧①。（《莊子·達生》）

有虞氏瓦棺。（《禮記·檀弓上》）

黄鐘毀棄，瓦釜雷鳴。（《楚辭·卜居》）

“瓦”既然是土器已燒之總名，當然屋上所蓋的也叫做“瓦”，所以《莊子·達生》篇説：“雖有忮心者不怨飄瓦。”後來詞義就縮小在這一個狹小的範圍以內了。現代漢語還有“瓦器、瓦盆”一類的雙音詞，這是古語的殘留。

（2）穀　《説文》：“穀，百穀之總名。”這是“穀”的本義，例如：

汝后稷，播時百穀。（《書·舜典》）

---

① 成玄英疏：“注，射也。瓦器賤物，而戲賭射者既無心矜惜，故巧而中也。”

稷降播種,農殖嘉穀。(《書·呂刑》)

一穀不收謂之饉,二穀不收謂之旱,三穀不收謂之凶,四穀不收謂之餽,五穀不收謂之饑。(《墨子·七患》)

舊穀既没,新穀既升。(《論語·陽貨》)

不違農時,穀不可勝食也。(《孟子·梁惠王上》)

人卒九州,穀食之所生,舟車之所通,人處一焉。(《莊子·秋水》)

此外還有所謂"六穀、九穀",都可以證明古代的"穀"字是百穀的總名,它的應用範圍是很廣的。現代南方方言所謂"穀",指的是稻子的果實;北方方言所謂"穀子",指的是粟的果實(小米),應用範圍小得多了。

(3)生　"生"字用作動詞時,有兩個主要意義:一個是"生育"的"生",用作及物動詞;另一個是"生死"的"生",用作不及物動詞。在現代普通話口語裏,衹説"死活",不説"生死"。除了仿古之外,"生"的第二種意義衹用作詞素,如"生活、生存、生物"等①。

(4)舅姑　在上古時期,"舅"字有兩個主要意義:一個是母親的兄弟;另一個是夫之父。"姑"字有兩個主要意義:一個是父親的姊妹;另一個是夫之母,例如:

我送舅氏,曰至渭陽。(《詩·秦風·渭陽》。這是指母親的兄弟)

昔者吾舅死於虎。(《禮記·檀弓下》。這是指夫之父)

問我諸姑,遂及伯姊。(《詩·邶風·泉水》)

侄其從姑。(《左傳·僖公十五年》)

內行則姑姊妹之不嫁者七人。(《荀子·仲尼》)

---

① 有些方言還保留着"生"的第二種意義,如粵方言、客家方言等。

（以上指父親的姊妹）

> 室無空虛，則婦姑勃溪。（《莊子·外物》）
>
> 姑妎知之曰：“爲我婦而有外心，不可畜。”因出之。（《呂氏春秋·遇合》）

（以上指夫之母）

直到唐宋以後，“舅姑”仍用來指夫之父母，但必須“舅姑”二字連用，不可以單用了。例如：

> 雖無舅姑事，敢昧織作功？（杜甫《牽牛織女》）
>
> 洞房昨夜停紅燭，待曉堂前拜舅姑。（朱慶餘《近試上張水部》）

後來“舅”字的夫之父的意義和“姑”字的夫之母的意義在口語中消失了。

我們説“生”和“舅、姑”等字在上古有兩個主要意義，這是一般的説法。嚴格説來，這是不恰當的。它們在最初衹有一個總的意義。“生”字在最初可能衹有活着的意義，生育的“生”是生死的“生”的引申來的，生下兒女是讓他們有生命（活着）。“舅姑”在最初也衹有一個總的意義，譬如説，在最初的時候，凡和父母同輩的男人都叫做“舅”，凡和父母同輩的女人都叫做“姑”。這樣去了解，才是真正的詞義縮小。

定語代替了整個詞組，也應該算是詞義的縮小。舉例來説，“男”的原始意義是男性，“女”的原始意義是女性，“子”的原始意義是小孩。男孩叫做“男子”，兒子也叫做“男子”；女孩叫做“女子”，女兒也叫“女子”。所以《詩·小雅·斯干》説：“乃生男子……乃生女子。”在“男子、女子”這兩個詞組裏，“男”和“女”衹是定語。但是後來它們可以脱離“子”字，單獨地表示兒子和女兒。“女”字表示女兒，是很古的

事了,例如:

　　　　凡諸侯之女歸寧曰來。(《左傳·莊公二十七年》)

　　　　將以其女爲后。(同上,《僖公二十四年》)

"男"字表示兒子,也不太晚,例如:

　　　　朔之婦有遺腹,若幸而男,吾奉之;即女也,吾徐死耳。(《史記·趙世家》)

　　　　巨鹿都尉謝君男詐爲神人。(《漢書·天文志》。孟康注:男者,兒也)

　　(三)詞義的轉移,包括甚廣。凡引申的意義既不屬於擴大,又不屬於縮小的,都可以認爲是轉移。最典型的例子就是"脚"字。它的意義由小腿轉移到脚丫子。此外,讓我們再舉一些例子:

　　(1)玄　　"玄"的本義是赤黑色(天青色),例如:

　　　　陟彼高岡,我馬玄黃。(《詩·周南·卷耳》。傳:玄馬病則黃)

　　　　天命玄鳥,降而生商。(《詩·商頌·玄鳥》)

　　　　北方曰玄天①。(《吕氏春秋·有始》)

　　　　服清白以逍遥兮,偏與乎玄英异色②。(《楚辭·七諫·怨世》)

　　引申爲道家所謂"玄妙"。《老子》説:"知其白,守其黑。"守黑就是守玄,例如:

　　　　玄之又玄,衆妙之門。(《老子》)

　　　　而天下之德始玄同矣。(《莊子·胠篋》)

---

①　高誘注:"北方十二月建子,水之中也,水色黑,故曰玄天也。"
②　王逸注:"玄英,純黑也,以喻貪濁。"

若愚若昏,是謂玄德。(同上,《天地》)

(2)窮　在上古時代,"窮"字用作名詞的時候,表示盡頭("無窮")[1];用作形容詞的時候,表示盡("窮");用作動詞的時候,表示追究到底(《莊子·秋水》"以其至小,求窮其至大之域")。由此引申,就成爲困苦、不得志、走投無路等意義,例如:

> 君子固窮,小人窮斯濫矣。(《論語·衛靈公》)
> 窮則獨善其身,達則兼善天下。(《孟子·盡心上》)
> 君子通于道之謂通,窮于道之謂窮。(《莊子·讓王》)
> 孔子窮于陳蔡之間。(《莊子·山木》)
> 窮寇勿迫,此用兵之法也。(《孫子·軍爭》)
> 死不再生,窮鼠嚙貍。(《鹽鐵論·詔聖》)

在上古,"窮"和"貧"是有分別的。《莊子·德充符》説:"死生存亡,窮達貧富,賢與不肖,毀譽,飢渴,寒暑,是事之變,命之行也。"窮是達的反面,貧是富的反面。但是,貧也是由於窮(走投無路),所以"困窮"或"窮乏"二字連用時,也就表示貧苦,例如:

> 四海困窮,天禄永終。(《論語·堯曰》)
> 萬鍾于我何加焉? 爲宮室之美,妻妾之奉,所識窮乏者得我與? (《孟子·告子上》)
> 無三年之畜,謂之窮乏。(《淮南子·主術》)
> 振貸窮乏。(《漢書·食貨志上》)

在現代,"窮"的本義祇殘存在固定形式裏,如"窮盡、無窮"等;一般口語裏祇有貧窮的"窮"。

---

[1]　《説文》:"窮,極也。""極"就是盡頭的意思。無路可通叫做"窮",所以其字從穴。

在方言裏,同樣地有詞義轉移的情況。試舉"叫、喊"兩個詞爲例。客家方言的"叫"和廣州話的"喊"都表示哭。由叫喊到哭是詞義轉移的好例子。再舉"細、幼"二字爲例,廣州話"細"代替了"小",如"細蚊仔"表示小孩,"細時"表示小時候;"幼"代替了"細",如"幼紗"表示細紗,"幼冷"表示細的絨線。

有時候,詞義的轉移衹是詞義的加重或減輕。例如"誅"字,字形從言,最初衹有責的意思,例如:

> 于予與何誅?(《論語·公冶長》)
>
> 誅求無時。(《左傳·襄公三十一年》)
>
> 誅屨于徒人費。(同上,《莊公八年》)

後來才轉爲殺戮的意思,例如:

> 以干先王之誅。(《書·胤征》①)
>
> 則此湯之所以誅桀也。(《墨子·非攻下》)
>
> 聞誅一夫紂矣,未聞弑君也。(《孟子·梁惠王下》)
>
> 使復姚賈而誅韓非。(《戰國策·秦策》)

這是詞義的加重。又如"賞"字,字形從貝,最初是賞賜的意思,例如:

> 是以賞當賢,罰當暴。(《墨子·尚同中》)
>
> 苟子之不欲,雖賞之不竊。(《論語·顏淵》)

後來轉爲欣賞、贊賞的意思,例如:

> 奇文共欣賞,疑義相與析。(陶潛《移居》)
>
> 君王舊迹今人賞,轉見千秋萬古情。(杜甫《越王樓歌》)

---

① 《胤征》是僞古文尚書,時代不甚古。

　　滎陽冠衆儒,早聞名公賞。(杜甫《八哀》)。

　　賞月延秋桂,傾陽逐露葵。(杜甫《夔府書懷》)

　　异方同宴賞,何處是京華?(杜甫《陪王侍御宴通泉東山野亭》)

　　這是詞義的減輕。又試舉現代方言爲例,粤方言以價賤爲"平",本來像"平價、平糶"的"平",祇是價值不高的意思。由價值不高轉化爲價賤,也是詞義的加重。西南官話稱價賤爲"相應",也是這個道理。

　　詞義的演變不一定就是新舊的交替。也就是説,原始的意義不一定因爲有了引申的意義而被消滅掉。有時候,新舊兩種意義曾經同時存在過(如"誅"字),或至今仍然同時存在着(如"賞"字)。因此我們可以説,詞義的轉移共有兩種情形:一種如蠶化蛾,一種如牛生犢。

　　　　　　　　*　　　　　*　　　　　*

　　我們談詞是怎樣變了意義的,并不是談字是怎樣變了意義的。在文字學上有所謂假借,往往祇是借用同一字形而詞義毫無關係。例如來麥的"來"假借爲來往的"來",大頭的"頒"假借爲頒布的"頒"。這都是字形的借用,和詞義的發展不能混爲一談。又如性情的"性"近代假借爲性别的"性",其間并沒有任何淵源。祇是由于日本人把英語的sex 譯爲"性",我們就采用了。

　　詞義的演變,和修辭的關係是很密切的。在許多情況下,由于修辭手段的經常運用,引起了詞義的變遷。最常見的是隱喻法(metaphor)和譬喻法(allegory)。像上面所舉"窮"字的例子,拿走投無路來形容貧困是非常形象化的。久而久之,就引起詞義的變遷。現在再舉三個例子:

　　(1)道理　《説文》:"道,所行道也。"可見"道"的本義是路。《説文》:"理,治也。"朱駿聲曰:"順玉之文而剖析之。"玉之文就是玉的紋理。引申起來，"道"是工作方法，"理"是事物的條理。這樣譬喻是把抽象的概念形象化了。

（2）責任　"責"的本義是債（《戰國策·齊策》："誰習計會，能爲文收責於薛者乎？"），"任"是擔子的意思（《孟子·滕文公上》："門人治任將歸。"）。承担了任務好像負債，必須清償，又好像挑擔子。"責任"這個抽象概念就是從具體的形象引申出來的。《論語·泰伯》："士不可以不弘毅。任重而道遠。仁以爲己任，不亦重乎？死而後已，不亦遠乎？"這樣雙關的語義正是詞義發展過程的鮮明寫照。

（3）甘苦　"甘"的本義是甜，"苦"的本義是味苦。《詩·邶風·谷風》："誰謂荼苦，其甘如薺。"這裏用的是"甘苦"的本義。但是，"甘"和"苦"很早就有了引申的意義。《左傳·僖公十年》："幣重而言甘，誘我也。""言甘"就是話説得很甜。《左傳·莊公九年》："請受而甘心焉。""甘心"就是心裏痛快。在現代漢語裏，"甘心"表示情願，就是從這個"甘心"的意義轉化而來的。《書·盤庚》："爾惟自鞠自苦。"《詩·邶風·凱風》："有子七人，母氏勞苦。""苦"字已經轉化爲難過和辛苦的意義了。

第六章　概念是怎樣變了名稱的

上章講的是詞是怎樣變了意義的。我們也可以把問題倒轉過來：概念是怎樣變了名稱的？

一個詞變了意義，也就是説，它不再表示原來的概念。但是，衹要世界上存在某一事物，我們的腦子裏就存在和這個事物相當的概念。在某一詞義消失的時候，這個概念并沒有跟着消失，它必須找另一個能表者來表示它。有時候，舊詞繼續存在，但衹在文言詞語中使用，而在日常口語裏，它讓位于新詞。下面是一些具體的例子：

(1)腿　"脚"字本來表示小腿，後來這個意義消失了，人們的小腿并不因此就不存在了，于是有必要創造（或借用）另一個詞來表小腿，于是新詞"腿"字適應需要而產生了。《説文》沒有"腿"字。《玉篇》："腿，脛也。"可見"腿"字產生得很晚，那是在"脚"字喪失了小腿的意義以後的事①，例如：

> 象胆隨四時在四腿。（《酉陽雜俎》）
>
> 鐵佛聞皺眉，石人戰搖腿。（韓愈《嘲鼾睡》）
>
> 王予可，字南雲，吉州人，衣長不能掩脛，故時人有哨腿王之

① 字本作"骽"。《廣韻》以"腿"爲"骽"的俗字。

目。(元好問《中州集》)

可見脛這個概念已經變了名稱了。

(2)走　走路的概念,今天普通話用"走"字來表示,古人用"行"字來表示,例如:

> 有澹臺滅明者,行不由徑。(《論語·雍也》)
>
> 三人行,必有我師焉。(同上,《述而》)
>
> 立不中門,行不履閾。(同上,《鄉黨》)
>
> 君命召,不俟駕行矣。(同上)
>
> 明日遂行。(同上,《衛靈公》)
>
> 三日不朝,孔子行。(同上,《微子》)

"走"當行路講,大約起源于明代,例如:

> 我與你上山走一遭。(《西游記》第十四回)
>
> 等我去拿來走路。(同上,第十六回)

在現代粵方言和客家方言裏,走路的概念仍用"行"字來表示(不說"走路",祇說"行路")。但是,在北方方言和吳方言裏,"走"字代替了古代的"行",而"行"字祇用于固定形式(如"步行")裏了。

(3)跑　跑的概念,古代用"走"字表示,例如:

> 潁考叔挾輈以走。(《左傳·隱公十一年》)
>
> 走出,遇賊于門。(同上,《莊公八年》)
>
> 兵刃既接,弃甲曳兵而走。(《孟子·梁惠王上》)
>
> 猶水之就下,獸之走壙也。(同上,《離婁上》)
>
> 然而夜半有力者負之而走。(《莊子·大宗師》)

"跑"起源很晚。《廣韻》:"跑,足跑地也。蒲交切。"這是指獸的前蹄挖地。杭州虎跑泉的"跑",就是這個意義。後來"跑"字指馬跑,

仍讀蒲交切,例如:

> 紅繮跑駿馬,金鏃掣秋鷹。(馬戴《邊將》)
>
> 跑沙跑雪獨嘶,東望西望路迷。(韋應物《調笑令》)

人跑的"跑",大約起源于明代,例如:

> 我的脚捆麻了,跑不動。(《西游記》第七十六回)
>
> 被我打敗了,他轉不往洞跑,却跑來這裏尋死。(同上,第二十回)

(4)錯　現代漢語"錯誤"的"錯",在古時説作"過"(現在犯錯誤的被"記過"也就是這個"過"),例如:

> 人之過也,各于其黨。觀過,斯知仁矣。(《論語·里仁》)
>
> 不遷怒,不貳過。(同上,《雍也》)
>
> 古之君子,過則改之;今之君子,過則順之。(《孟子·公孫丑下》)
>
> 其過也,如日月之食,民皆見之。(同上)
>
> 然則聖人且有過與?(同上)

過失的"過"是從走過的意義引申來的。《説文》:"過,度也。"段注:"引申爲有過之過。"段玉裁的説法是可信的。

"錯"字在上古有交錯的意義,例如:

> 陰陽錯繆,氛氣充塞。(《漢書·董仲舒傳》)
>
> 今春月寒氣錯繆,霜露數降。(同上,《王嘉傳》)
>
> 淖溺流遁,錯繆相紛而不可靡散。(《淮南子·原道》)

由交錯的意義引申爲錯誤的意義,大約起源于唐代(或較早)。例如:

江邊老翁錯料事，眼暗不見風塵清。（杜甫《釋悶》）

何人錯憶窮愁日，愁日愁隨一線長。（杜甫《至日遣興》）

旁人錯比揚雄宅，懶惰無心作解嘲。（杜甫《堂成》）

仰面貪看鳥，回頭錯應人。（杜甫《漫成》）

合六州四十三縣鐵，不能爲此錯也。（《資治通鑑·唐昭宣帝天祐三年》）

（5）怕　我們現在用"怕"來表示的概念，上古是用"畏"或"懼"來表示的，例如：

不侮矜寡，不畏强禦。（《詩·大雅·烝民》）

君子有三畏：畏天命，畏大人，畏聖人之言。（《論語·季氏》）

知者不惑，仁者不憂，勇者不懼。（同上，《子罕》）

使者目動而言肆，懼我也，將遁矣。（《左傳·文公十二年》）

《説文》："怖，惶也。"字又作"怖"，普故切。《廣雅·釋詁二》："怖，懼也。""怖"就是"怕"的前身，例如：

故福至則喜，禍至則怖。（《淮南子·詮言》）

焦心怖肝。（同上，《脩務》）

征營惶怖。（《後漢書·郎顗傳》）

其巫祝有依托鬼神，詐怖愚民。（同上，《第五倫傳》）

《説文》："怕，無爲也。"《老子》："我獨怕兮其未兆。"那是恬靜無爲的意思，和害怕的"怕"無關。《論衡》和《搜神記》都有害怕的"怕"，但是不常見。直到唐代以後，"怕"字才大量出現了，例如：

回波爾時栲栳，怕婦也是大好。（唐孟棨《本事詩·嘲戲》）

老夫怕趨走，率府且逍遥。（杜甫《官定後戲贈》）

如何此貴重，却怕有人知。（杜甫《麗春》）

直怕巫山雨,真傷白帝秋。(杜甫《更題》)

梁間燕雀休驚怕,亦未搏空上九天。(杜甫《姜楚公畫角鷹歌》)

俠客不怕死,怕死事不成。(元稹《俠客行》)

(6)偷　　上古有"偷"字,但是祇當苟且、偷薄講,不是偷竊的"偷"。上古偷竊的行爲叫做"竊",偷東西的人叫做"盜",例如:

竊人之財,猶謂之盜。(《左傳·僖公二十四年》)

季康子患盜,問于孔子。孔子對曰:"苟子之不欲,雖賞之不竊。"(《論語·顏淵》)

臧文仲,其竊位者與?(同上,《衛靈公》)

今有一人,入人園圃,竊其桃李。(《墨子·非攻上》)

盜愛其室,不愛其異室;故竊異室以利其室。(同上,《兼愛上》)

然則鄉之所謂知者,不乃爲大盜積者也?(《莊子·胠篋》)

到了漢代以後,"偷"字才有了竊的意義,例如:

楚將子發好求技道之士,楚有善爲偷者往見曰:"聞君求技道之士;臣,偷也,願以技齎一卒。"子發……出見而禮之。左右諫曰:"偷者,天下之盜也。何爲之禮?"……後無幾何,齊興兵伐楚……於是市偷請進曰:"臣有薄技,願爲君行之。"……偷則夜解齊將軍之幬帳而獻之。(《淮南子·道應》)

竊簪之臣,親于子反;鷄鳴之客,幸于孟嘗。子反好偷臣,孟嘗愛僞客也。(《論衡·逢遇》)

及亡新王莽,遭漢中衰,專操國柄,以偷天下。(《後漢書·陳元傳》。李賢注:偷,竊也)

鍾毓兄弟小時,值父晝寢,因共偷服藥酒。(《世說新語·言語》)

偷本非禮,所以不拜。(同上)

（7）輸　"輸"的本義是運輸,例如：

> 秦于是乎輸粟于晉。（《左傳・僖公十三年》）
>
> 魏絳請施舍,輸積聚以貸。（同上,《襄公九年》）
>
> 不敢輸幣,亦不敢暴露。（同上,《襄公三十一年》）
>
> 趙簡子令諸侯之大夫輸王粟。（同上,《昭公二十五年》）

這不是輸贏的"輸"。輸贏的"輸",上古説成"敗"（"勝敗"）或"負"（"勝負"）,例如：

> 北而攻齊,舍于汶上,戰于艾陵,大敗齊人。（《墨子・非攻中》）
>
> 東敗于齊。（《孟子・梁惠王上》）
>
> 今有尾生、孝己之行,而無益于勝負之數。（《史記・陳丞相世家》）
>
> 宣帝微時,與（陳遂）有故,相隨博奕,數負進。（《漢書・游俠傳》。師古曰:進,勝也。帝博而勝,故遂有所負）

"輸"字用作輸贏的"輸",大約是在隋唐以後,例如：

> 道士一見慘然,下棋子曰:"此局輸矣！ 輸矣！"（杜光庭《虬髯客傳》）
>
> 取不得則羅公輸,取得則僧輸。（《神仙感遇傳・羅公遠》）
>
> 局勢雖遲未必輸。（白居易《代夢得吟》）
>
> 誠如言,我輩輸一會飲食;若妄,君當輸。（《啓顏録》）
>
> 底下數百錢,輸已略盡。（同上）
>
> 眨眼間,三十貫錢一齊輸了。（《五代史平話・晉史》）

（8）贏　《説文》:"贏,賈有餘利也。""贏"的本義是贏餘,例如：

> 賈而欲贏而惡囂乎？（《左傳・昭公元年》）
>
> 珠玉之贏幾倍。（《戰國策・秦策》）

這不是輸贏的"贏"。輸贏的"贏"上古説成"勝",例如：

> 武王勝殷殺紂。(《墨子·三辯》)

> 君子勝不逐奔。(同上,《非儒下》)

> 鄒人與楚人戰,則王以爲孰勝?(《孟子·梁惠王上》)

> 上下同欲者勝。(《孫子·謀攻》)

> 既馳三輩畢,而田忌一不勝而再勝。(《史記·孫子吳起列傳》)

"贏"字用作輸贏的"贏",大約是在隋唐以後,例如：

> 勸君不用誇頭角,夢裏輸贏總未真。(《南部新書》)

> 輸贏論破的,點竄肯容絲。(元稹《酬翰林白學士代書一百韻》)

> 互笑藏鈎拙,争言鬥草贏。(陸游《農家》)

(9)硬　《説文》無"硬"字。硬的意義在上古説成"堅"或"剛",例如：

> 履霜堅冰至。(《易·坤卦》)

> 仰之彌高,鑽之彌堅。(《論語·子罕》)

> 不曰堅乎? 磨而不磷。(同上,《陽貨》)

> 人之生也柔弱,其死也堅强。(《老子》)

> 堅則毁矣,鋭則挫矣。(《莊子·天下》)

> 柔則茹之,剛則吐之。(《詩·大雅·烝民》)

> 堅剛而不屈,義也。(《荀子·法行》)

"硬"字大約産生在隋唐以後,例如：

> 天寒膏硬。(侯白《啓顔録》)

> 書貴瘦硬方通神。(杜甫《李潮八分小篆歌》)

> 硬骨殘形知幾秋,屍骸終是不風流。(皮日休《賦龜》)

羡君牙齒牢且潔,大肉硬餅如刀截。(韓愈《贈劉師服》)

"君食止此,可謂薄;分我當畢之。"遂吃硬飯。(《酉陽雜俎》)

(10)吃(喫)　《説文》無"喫"字。《説文新附》:"喫,食也。"字又作"吃"。《廣韻》"喫"讀苦擊切,今吳語仍讀苦擊切。今普通話讀如"蚩"。吃的概念,上古説成"食"①,例如:

硕鼠硕鼠,無食我黍。(《詩·魏風·硕鼠》)

彼狡童兮,不與我食兮。(《詩·鄭風·狡童》)

皎皎白駒,食我場苗。(《詩·小雅·白駒》)

君子食無求飽,居無求安。(《論語·學而》)

魚餒而肉敗不食。(同上,《鄉黨》)

不食五穀,吸風飲露。(《莊子·逍遥游》)

一直到魏晉南北朝時代,還是用"食"字表示吃②,例如:

君得哀家梨,當復不蒸食不?(《世説新語·輕詆》)

有一客姥居店賣食。(同上,《假譎》)

及食噉薤,庾因留白。(同上,《儉嗇》)

帝甚不平,食未畢,便去。(同上,《汰侈》)

王藍田性急。嘗食雞子,以筋刺之,不得,便大怒,舉以擲地。(同上,《忿狷》)

但同時在《世説新語》裏已經出現了"喫"字,例如:

友聞白羊肉美,一生未嘗得喫。(《世説新語·任誕》)

---

① 現代粤方言和客家方言也還説"食"。
② 賈誼《新書》卷七:"越王之窮,至乎吃山草。"那個"吃"字是齕的意思,不是吃(喫)的意思。《辭源》引此爲例,誤。

到了唐代,"喫"字成了口語裏的常用語。這個"喫"字兼有飲的意義,對酒菜一類液體也説"喫",例如:

> 但使殘年飽喫飯,祇願無事長相見。(杜甫《病後遇王倚飲贈歌》)
> 子實不得喫,貨市送王畿。(杜甫《甘林》)
> 梅熟許同朱老喫,松高擬對阮生論。(杜甫《絶句》四首之一)

以上等于説"食"。

> 每過得酒喫,二宅可淹留。(杜甫《晦日尋崔戢李封》)
> 臨岐意頗切,對酒不能喫。(杜甫《送李校書》)

以上等于説"飲"。

直到宋元明清時代,"喫"字還是兼有飲、食兩種意義,例如:

> 朱三哥怕我喫酒。(《五代史平話·梁史》)
> 胡亂便要買酒喫。(《水滸傳》第十六回)
> 故此先來望你一望,求鍾茶喫。(《西游記》第十四回)
> 再喫了幾杯酒。(《紅樓夢》第六十五回)
> 祇得喫了酒,説笑話。(同上,第七十五回)
> 便拉了鶯兒出來,到那邊屋裏去喫茶説話兒去了。(同上,第三十五回)

以上等于説"飲"。

> 甚麼人喫我家的飯哩。(《凍蘇秦衣錦還鄉》雜劇)
> 喫了早飯,衆頭領叫一個小嘍囉把昨夜擔兒挑了。(《水滸傳》第十二回)
> 他若來,我剝了他皮,抽了他筋,啃了他骨,喫了他心。(《西游記》第三十一回)

以上等于説“食”。

> 他無我兩個，茶也不喫，飯也不喫。(《東堂老勸破家子弟》雜劇一)

以上等于説“飲”和“食”。

現代吳方言也是飲、食都叫“吃”。在普通話裏，衹有食的意義叫“吃”(如“吃飯”)；飲的意義不再叫“吃”，而改爲叫“喝”(如“喝茶”)了。

(11)喝　現代喝的概念，上古用“飲”字表示，例如：

> 叔于狩，巷無飲酒。(《詩·鄭風·叔于田》)
>
> 冬日則飲湯，夏日則飲水。(《孟子·告子上》)

直到南北朝時代，也還是如此(《世説新語·方正》：“周侯獨留與飲酒話別。”)。唐代以後，飲的概念可以用“喫”字表示。用“喝”來表示飲的概念，那是明代以後的事。《西游記》一般仍用“喫”字，衹有少數地方用“喝”字，例如：

> 衆怪聞言大喜，即安排酒果接風，將椰酒滿斟一石碗奉上，大聖喝了一口。(《西游記》第五回)
>
> 却説那怪物坐在上面，自斟自酌，喝一盞，扳過人來，血淋淋地啃上兩口。(《西游記》第三十回)

《紅樓夢》裏也有“喝”字，例如：

> 寶玉便笑央道：“好姐姐，你把那湯端了來，我嘗嘗。”玉釧兒道：“我從不會喂人東西，等他們來了再喝。”(《紅樓夢》第三十五回)
>
> 説着，催寶玉喝了兩口湯。(同上)

“喝”的前身是“呷”。《説文》：“呷，吸呷也。”“吸呷”是象聲詞，還不是吸飲的意思。吸飲的“呷”大約起源於南北朝，唐代以後沿用，例如：

> 呷啜鱒羹，嗉嘣蟹黄。（《洛陽伽藍記·城東景寧寺》）
>
> 穰穰何禱手何賣，一呷村漿與隻雞。（唐周曇《咏史·淳于髠》）

呷，呼甲切，是入聲字。今吳方言仍讀入聲，表示吸飲。宋元以後，北方話入聲消失，音變爲“喝”。

從上面的一些例子看來，例如行的概念改用“走”，走的概念改用“跑”，可見概念的改變名稱不是孤立的現象，而是互相聯繫、互相影響的。

隨着時代的不同，概念外延的廣狹可以有所不同。概念外延的擴大或縮小，也引起名稱的變化。有時候，人們要求對某些事物區別得更微細；有時候正相反，人們滿足於較大的類名。舉例來説，上古人們對於鳥的叫要求同别的動物的叫區別開來，因此就用鳴字表示鳥的叫。《説文》：“鳴，鳥聲也。”[1]在《詩經》裏，我們可以找到很多例子：

> 黄鳥于飛，集于灌木，其鳴喈喈。（《周南·葛覃》）
>
> 有瀰濟盈，有鷕雉鳴。濟盈不濡軌，雉鳴求其牡。（《邶風·匏有苦葉》）
>
> 雝雝鳴鴈，旭日始旦。（同上）
>
> 風雨凄凄，雞鳴喈喈。（《鄭風·風雨》）
>
> 春日載陽，有鳴倉庚。（《豳風·七月》）
>
> 鸛鳴于垤，婦嘆于室。（同上，《東山》）
>
> 伐木丁丁，鳥鳴嚶嚶。（《小雅·伐木》）

---

[1]　“鳴”字很早就可以表示别的動物的叫。《詩·豳風·七月》：“五月鳴蜩。”《小雅·鹿鳴》：“呦呦鹿鳴。”《車攻》：“蕭蕭馬鳴。”但是這并不妨礙我們對“鳴”的本義的解釋。

鶴鳴于九皋,聲聞于野。(同上,《鶴鳴》)

宛彼鳴鳩,翰飛戾天。(同上,《小宛》)

不但這樣,而且對于一些鳥獸的叫區別得更微細。

(1)雊　《説文》:"雊,雄雉鳴也。"例如:

越有雊雉。(《書·高宗肜日》)

雉之朝雊,尚求其雌。(《詩·小雅·小弁》)

鴈北鄉,鵲始巢,雉雊,雞乳。(《禮記·月令》)

野雞夜雊。(《史記·封禪書》)

吾見玄駒之步,雉之晨雊也。(揚雄《法言·先知》)

有雉蜚集于庭,歷階升堂而雊。(《漢書·成帝紀》)

(2)吠　《説文》:"吠,犬鳴也。"它的應用範圍祇限于犬。

無使尨也吠。(《詩·召南·野有死麕》)

穴壘之中各一狗,狗吠即有人也。(《墨子·備穴》)

雞鳴狗吠相聞而達乎四境。(《孟子·公孫丑上》)

邑犬群吠兮。(《楚辭·九章·懷沙》)

(3)㈠。——《説文》:"㈠,虎鳴也。"例如:

闞如㈠虎。(《詩·大雅·常武》)

直到中古時代,還有專指某種鳥獸叫的動詞。試舉"唳、嘶"兩字爲例:

(4)唳　《説文》沒有"唳"字。《説文新附》:"唳,鶴鳴也。"例如:

華亭鶴唳,豈可復得聞乎?(《晉書·陸機傳》)

聞風聲鶴唳,皆以爲王師已至。(同上,《謝玄傳》)

唳清響于丹墀,舞飛容于金閣。(鮑照《舞鶴賦》)

獨步四十年,風聽九皋唳。(杜甫《贈秘書監江夏李公邕》)

馬來皆汗血,鶴唳必青田。(杜甫《秋日夔州咏懷》)

(5)嘶　《玉篇》:"嘶,馬鳴也。"例如:

馬嘶山谷響,弓寒柘桑鳴。(庾信《伏聞游獵》)

胡馬顧朔雪,躞蹀長嘶鳴。(李白《古風》第二十二首)

馬嘶思故櫪,歸鳥盡斂翼。(杜甫《別贊上人》)

我馬向北嘶,山猿飲相喚。(杜甫《白沙渡》)

一匹齕草一匹嘶,坐看千里當霜蹄。(杜甫《題壁上韋偃畫馬歌》)

馬嘶未敢動,前有深填淤。(杜甫《溪漲》)

拄杖穿花聽馬嘶。(杜甫《中丞嚴公雨中垂寄見憶》)

但是,概念的特殊化并不是永遠需要的。大家知道,在現代漢語裏,這些概念都統一起來,由"叫"字表示了。

我們不要以爲古人對于任何事物都先有大類名,然後加以特殊化。恰恰相反,許多特稱都是原始的。例如"吠"字就是原始時代的產物。在甲骨文裏也是畫一隻犬和一張嘴。又如"鳴"字,後來雖然可以擴大到獸類和蟲類(馬鳴、牛鳴、鹿鳴、蟬鳴),但那衹是由特殊到一般的轉化。

概念的一般化,和社會的發展有關。在今天的社會裏顯然不需要像畜牧時代那樣把畜牲區別得非常微細。例如今天我們不再說"豚",衹說"小豬",也不再區別"豵"(生六月豚)、"豜"(三歲豕)等等了。但這并不妨礙古語在現代作爲詞素保留下來,例如"馬駒、牛犢、羊羔"在北方話裏還是常說的。"牸"(母牛)在許多地方的農村還是通行着的,叫做"牛牸"或"牸牛"。

概念的一般化,又和時代、風俗有關。試舉鬍子這一個概念爲例。

古人是没有剃鬍子的習慣的。中年以上，每人都有很長的鬍子，并且講究鬍子的美觀。因此，古人有必要把鬍子分爲三種：兩頬上的鬍子叫做"䏄"（《説文》："䫇，頬毛也。"），嘴上邊的鬍子叫做"髭"（《説文》："髭，口上須也。"），嘴下邊的鬍子叫做"鬚"（《釋名·釋形體》："頤下曰鬚。"）。例如：

　　　　賁其鬚。（《易·賁卦》）

　　　　至于靈王，生而有顱。（《左傳·昭公二十六年》）

　　　　有龍垂胡䏄下迎黄帝。（《史記·封禪書》）

　　　　高祖爲人隆準而龍顏，美鬚䏄。（同上，《高祖本紀》）

　　　　至于後世，且有亢王，赤黑，龍面而鳥噣，鬢麋髭頰，大膺大胸。（同上，《趙世家》）

　　　　博奮䏄抵几。（《漢書·朱博傳》）

　　　　黄鬚兒竟大奇也。（《三國志·魏書·任城威王彰傳》）

　　鬍子的"鬍"本作"胡"①。當"胡鬚"二字連用時，最初是表示像胡人樣的鬚，例如：

　　　　叔琮選壯士二人深目而胡鬚者②，牧馬襄陵道旁。（《新五代史·氏叔琮傳》）

　　最後，"胡"字脱離了"鬚"字，加上"髟"頭，并加上詞尾"子"字，成爲"鬍子"。宋代以後社會上已有了剃鬍子和鑷鬍子的習慣③，没有必要再把臉上的毛分爲三個概念，於是"鬍子"就擴大了範圍，吞并了

---

① 今又簡化爲"胡"。

② 《舊五代史》説成"深目虬䏄貌如沙陀者"。可見"胡鬚"就是貌如沙陀的鬚。沙陀指西突厥族。

③ 《登科記》："宋李迪美髭䏄，御試時夢剃削俱盡。"虞集詩："田翁無個事，對鏡鑷髭鬚。"

"髯"和"髭"。在現代方言裏,還有一些地方叫做"鬍鬚",或簡單地叫做"鬚",但那"鬚"也是兼指髯和髭的。

　　概念的特殊化,同樣地受社會發展的影響。有些新的概念需要比較特殊的字眼去表示它們。這所謂特殊的字眼,也不是從天上掉下來的,它衹是從古代詞彙的倉庫裏取出來,賦以新的生命。例如貸款的"貸"早已從口語中消失了,"貸款"就是借錢,爲什麼不索性説成"借錢"呢? 這是因爲貸款是政府的一種制度,它不同于一般的借錢。這一類的特殊化的情況很多。我們不能主張精簡詞彙,把同義詞都加以精簡。

　　避諱和禁忌,是概念變更名稱的原因之一。避諱在中國古代社會是一件大事。犯諱可能遭受徒刑①,甚至處死②。一般人的名諱影響不大,但皇帝的名諱就有影響到漢語詞彙的可能。相傳西漢吕后名雉,所以改"雉"爲野雞,至今北方話和許多方言都還把雉叫做"野雞"。西漢文帝名恒,宋真宗也名恒,所以恒山又稱"常山"。東漢光武帝名"秀",所以秀才又稱"茂才"。晉代因避司馬昭諱,改昭君爲"明妃"。官名常常因避諱而改稱,例如晉代不稱"太師"而稱"太宰",是因爲避司馬師的名諱;隋代不稱"中書"而稱"内史",是因爲避隋文帝父親楊忠的名諱。

　　最典型的例子是"代"字。在上古漢語裏,"代"字衹有朝代的意義,没有世代的意義。"代"和"世"不同。"三代"指夏商周三個朝代,"三世"指祖孫三世。"三代"與"三世"由此類推,例如:

　　　周監於二代,郁郁乎文哉。(《論語·八佾》)

---

① 《唐律·職制》:"諸府號官稱犯祖父名而冒榮之者,徒一年。"
② 乾隆四十二年,江西舉人王錫侯字貫案,以避諱不合乾隆皇帝的意志,以致殺戮多人。見陳垣《史諱舉例》108～109 頁。

斯民也,三代之所以直道而行也。(同上,《衛靈公》)

三代之令王,皆數百年保天之祿。(《左傳·成公八年》)

三代之得天下也以仁。(《孟子·離婁上》)

自三代以下者,天下何其囂囂也。(《莊子·駢拇》)

以上"代"指朝代。

祿之去公室五世矣。(《論語·季氏》)

五世其昌,并于正卿;八世之後,莫之與京。(《左傳·庄公二十二年》)

一世無道,國未艾也。(同上,《昭公元年》)

雖孝子慈孫百世不能改也。(《孟子·離婁上》)

君子之澤五世而斬。(同上,《離婁下》)

十二世有齊國。(《莊子·胠篋》)

今三世以前,至于趙之爲趙,趙王之子孫侯者,其繼有在者乎?(《戰國策·趙策》)

秦王之心,自以爲關中之固,金城千里,子孫帝王萬世之業也。(賈誼《過秦論》)

以上"世"指世代。

到了唐代,由于唐太宗名李世民,所以大家避諱,"民"字被改爲"人"(《書·堯典》"敬授民時"改爲"敬授人時"),"世"字被改爲"代",例如:

夫子何爲者,棲棲一代中。(唐玄宗《經魯祭孔子而嘆之》)

漢家李將軍,三代將門子①。(王維《李陵咏》)

---

① 《漢書·李廣傳》贊:"然三代之將,道家所忌。"宋祁曰:"南本'代'作'世'。"作"世"是。

絶代有佳人，幽居在空谷。（杜甫《佳人》）

古來無人境，今代橫戈矛。（杜甫《送韋十六評事充同谷郡防禦判官》）

乃知蓋代手，才力老益神。（杜甫《寄薛三郎中》）

亂代飄零余到此，古人成敗子如何？（杜甫《寄柏學士林居》）

除了避諱之外，其他的忌諱也可能引起事物名稱的改變。由于忌虎，所以稱虎爲"大蟲"（現在我的家鄉還把虎叫做"大蟲"）；由于忌蛇，所以稱"蛇"爲"長蟲"。廣東人諱"肝"（因爲與"乾"同音），所以稱豬肝爲"豬潤"。這種例子還可以搜集不少。

和忌諱近似的一種情況是避褻。某些被認爲穢褻的詞語常常被改爲比較"雅"的或比較隱晦的詞。爲了避免那些太穢褻的例子，這裏祇舉"小便"爲例。漢代就有了"尿"字（亦作"溺"），《説文》："尿，小便也。"可見當時的"尿"已經有了別名。別名不止一個。尿又叫"前溲"，《史記·扁鵲倉公列傳》："令人不得前後溲。"[1]又叫"小遺"，《漢書·東方朔傳》："朔嘗醉入殿中，小遺殿上。"[2]同一時代，同一概念，而有四種名稱，顯然是爲了避褻。但是，如果事物本身被認爲穢褻，改換名稱也不能解決問題。過了若干時期，又要找一個更"雅"更隱晦的名稱來代替它了。有人起用更古的名稱。《左傳·定公三年》："夷射姑旋焉。"杜注："旋，小便。"韓愈《張中丞傳後叙》就模仿着説："巡起旋。"有人另造新的別名。近代大小便叫做"解手"，小便叫做"小解"。還有一件事值得注意，就是改變"尿"字的讀音。"尿"本讀 niào，改説成 suī。

---

[1]　索隱："前溲謂小便，後溲大便也。"
[2]　師古注："小遺者，小便也。"

　　和忌諱近似的另一種情況是委婉語(euphemism)。這是每一種語言都有的情況。有些詞語直説出來會令人不愉快,所以往往被人用曲折的方式説了出來。現在試舉老、病、死三個概念爲例,例如:

　　　　春秋逴逴而日高兮。(《楚辭·九辯》)

　　　　鰥寡孤獨,高年貧困之民,朕所憐也。(《漢書·宣帝紀》)

　　　　澤於劉氏最爲長年。(同上,《高五王傳》)

　　　　歸去知何日,相逢各長年。(姚合《送陸暢侍御歸揚州》)

　　　　卿年事已多,氣力稍減。(《南史·虞荔傳》)

以上指老。

　　　　有采薪之憂。(《孟子·公孫丑下》)

　　　　天子有疾稱"不豫"。(《公羊傳·桓公十六年》何休注)

以上指病。

　　　　又重之以寡君之不禄。(《國語·晉語》)

　　　　一旦山陵崩,長安君何以自托于趙?(《戰國策·趙策》)

　　　　吾聞帝已崩,四日不發喪。(《史記·高祖本紀》)

　　　　君即有不諱,誰可以自代者?(《漢書·丙吉傳》)

　　　　前以降及物故,凡隨武還者九人。(同上,《蘇武傳》)

　　　　元瑜長逝,化爲异物。(曹丕《與吳質書》)

　　　　撫孤憐齒稺,嘆逝顧身衰。(劉長卿《哭張員外繼》)

以上指死。

　　由上面所舉的例子看來,以死的別名爲最多。我們還可以增加許多,如近代所謂"仙逝、升天"之類。正因爲死是人們所最忌諱的,所以常常給它找個委婉的説法。

　　直到現代,人們對于老、病、死也還有委婉語,如把老説成"上了年紀”，把病説成“不舒服”或“不爽”。把死説成“去世、逝世、與世長辭、心臟停止了跳動”，等等。

　　無論避諱、避褻、委婉語，往往衹能産生一些同義詞，而不能取代原詞；像“代”字那樣在口語裏完全代替了“世”字的情況是很少的。舉例來説，秦避始皇嬴政的名諱，改“正月”爲“端月”，後世没有沿用下來。而“尿、老、病、死”等詞，幾千年來還保存在基本詞彙裏，它們并没有因爲忌諱而被消滅了。

第七章　成語和典故

　　成語是人民長期以來習用的定型的詞組或短句。典故是詩文中引用的古書中的故事或詞句。成語有許多也就是典故，因爲我們可以從古書中找出它們的來源來。典故不一定是成語，因爲詩文中往往引的是歷史故事，而不是成語。成語和典故的範圍是交錯的，界限是不清楚的。

　　語言是社會的產物，個人不能創造語言。但是個人可以創造定型的詞語：起初是一個人這樣説了，由于這是名句或有名的故事，這個詞組或短句就成爲定型，流傳下來，例如《孫子·計篇》："攻其無備，出其不意。"後來"出其不意"作爲成語。又如《呂氏春秋·察今》："楚人有涉江者，其劍自舟中墜于水，遽刻其舟，曰：'是吾劍之所從墜。'舟止，從其所刻者入水求之。"後來就產生了"刻舟求劍"的成語。有時候，照字面解釋還講不通，例如成語"瓜田李下"，照字面講祇是兩個地點，不知何意，必須查出這個典故出自古樂府《君子行》"瓜田不纳履，李下不正冠"，才明白了。又如成語"古稀之年"，照字面講也不好懂，必須查出杜甫詩句"人生七十古來稀"，才明白了。由此看來，成語、典故的運用也是語言的發展。

　　上古時代，某些重要的著作影響深遠，由此產生的成語和典故也就特別多。現在試舉《易經》《詩經》《左傳》《戰國策》《論語》《孟子》

《莊子》《楚辭》《史記》《漢書》爲例。

（1）匪夷所思

　　《易·渙卦》：“元吉，渙有丘，匪夷所思。”

（2）自强不息

　　《易·乾卦》：“天行健，君子以自强不息。”

（3）懲前毖後

　　《詩·周頌·小毖》：“予其懲而毖後患。”

（4）明哲保身

　　《詩·大雅·烝民》：“既明且哲，以保其身。”

（5）愛莫能助

　　《詩·大雅·烝民》：“維仲山甫舉之，愛莫助之。”

（6）哀鴻遍野

　　《詩·小雅·鴻鴈》：“鴻鴈于飛，哀鳴嗷嗷。”

（7）一鼓作氣

　　《左傳·莊公十年》：“夫戰，勇氣也。一鼓作氣，再而衰，三而竭。”

（8）背城借一

　　《左傳·成公二年》：“請收合餘燼，背城借一。”

（9）不辨菽麥

　　《左傳·成公十八年》：“周子有兄而無慧，不能辨菽麥。”

（10）效尤

《左傳·莊公二十一年》:"鄭伯效尤,其亦將有咎。"

(11)波及

《左傳·僖公二十三年》:"其波及晉國者,君之餘也,其何以報?"

(12)亡羊補牢

《戰國策·楚策四》:"見兔而顧犬,未爲晚也;亡羊而補牢,未爲遲也。"

(13)鷸蚌相爭

《戰國策·燕策二》:"今者臣來過易水,蚌方出曝,而鷸啄其肉,蚌合而拑其喙。鷸曰:'今日不雨,明日不雨,即有死蚌。'蚌亦謂鷸曰:'今日不出,明日不出,即有死鷸。'兩者不肯相捨,漁者得而并禽之。"

(14)不遺餘力

《戰國策·趙策三》:"秦之攻我也,不遺餘力矣。"

(15)不咎既往

《論語·八佾》:"成事不説,遂事不諫,既往不咎。"

(16)殺身成仁

《論語·衛靈公》:"志士仁人,無求生以害仁,有殺身以成仁。"

(17)不遠千里

《孟子·梁惠王上》:"叟! 不遠千里而來,亦將有以利吾國乎?"

（18）不言而喻

《孟子·盡心上》："施于四體,不言而喻。"

（19）揠苗助長

《孟子·公孫丑上》："宋人有閔其苗之不長而揠之者,芒芒然歸,謂其人曰:'今日病矣! 予助苗長矣。'其子趨而往視之,苗則槁矣。"

（20）一暴十寒

《孟子·告子上》："雖有天下易生之物也,一日暴之,十日寒之,未有能生者也。"

（21）一毛不拔

《孟子·盡心上》："楊子取爲我,拔一毛而利天下,不爲也。"

（22）自暴自弃

《孟子·離婁上》："自暴者不可與有言也;自弃者,不可與有爲也。言非禮義,謂之自暴也;吾身不能居仁由義,謂之自弃也。"

（23）出爾反爾

《孟子·梁惠王下》："戒之戒之! 出乎爾者,反乎爾者也。"

（24）出類拔萃

《孟子·公孫丑上》："麒麟之于走獸,鳳凰之于飛鳥,太山之于丘垤,河海之于行潦,類也。聖人之于民,亦類也。出于其類,拔乎其萃,自生民以來,未有盛于孔子也。"

（25）手舞足蹈

《孟子·離婁上》：“樂之實，樂斯二者，樂則生矣。生則惡可已也？惡可已，則不知足之蹈之，手之舞之。”

（26）杯水車薪

《孟子·告子上》：“今之爲仁者，猶以一杯水救一車薪之火也。”

（27）大相徑庭

《莊子·逍遥游》：“大有徑庭，不近人情焉。”

（28）白駒過隙

《莊子·知北游》：“人生天地之間，若白駒之過隙，忽然而已。”

（29）望塵莫及

《莊子·田子方》：“夫子奔逸絕塵，而回瞠若乎其後矣。”

（30）得心應手

《莊子·天道》：“不徐不疾，得之于手而應于心。”

（31）效顰

《莊子·天運》：“西施病心而矉其里，其里之醜人見而美之，歸亦捧心而矉其里。其里之富人見之，堅閉門而不出；貧人見之，挈妻子而去之走。”

（32）涸鮒，涸轍

《莊子·外物》：“莊周家貧，故往貸粟于監河侯。監河侯曰：‘諾。我將得邑金，將貸子三百金，可乎？’莊周忿然作色曰：‘周昨來，有中道而呼者。周顧視車轍中，有鮒魚焉。’周問之曰：‘鮒

魚來！子何爲者邪？'對曰:'我東海之波臣也。君豈有斗升之水
而活我哉？'周曰:'諾。我且南游吴越之王,激西江之水而迎子,
可乎？'鮒魚忿然作色曰:'吾失我常與,我無所處。吾得斗升之水
然活耳,君乃言此,曾不如早索我于枯魚之肆！'"

(33)初度

《楚辭·離騷》:"皇覽揆余初度兮,肇錫余以嘉名。"

(34)懲羹吹齏

《楚辭·九章·惜誦》:"懲於羹者而吹齏兮,何不變此
志也？"

(35)數奇

《史記·李將軍傳》:"大將軍青亦陰受上誡,以爲李廣老,數
奇,毋令當單于。"

(36)毛遂自薦

《史記·平原君列傳》:"門下有毛遂者,前,自贊于平原
君。……平原君曰:'夫賢士之處世也,譬若錐之處囊中,其末立
見。今先生處勝之門下三年于此矣,左右未有所稱誦,勝未有所
聞。……先生不能,先生留。'毛遂曰:'臣乃今日請處囊中耳。使
遂蚤得處囊中,乃穎脱而出,非特其末見而已。'"

(37)一敗塗地

《史記·高祖本紀》:"天下方擾,諸侯并起,今置將不善,壹
敗塗地。"

(38)一鳴驚人

《史記·滑稽列傳》："此鳥不飛則已,一飛衝天;不鳴則已,一鳴驚人。"

(39)不值一錢

《史記·魏其武安侯列傳》："生平毀程不識不直一錢。"

(40)百聞不如一見

《漢書·趙充國傳》："上遣問焉,曰'將軍度羌虜何如? 當用幾人?'充國曰:'百聞不如一見。兵難隃度,臣願馳至金城,圖上方略。'"

(41)不學無術

《漢書·霍光傳》："然光不學亡術,闇于大理。"

(42)安土重遷

《漢書·元帝紀》："安土重遷,黎民之性。"

(43)安如泰山

《漢書·劉向傳》："事勢不兩大,王氏與劉氏亦且不并立,如下有泰山之安,則上有累卵之危。"

(44)安居樂業

《漢書·貨殖傳》："各安其居而樂其業,甘其食而美其服。"

中古以後,成語、典故也很多。現在略舉一些例子。

(1)不脛而走

《文選》孔融《論盛孝章書》："珠玉無脛而自至者,以人好之也,況賢者之有足乎?"

(2)標新立異

《世說新語·文學》："支卓然標新理于二家之表，立异義于衆賢之外。"

(3)不求甚解

陶潛《五柳先生傳》："好讀書，不求甚解。"

(4)乘風破浪

《晉書·宗愨傳》①："叔父問所志。應曰：'願乘長風破萬里浪'。"

(5)草木皆兵

《晉書·苻堅載記》："又北望八公山上，草木皆類人形，顧謂融曰：'此亦勁敵也，何謂少乎！'"

(6)少不更事

《晉書·周顗傳》："君少年未更事。"

(7)一勞永逸

《齊民要術·種苜蓿》："長生種者，一勞永逸。"

(8)撲朔迷離

《木蘭詩》："雄兔脚撲朔，雌兔眼迷離。雙兔傍地走，安能辨我是雄雌？"

(9)別開生面

杜甫《丹青引》："凌烟功臣少顔色，將軍下筆開生面。"

(10)大聲疾呼

韓愈《後十九日復上宰相書》："蹈水火者之求免于人也，不

---

① 編者注："宗愨是南朝人，現行《晉書》無《宗愨傳》，而《宋書》有傳。

惟其父兄子弟之慈愛,然後呼而望之也。將有介于其側者,雖
其所憎怨,苟不至乎欲其死者,則將大其聲疾呼,而望其仁
之也。”

(11)少安無躁

　　韓愈《答呂醫山人書》:“方將坐足下三浴而三熏之,聽僕之
所爲,少安無躁。”

(12)投井下石

　　韓愈《柳子厚墓志銘》:“落陷阱,不一引手救,反擠之,又下
石焉者,皆是也。”

(13)車水馬龍

　　李煜《憶江南》詞:“還似舊時游上苑,車如流水馬如龍。”

(14)百尺竿頭

　　《傳燈録》卷十:“百丈竿頭不動人,雖然得入未爲真。百丈
竿頭須進步,十方世界是全身。”

(15)百廢俱興

　　范仲淹《岳陽樓記》:“越明年,政通人和,百廢具興,乃重修
岳陽樓。”

古人的詩文常用典故。駢體文所用的典故最多。例如《文心雕
龍·物色》:

　　春秋代序,陰陽慘舒。物色之動,心亦搖焉。蓋陽氣萌而玄
駒步,陰律凝而丹鳥羞。微蟲猶或入感,四時之動物深矣。……
是以詩人感物,聯類不窮。流連萬象之際,沈吟視聽之區。寫氣

圖貌,既隨物以宛轉;屬采附聲,亦與心而徘徊。故灼灼狀桃花之鮮,依依盡楊柳之貌。杲杲爲出日之容,瀌瀌擬雨雪之狀。喈喈逐黃鳥之聲,喓喓學草蟲之韻。皎日嘒星,一言窮理;參差沃若,兩字窮形。并以少總多,情貌無遺矣。

上述短短的兩段話,就有下列的一些典故:

(1)春秋代序

《楚辭·離騷》:"日月忽其不淹兮,春與秋其代序。"

(2)陰陽慘舒

《文選》張衡《西京賦》:"夫人在陽時則舒,在陰時則慘,此牽乎天者也。"

(3)玄駒步

《大戴禮·夏小正》十二月:"玄駒賁。"傳:"玄駒也者,蟻也。賁者何也? 走于地中也。"《法言》:"吾見玄駒之步。"

(4)丹鳥羞

《夏小正》八月:"丹鳥羞白鳥。"注:"丹鳥,螢也;白鳥,蚊蚋也。"

(5)灼灼

《詩·周南·桃夭》:"桃之夭夭,灼灼其華。"

(6)依依

《詩·小雅·采薇》:"昔我往矣,楊柳依依。"

(7)杲杲

《詩·衛風·伯兮》:"其雨其雨,杲杲出日。"

（8）瀗瀗

《詩·小雅·角弓》："雨雪瀗瀗,見晛日消。"

（9）喈喈

《詩·周南·葛覃》："黄鳥于飛,集于灌木,其鳴喈喈。"

（10）喓喓

《詩·召南·草蟲》："喓喓草蟲,趯趯阜螽。"

（11）皎日

《詩·王風·大車》："謂予不信,有如皦日。"

（12）嘒星

《詩·召南·小星》："嘒彼小星,三五在東。"

（13）參差

《詩·周南·關雎》："參差荇菜,左右流之。"

（14）沃若

《詩·衛風·氓》："桑之未落,其葉沃若。"

詩人也喜欢用典故,例如杜甫的《卜居》：

　　歸羨遼東鶴,吟同楚執珪。未成游碧海,著處覓丹梯。雲嶂
寬江北,春耕破瀼西。桃紅客若至,定似晉人迷。

（1）遼東鶴

《續搜神記》："遼東華表柱有鶴棲其上。曰:'有鳥有鳥丁令
威,去家千里今始歸。城郭如故人民非。何不學仙塚纍纍!'"

（2）楚執珪

《史記·張儀列傳》："越人莊舄仕楚執珪。有頃而病。楚王曰:'舄故越之鄙細人也。今仕楚執珪,貴富矣,亦思越不?'中謝對曰:'凡人之思故,在其病也。彼思越則越聲,不思越則楚聲。'使人往聽之。猶尚越聲也。"《文選》王粲《登樓賦》:"鍾儀幽而楚奏兮,莊舄顯而越吟。"

(3)碧海

《十洲記》:"扶桑在東海之東岸,岸直,陸行登岸一萬里,東復有碧海。"

(4)丹梯

《文選》謝朓《敬亭山詩》:"要欲追奇趣,即此陵丹梯。"

(5)晉人迷

陶潛《桃花源記》:"太守即遣人隨其往,尋向所志,遂迷,不復得路。"

李商隱的《安定城樓》:

迢遞高城百尺樓,綠楊枝外盡汀洲。賈生年少空垂涕,王粲春來更遠游。永憶江湖歸白髮,欲迴天地入扁舟。不知腐鼠成滋味,猜意鵷雛竟未休!

(1)賈生

《史記·賈誼傳》:"賈生名誼,洛陽人也。年十八,以能誦詩屬書聞于郡中。……廷尉乃言賈生年少,頗通諸子百家之書。文帝召以爲博士,是時賈生年二十餘,最爲少。"

(2)垂涕

《漢書·賈誼傳》：“誼數上疏陳政事，多所欲匡建。其大略曰：‘臣竊惟事勢可爲痛哭者一，可爲流涕者二，可爲長太息者六。’”

（3）王粲

《三國志·魏書》：“王粲，字仲宣，山陽高平人也。……獻帝西遷，粲徙長安。……年十七，司徒辟，詔除黃門侍郎。以西京擾亂，皆不就，乃之荆州依劉表。”

《文選》載有王粲《登樓賦》。樓指當陽縣城樓。賦有云：“雖信美而非吾土兮，曾何足以少留？”

（4）腐鼠，鵷雛

《莊子·秋水》：“夫鵷雛發于南海，而飛于北海。非梧桐不止，非練實不食，非醴泉不飲。於是鴟得腐鼠，鵷雛過之，仰而視之曰：‘嚇！’”

　　　　　　*　　　　*　　　　*

成語的運用可使語言精煉，例如“一勞永逸、一暴十寒、懲前毖後、杯水車薪”等，假使不用成語，就要多費唇舌。成語的運用又可以使語言形象化。例如“千鈞一髮、一帆風順、一落千丈”等，都是用形象的語言來説明抽象的道理的。假使用一般口語來説，不但話要説得長些，而且不一定能這樣恰到好處。

古人稱贊別人的文章的時候，曾經有過這樣一句話：“無一字無來歷。”①如果能正確地了解這句話，并且要求自己能這樣做，對于語言的健康發展是有貢獻的。所謂“無一字無來歷”，主要是指儘可能運用古人用過的固定詞組，而不生造詞語。我們日常談話中的詞語也不是

---

① 黃庭堅曾説：“子美作詩，退之作文，無一字無來歷。”張遠《杜詩會粹》序：“始信古人所云無一字無來歷，非虛語也。”

沒有來歷的。例如我們説"徹底肅清封建餘毒"，這個"徹底"就出于
《玉臺新咏》江淹《西洲曲》"置蓮懷袖中，蓮心徹底紅"。而"肅清"也
出于《文選》陸機《漢高祖功臣頌》"二州肅清，四邦咸寧"。

　　成語的另一作用是加强語言的一致性和穩固性。成語是一成不
變的，非但一字不改，而且字的次序也不能稍有更動。例如"兼容并
包"這個成語出于《史記·司馬相如列傳》："馳騖乎兼容并包，勤思乎
參天貳地。"我們不能説成"兼蓄并涵"之類，甚至不能説成"兼包并
容、并容兼包、并包兼容、兼并包容"等。這樣就一直把語言的形式固
定了下來。

　　典故是把神話或歷史故事壓縮成爲一個短句或詞組，例如"愚公
移山、夸父追日、嫦娥奔月、女媧補天、精衛填海"等。這樣完整的句子
還不是最常見的典故。更常見的是没頭没腦的一個詞組，甚至祇是一
個單詞。例如祇説"移山、追日、奔月、補天、填海"，已經足够顯示整個
故事了。甚至祇説"夸父、精衛"，簡單地提一個人名或物名也説明了
問題，因爲神話裏的夸父和精衛也各祇有那麼一個故事。

　　有時候，也不一定是神話或歷史故事的壓縮，而祇是提出一個詞，
最常見的是提出一個人名或地名。這個詞也是有出處的，它可以使人
聯想到古書中的某一句話，并藉此了解這個詞所指的是什麼。例如
"文園"這個典故出自《史記·司馬相如列傳》，司馬相如曾爲漢文帝
陵園令，後人詩文中就以"文園"指司馬相如，杜牧《爲人題贈》詩："文
園終病渴，休咏《白頭吟》。"

　　典故有明典，有暗典。明典例如"賈生年少空垂涕，王粲春來更遠
游"，一看就知道是歷史故事。暗典例如"不知腐鼠成滋味，猜意鵷雛
竟未休"，如果没有讀過《莊子》，就不知道這是用典。一般説來，詩文
中的典故，總是明典少，暗典多。

　　詩文的用典，往往是意在言外，例如杜甫《卜居》詩："歸羨遼東鶴，吟同楚執珪。"講的一種思歸的心情。又如同詩末聯："桃紅客若至，定似晉人迷。"這是暗射以此地爲桃源之意。此類甚多，不勝枚舉。

　　凡文章裏面插入典故而不令人覺得是典故，就文章來説，是好文章；就語言來説，這種典故是有群衆基礎的。群衆對于它們相當熟悉，所以它們能和現代詞語水乳交融。

　　典故在語言裏所起的作用，和成語一樣，能使語言精煉。作者用簡單的幾個字説出了很豐富的內容。譬如"陽春白雪"和"下里巴人"，其中包含着作家自嘆曲高和寡，不怪自己脱離群衆，反而怪群衆不識好貨的意思。典故和成語一樣，又能使語言形象化，因爲它們往往令人想起整個生動的故事，例如"揠苗助長"，對于熟悉這個典故的人來説，不但説明了冒進的錯誤，同時説明了冒進的原因——急躁情緒。禾苗和農夫的具體形象，比之抽象説理，在修辭上是勝一籌的。

　　成語和典故，統稱爲用典（又叫"用事"）①。用典固然以不更動一字爲常例，但是也有特殊的情況。有時候，某些字眼太深奧了，爲了使它更通俗一些，更順口一些，小小的修改也不是絶對不容許的，例如"每下愈況"②，後來改爲"每況愈下"；"揠苗助長"，現在也有人寫成"拔苗助長"。

　　在成語和典故上，顯示着語言巨匠對語言發展所起的積極作用。當一篇文章或一首好詩膾炙人口之後，久而久之，其中的妙語警句以及美麗的寓言或動人的故事就成爲語言吸收營養的對象，例如"异曲同工"出自韓愈《進學解》（"子雲相如，同工异曲"），"別開生面"出自杜甫《丹青引》（見上文），"走馬看花"出自孟郊《登第後》詩（"春風得

---

① 但來自民間的成語不叫"用典"。
② 《莊子·知北游》："正獲之問于監市履狶也，每下愈況。"

意馬蹄疾,一日看盡長安花")。

在漢語文學語言史上曾經有過反動的潮流,就是儘量脫離人民口語而句句用典。文人們所用的成語有時是割裂的,所用的典故有時是堆砌的。割裂成語的風氣開始於東漢六朝,舉例來說,"于、也、而"等字本來是虛詞,它們同實詞結合不能構成名詞性詞組或形容詞性詞組。但是,在六朝以後,竟然出現下列這一類成語:

(1)友于

《書·君陳》:"惟孝友于兄弟。"後人"友、于"二字連用,表示兄弟的友愛,例如:

> 陛下隆于友于,不忍遏絶。(《後漢書·史弼傳》)
>
> 朱鮪涉血于友于。(《文選》丘遲《與陳伯之書》)
>
> 夏方、盛彦,體至性以馳芬;庾衮、顏含,篤友于而宣範。(《晉書·孝友傳序》)

"友于"又用來指兄弟,例如:

> 今之否隔,友于同憂。(《文選》曹植《求通親親表》)

(2)赤也

《左傳·襄公三年》:"赤也可。""赤"指羊舌赤,人名,例如:

> 斯乃赤也所以去魯,孟嘗所以出秦。(蕭統《七契》)

(3)而立

《論語·爲政》:"三十而立,四十而不惑。"後人以"而立"指三十歲,例如:

> 令閣方當而立發,賢夫已近古稀年。(《侯鯖録》卷三)

另外有些割裂成語的例子,雖然沒有用虛詞,如果不知道它們的出處，也就無從知道它們所表達的是什麼。

（1）具瞻

《詩·小雅·節南山》："赫赫師尹，民具爾瞻。"後人因此以"具瞻"指三公宰相的職位，例如：

> 具瞻之範既著，臺衡之望斯集。（《文選》王儉《褚淵碑文序》）

> 在具瞻之地，自有容國；居無事之時，何勞武備？（《唐語林·政事上》）

（2）厥修

《詩·大雅·文王》："無念爾祖，聿修厥德。"後人用"厥修"表示繼承祖父的德行，例如：

> 嗟爾小子，亦克厥修。（《唐語林·文學》）

（3）作伐

《詩·豳風·伐柯》："伐柯如何？匪斧不克。取妻如何？匪媒不得。"後來稱爲人作媒爲"作伐"，例如：

> 適見其婢自外來，云與小娘子作伐。（《睽車志·成忠郎傅霖》）

（4）油雲

《孟子·梁惠王上》："天油然作雲，沛然下雨，則苗浡然興之矣。"後人用"油雲"表示天上聚集的烏雲，例如：

> 曝山椒之畏景，事等焚軀；起天際之油雲，法同剪爪。（《劇談錄》上）

這種從古書中割裂出來的成語，雖然不含虛詞，但它們也和"友于、而立"一樣，兩者都是不合語法的，都是不會爲人民大衆所接受的。

堆砌典故是六朝時代文人的通病。他們寫文章往往一句一典或

一句數典,以炫耀他們的淵博。其實這種文章是表達不出什麼真實的思想感情來的。例如謝惠連《雪賦》開始有這樣幾句話:

> 臣聞雪宮建于東國,雪山峙于西域。岐昌發咏于來思,姬滿申歌于黄竹。曹風以麻衣比色,楚謠以幽蘭儷曲。

(1)雪宮

　　《孟子·梁惠王下》:"齊宣王見孟子于雪宮。"

(2)雪山

　　《漢書·西域傳》:"天山冬夏有雪。"

(3)來思①

　　《詩·小雅·采薇》:"今我來思,雨雪霏霏。"

(4)黄竹

　　《穆天子傳》:"天子游黄臺之丘,大寒北風雨雪,天子作詩三章以哀人夫:'我徂黄竹……'"

(5)麻衣

　　《詩·曹風·蜉蝣》:"麻衣如雪。"

(6)幽蘭

　　宋玉《風賦》:"爲幽蘭白雪之曲。"

　　六句話堆上六個關于雪的典故,究竟表達了什麼思想感情呢? 總之,割裂的成語和堆砌的典故都是嚴重脱離人民的,是漢語文學語言史上的一股逆流。在現代漢語裏,好的成語和典故被繼承了下來,不

---

①　"思"是虚詞,"來思"也是割裂。

好的成語和典故被揚弃了。

　　一方面,成語和典故有時會破壞語法的常規,如上面所説的;但是在另一方面——這是主要的一面,成語和典故又保持着許多古代的語法結構和虚詞,例如"何去何從"是代詞賓語在動詞之前;"唯利是圖"是名詞賓語用代詞"是"字復指,而使動詞處于賓語之後。我們今天説"莫名其妙、自下而上、總而言之、三分之一、豈有此理、出乎意料之外",這是使用現代口語裏基本上已經死亡了的虚詞,它們在固定的上下文中保存着古代語法的殘迹。

　　總而言之,成語和典故對語言發展能起一定的調節作用;特别是在文學語言上,它們能增强語言的全民性。我們對于文言文中富有生動、精煉優點的成語和典故,應該繼承下來。

第八章 鴉片戰争以前漢語的
借詞和譯詞

借詞和譯詞都是受別的語言的影響而産生的新詞。它們所表示的是一些新的概念。當我們把別的語言中的詞連音帶義都接受過來的時候，就把這種詞叫做"借詞"，也就是一般所謂"音譯"；當我們利用漢語原來的構詞方式把別的語言中的詞所代表的概念介紹到漢語中來的時候，就把這種詞叫做"譯詞"，也就是一般所謂"意譯"。有人以爲音譯和意譯都應該稱爲外來語，我們認爲，祇有借詞才是外來語，而譯詞不應該算作外來語。漢語的借詞和譯詞都應該分爲兩種：一種是來自國內各民族的；另一種是來自國外的。

國內各民族語言對漢語詞彙的影響是很自然的。中國歷史上曾經有過種族雜居的情況。在南北朝時代，所謂五胡十六國，就是種族雜居的時代。在那時，漢族語言不可避免地要受到他族語言的影響。北魏孝文帝禁用"胡語"（495 年），可見當時鮮卑語在漢族地區已經相當通行。顔之推在他的《顔氏家訓》裏批評漢族士大夫教子弟學習鮮卑語，以便作官①。那時已是北齊時代，可見北魏禁胡語并没有産生很

① 《顔氏家訓·教子》："齊朝有一士大夫嘗謂吾曰：'我有一兒年已十七，頗曉書疏。教其鮮卑語，及彈琵琶，稍欲通解。以此伏事公卿，無不寵愛。'亦要事也。吾時俯而不答。"

大的效果。雜居的兩族互相學習語言,因而互相影響,這是必然的事。後來元人和滿人先後統治中國,漢語也一定受到過蒙古語和滿語的影響。現在舉"站"和"胡同"爲例:

（1）站

蒙古語"站赤"的簡稱。《元史・兵志》:"元制站赤者,驛傳之譯名也。"《儒林外史》第一回:"王冕一路風餐露宿,九十里大站,七十里小站,一徑來到山東濟南府地方。"

（2）胡同

元人呼街巷爲"胡同"。見明沈榜《宛署雜記》。字本作"衚衕"。《正字通》:"衚衕,街也。"

不僅如此,遠在漢代以前,浙江、福建一帶就不是漢族所居住的地方（所謂"百越"）,等到漢族人到了,也一定有一個種族雜居的時期。至於廣東、廣西等地的語言受他族語言的影響,更是意料中的事①。粵方言的"惗"（[mɛm],細想）、"一嚿"（[jet keu],一塊,一團）等詞可以肯定是從壯語借來的。此外,各地漢語方言裏來歷不明的或無字可表的詞語,都可能是來自他族的語言。不過,因爲它們很早就進入了漢語詞彙裏,已經和漢語水乳交融,不容易考證出來就是了。

在本章裏,我們主要是敘述第二種借詞和譯詞,就是來自國外的借詞和譯詞。

漢語中來自國外的借詞和譯詞又可以大致分爲四類:第一類是來自匈奴、西域的借詞和譯詞;第二類是來自佛教的借詞和譯詞;第三類是來自西洋的借詞和譯詞;第四類是來自日本的借詞。現在我們分別加以敘述。

---

① 參看岑麒祥《從廣東方言中體察語言的交流和發展》,《中國語文》1953 年 4 月號。

一、來自匈奴、西域的借詞和譯詞

（1）琵琶

亦作"枇杷"。《釋名・釋樂器》："枇杷，本出于胡中，馬上所鼓也。"[1]杜甫《咏懷古迹》之三："千載琵琶作胡語，分明怨恨曲中論。"

（2）箜篌

《史記・武帝本紀》："禱祠泰一、后土，始用樂舞，益召歌兒作二十五弦及箜篌瑟，自此起。"《隋書・音樂志》謂箜篌出自西域。

（3）觱篥

亦作"篳篥"。陳暘《樂書》："觱篥，一名悲篥，一名笳管，龜兹之樂也。"杜甫《夜聞觱篥》詩："夜聞觱篥滄江上，衰年側耳情所嚮。"

（4）笳

《説文》無"笳"字。《文選》李陵《答蘇武書》"胡笳互動"，李善注："《説文》作'葭'。"《玉篇》"葭"下引李陵《答蘇武書》"胡葭互動。"謝靈運《九日從宋公戲馬臺集送孔令》詩"鳴葭戾朱宮"，字皆作"葭"。由于"笳"是捲葭葉吹的，所以叫"葭"，也寫作"笳"。《集韻》："笳，胡人捲蘆葉吹之也。"《後漢書・蔡琰傳・悲憤詩》："胡笳動兮邊馬鳴，孤雁歸兮聲嚶嚶。"

（5）酥

《説文》無"酥"字。《玉篇》："酥，酪也。"《韻會》："酥，酪也，牛羊

---

[1] 《太平御覽・樂部》卷二十一引傅玄《琵琶賦序》云："聞之故老云：漢遣烏孫公主，念其行道思慕，使工知音者，載琴箏筑箜篌之屬，作馬上之樂。……以方語目之，故琵琶也，取易傳于外國也。"此説不可靠，當以《釋名》爲是。編者注：文集本注：《宋書・樂志一》引傅玄《琵琶賦》云："漢遣烏孫公主嫁昆彌，念其行道思慕，故使工人裁箏、筑，爲馬上之樂。欲從方俗語，故曰琵琶，取其易傳于外國也。"此説不可靠，當以《釋名》爲是。

乳爲之,牛酥差勝。"《新唐書·地理志》:"慶州順化郡……土貢胡女布、牛酥、麝、蠟。"

(6)酪

《説文新附》:"酪,乳漿也。"《玉篇》:"酪,漿也,乳汁作。"按:酪是匈奴的飲料①。《史記·匈奴列傳》:"(匈奴)得漢食物皆去之,以示不如湩酪之便美也。"

(7)葡萄

本作"蒲陶"。《史記·大宛列傳》:"大宛在匈奴西南,在漢正西,去漢可萬里,其俗土著耕田,田稻麥,有蒲陶酒,多善馬。"又作"蒲桃、葡萄"。王翰《凉州詞》:"蒲桃美酒夜光杯,欲飲琵琶馬上催。"杜甫《寓目》詩:"一縣葡萄熟,秋山苜蓿多。"《通志略》卷二十四:"葡萄,藤生,傳自西域。……張騫使西域,得其種而還,中國始有。"

(8)苜蓿

苜蓿是馬的飼料。《史記·大宛列傳》:"馬嗜苜蓿,漢使取其實來,于是天子始種苜蓿蒲陶肥饒地。"王維《送劉司直赴安西》詩:"苜蓿隨天馬,葡萄逐漢臣。"

(9)安石榴

《博物志》:"張騫使西域還,得安石榴、胡桃、蒲桃。"後來省稱"石榴"。

(10)師子

《漢書·西域傳》:"烏弋地暑熱、莽平,……而有桃拔、師子、犀牛。"後來寫作"獅子"。

(11)玻瓈

---

① 《禮記·禮運》:"以爲醴酪。"鄭注以"酪"爲"酢截",那是醋屬,不是乳酪的"酪"。

《新唐書·西域傳》："（拂菻國）貞觀十七年[①]，王波多力遣使獻赤玻瓈、緑金精。下詔答賚。"字亦作"頗黎"。李商隱《飲席戲贈同舍》詩："唱盡陽關無限疊，半杯松葉凍頗黎。"

（12）靉靆

宋趙希鵠《洞天清禄集》："靉靆，老人不辨細書，以此掩目則明。"《方輿勝略》："滿刺加國出靉靆。"《正字通》："靉靆，眼鏡也。"字亦作"僾逮"。見明張寧《方洲雜言》。

以上所述，都是借詞。此外還有譯詞，一般是在漢語原有的名詞上面加上一個"胡"字，如"胡麻、胡瓜、胡豆（豌豆）、胡桃、胡荽、胡琴"等。不是來自匈奴、西域的也叫"胡"，例如"胡椒"來自摩伽陀國（見《酉陽雜俎》），摩伽陀屬印度[②]。

二、來自佛教的借詞和譯詞

佛教傳入中國，大概在漢武帝征服西域以後。漢明帝八年（65），派蔡愔去西域求佛法。兩年後，蔡愔回來了，同時西域僧人摩騰、竺法蘭用白馬馱經到中國來。這是佛教正式傳入中國的開始。桓帝時，宫中立浮屠，譯佛經，佛教已成了統治階級的信仰。自從東漢摩騰、竺法蘭同譯《四十二章經》，東晉鳩摩羅什翻譯《金剛經》《法華經》《阿彌陀經》，佛馱跋陀翻譯《華嚴經》之後，佛教更盛。一些國君信仰它（北魏宣武帝親講佛書，南朝梁武帝捨身同泰寺），更使佛教信徒滿天下。佛教用語（包括借詞和譯詞）不可避免地要輸入漢語詞彙裏。佛教的借詞和譯詞，要比來自匈奴、西域的借詞和譯詞多得多，因此，佛教對漢

---

① 拂菻國即東羅馬帝國。

② 印度也可以稱爲西域，見下文。

語的影響也就大得多。

我們先從佛教專門用語談起。

（1）禪

梵語“禪那”的簡稱，意譯“思維修”，有静思之意。

（2）偈

梵語“偈陀”的簡稱。“偈”是佛經中的頌詞。《高僧傳·鳩摩羅什》：“從師受經，日誦千偈，偈有三十二字，凡三萬二千言。”

（3）波羅蜜

意爲到彼岸或度，即由此岸（生死岸）度人到達彼岸（涅槃，寂滅）的意思。

（4）涅槃

意爲滅度。謂脱離一切煩惱，進入自由無礙的境界。

（5）圓寂

佛教修行，以涅槃爲最終目的。“涅槃”舊譯“滅度”，新譯“圓寂”。

（6）招提

梵語“拓斗提奢”，意爲四方。後來省稱“拓提”，誤爲“招提”。四方之僧稱招提僧，四方僧的住處稱招提僧房。後來“招提”用作寺院的別稱。杜甫《游龍門奉先寺》詩：“已從招提游，更宿招提境。”

（7）伽藍

梵語“僧伽藍摩”的省稱，意爲衆園或僧院。後來就成爲佛寺的通稱。北魏楊衒之有《洛陽伽藍記》，記述洛陽的寺院。

（8）蘭若

梵語“阿蘭若”的簡稱，意爲僧人所居處。上官儀《酬薛舍人萬年宫晚景寓直懷友》詩：“長嘯披烟霞，高步尋蘭若。”

（9）刹

梵語"刹多羅"的省稱。初指塔。《文選》王簡棲《頭陁寺碑》:"然後遣文間出,列刹相望。"後來指佛寺。《宋史·危積傳》:"漳俗視不葬親爲常,往往棲寄僧刹。"

(10) 比丘

梵語,意爲乞者。佛教稱出家修行的和尚爲比丘。

(11) 沙彌

梵語"室羅末尼羅"的省稱。佛教謂男子出家初受十戒者爲"沙彌"。

(12) 優婆塞

梵語,意譯爲"清信士"。佛教指在家奉佛的男子。

(13) 優婆夷

梵語,意譯爲"清信女"。佛教指在家奉佛的女子。

(14) 般若

梵語,猶言智慧,指脫離妄想,歸于清静。《大智度論》第四十三卷:"般若者,秦言智慧也。一切諸智慧中最爲第一,無上,無比,無等,更無勝者,窮盡到邊。"

(15) 菩提

梵語,舊譯爲"道",新譯爲"覺"。"道"是通的意思,"覺"是覺悟的意思。

(16) 悉曇

亦作"悉檀"。有二義:成就;普遍施捨。後者是半音譯半意譯。"悉"譯普遍,"檀"譯施舍。

(17) 闍黎

亦作"闍梨"。梵語"阿闍梨"的簡稱。意爲規範,指高僧可爲僧衆規範者。元曲《東坡夢》:"你教那首座闍黎怎主婚?"

(18) 摩尼

梵語,意爲寶珠。《抱朴子·廣譬》:"摩尼不宵朗,則無别于磧礫;化鯤不凌霄,則靡殊于桃蟲。"

（19）袈裟

梵語"迦沙曳"的省稱。原意是不正的顏色。

假使祇有像上面所舉的例子,佛教用語對漢語的影響是不大的,因爲那些佛教專門用語祇能通行于通曉佛教經典的少數人中間,不能成爲全民的語言。但是,另外有一些詞的情形就不同了,它們已經進入了全民語言裏,例如:

（1）佛

梵語"佛陀"的簡稱,又叫"浮屠"。《魏書·釋老志》:"浮屠正號曰佛陀。佛陀與浮圖聲相近,皆西方言,其來轉爲二音,華言譯之,則爲净覺。"杜甫《龍門》詩:"氣色皇居近,金銀佛寺開。"

（2）塔

初譯"浮屠、浮圖"（與佛同一譯名）。但梵語爲"窣堵坡"（或譯"率都婆"）,故簡稱爲"塔"。此詞出現較晚,初見于葛洪《字範》。杜甫《贈秘書監江夏李公邕》詩:"龍宫塔廟涌,浩劫浮雲衛。"

（3）菩薩

全名是"菩提薩埵",是大覺有情的意思。《朝野僉載》:"少妙之時,視之如生菩薩。"①

（4）羅漢

"阿羅漢"的簡稱。釋迦牟尼的弟子中稱阿羅漢的有舍利弗等十六人,其後或增加到十八、一百零八乃至五百之數。

（5）和尚

這是印度俗語"烏社、和社"的轉訛。本是親教師的意思。本來道

---

① 編者注:文集本作:《朝野僉載》卷六:"以此論之,去菩薩遠矣。"

行高的才叫"和尚",後來"和尚"變爲"僧"的同義詞。

(6)僧

梵語"僧伽"的簡稱。《大智度論》:"僧伽,秦言'衆'。多比丘一處和合,是名僧伽。"杜甫《大覺高僧蘭若》詩:"一老猶鳴日暮鐘,諸僧尚乞齋時飯。"

(7)尼

梵語"比丘尼"的簡稱,原義是女子出家受具足戒者。《洛陽伽藍記‧胡統寺》:"入道爲尼,遂居此寺。"

(8)閻羅

梵語,鬼王的意思。《隋書‧韓擒虎傳》:"生爲上柱國,死作閻羅王,斯亦足矣。"《宋史‧包拯傳》:"關節不到,有閻羅包老。"

(9)地獄

梵語"泥犁"的意譯。《新唐書‧傅奕傳》:"(奕)上疏極詆浮圖法。……中書令蕭瑀……曰:'地獄正爲是人設矣。'"

如果祇有像上面這些詞,那還不算深入到漢語的血液裏,因爲它們還令人意識到它們是佛教用語。此外還有一種佛教用語,它們深入到漢語的血液裏,令人不能再意識到它們的來源。這樣,它們已經變了質,不能再認爲是佛教用語了。我們試舉幾個例子來看:

(1)世界

現在我們所謂"世界",古人叫做"天下"。"世界"這個名詞是從佛經來的,"世"指時間,"界"指空間。《楞嚴經》卷四:"世爲遷流,界爲方位。汝今當知,東、西、南、北、東南、西南、東北、西北、上、下爲界,過去、現在、未來爲世。"佛家所謂"世界",等于古人所謂"宇宙"。《淮南子‧原道》"紘宇宙而章三光",注:"四方上下曰宇,往古來今曰宙。"後來"世界、宇宙"的意義都變了。"世界"指人間,"宇宙"指太空。岑參《與高適薛據登慈恩寺浮圖》詩:"登臨出世界,磴道盤虛空。”

（2）現在

本作“見在”。《論衡·正説》：“夫《尚書》滅絶于秦，其見在者二十九篇。”這裏的“見在”衹是目前存在的意思。佛教所謂“見在”，則是對“過去、未來”而言。佛家以前生爲“過去”，今生爲“見在”，來生爲“未來”。唐牛僧孺《席上贈劉夢得》詩：“休論世上升沉事，且斗樽前見在身。”後來寫作“現在”。現代漢語的“現在”是目前的意思，不再有佛教的含義了。

（3）過去

“過去”原是佛家語，指前生。唐雍陶《宿大徹禪師故院》詩：“竹房誰繼生前事，松月空懸過去心。”現代漢語的“過去”是從前的意思，不再有佛教的含義了。

（4）未來

佛家語“未來”指來生。《顏氏家訓·歸心篇》：“凡夫蒙蔽，不見未來，故言彼生與今非一體耳。”現代漢語“未來”衹是將來的意思，不再有佛教的含義了。

（5）因果

根據佛教輪迴的説法，善因得善果，惡因得惡果。《涅槃經·憍陳品》：“三世因果，循環不失。”《梁書·范縝傳》：“貴賤雖復殊途，因果竟在何處？”現代漢語“因果”表示原因和結果，不再有佛教的含義了。

（6）因緣

“因緣”原是機會的意思。《史記·田叔列傳》：“（任安）少孤，貧困，爲人將車至長安，留求事，爲小吏，未有因緣也。”後來用爲梵語“尼陀那”的意譯，指産生結果的直接原因及促成這種結果的條件。《四十二章經》卷十三：“沙門問佛，以何因緣，得知宿命，會其至道。”

（7）緣分

命中注定的機遇。宋吕南公《奉答顧言見寄新句》詩："更使襟懷僧市井,足知緣分在雲山。"元張子益《大石調·鷓鴣天》："不念春歸離恨牽,有嘆今生緣分淺。"又:成語"姻緣"表示婚姻的緣分,也是從佛教用語演變而來。

(8)結果

佛家以種樹比喻人的行事。"結果"指人的歸宿。《佛本行論》:"遠因結遠果,近因結近果,善因結善果,惡因結惡果,無量因無量果。"現代漢語以事物的最後結局爲"結果"。

(9)莊嚴

上古時代,"莊、嚴"二字不連用。"莊嚴"是佛教用語。《阿彌陀經》:"功德莊嚴。"《華嚴探玄記》:"莊嚴有二義:一是具德義,二是交飾義。"《五燈會元》:"比丘語眷屬離佛不莊嚴,猶如虛空中,衆星之無月。"現代漢語"莊嚴"表示莊重而嚴肅。

(10)法寶

佛教以佛、法、僧爲三寶。法寶是三寶之一。《維摩經·佛國品》:"法寶普照,而雨甘露,……集衆法寶,如海導師。"後來"法寶"指和尚所用的鉢盂、錫杖等物。《傳燈録》:"五祖夜召盧行者,告曰:'今以法寶及所傳袈裟付于汝'。"[1]在道教神話中,指能制伏或殺傷妖魔的寶物。

(11)魔鬼

佛教傳入中國以前,漢語没有"魔"字。"魔"是梵語"魔羅"的簡稱,其義爲障害、破壞等。梁昭明太子《同泰僧正講》詩："能令梵志遣,亦使群魔驚。"

(12)懺悔

―――――――――――

[1]　編者注:文集本作:《五燈會元》卷一:"以法寶及所傳袈裟用付于汝。"

佛教語。梵語"懺摩"是悔過的意思。《法苑珠林·懺悔篇》："積罪尤多,今既覺悟,盡誠懺悔。"僧人爲人祈禱懺悔的儀式也叫"懺悔"。

（13）圓滿

佛教稱懺悔事畢爲"圓滿"。《天台四教儀》上："現圓滿報身,爲鈍根菩薩衆。"現在我們説事情完滿結束爲"圓滿"。

（14）慈悲

"慈、悲"二字連用,也是佛教語,是慈愛和悲憫的意思。王維《燕子龕禪師》詩："救世多慈悲,即心無行作。"

（15）刹那

梵語,意爲一念之間,指極短的時間。白居易《和夢游春》詩："愁恨僧祇長,歡榮刹那促。"

（16）鉢

梵語"鉢多羅"的省稱,原是僧人的食具。

此外,佛教用語還有許多。例如"功德無量、五體投地",整個成語都是佛教用語。

由上面所舉的例子看來,佛教用語對漢語詞彙的影響是巨大的。個別佛教用語在某些方言裏影響特別大,例如"世界"一詞在粵方言裏用途特別廣,有:好世界(生活好)、撈世界(謀生)、嘆世界(享福)、傾世界(談生活)。"世界"簡直是生活的意思了。又,粵方言"傾偈"(kìng-gāi,閒談,聊天)的"偈",我懷疑也是從佛教用語來的。粵方言還有成語"前世冇修",原意是前生沒有修行,今生受到報應。後來拆開來用,"前世"變了埋怨的感嘆詞,"冇修"表示毫無辦法("搞到佢冇修"),也表示狼狽不堪("整到佢冇修")。吳方言有"作孽"一詞。

"作孽"原是佛教用語①,表示做壞事(將來要受到報應)。但是,在吴語裏,"作孽"另有可憐的意思。

從上面佛教用語的具體事例看來,意譯比音譯更爲普遍應用,而且更能影響語言的發展。像"世界、現在、過去、因果、結果、莊嚴、法寶"等,都已經和漢語原有的詞彙融爲一體。這一個意譯的優良傳統,直到現代都没有改變。這是漢語在外語影響下産生新詞的特點。

三、來自西洋的借詞和譯詞

明清之際,我國開始了同歐洲的交通,西洋的傳教士和商人陸續來到了中國。他們從光輝的中國文化中吸取了許多好東西,同時他們也把歐洲的文化介紹到中國來。這種文化交流自然要影響到語言,因此,近代漢語裏也就出現了一些來自西洋的借詞和譯詞。

(1)鴉片

《本草綱目》穀部"阿芙蓉"下云:阿芙蓉,一名阿片,"俗作鴉片……是罌粟花之津液也。""鴉片"是英語 opium 的音譯。

(2)火輪舟

《海國圖志》卷二②:"有能造西洋戰艦火輪舟……者,爲科甲出身。""火輪舟"在同書中也叫"火輪船"。現在省稱"輪船"。

(3)火輪車

《海國圖志》卷八十三:"且火機所施不獨舟也,又有火輪車。車旁插鐵管煮水壓蒸動輪,其後竪縛數十車,皆火車拉動,每小時走四十

---

① 《書·太甲中》:"天作孽,猶可違;自作孽,不可逭。"那是造成災害的意思,與佛教用語不同。

② 《海國圖志》,清人魏源撰。全書一百卷,前六十卷成于 1842 年(道光二十二年),後四十卷成于 1852 年(咸豐二年)。但這些新名詞大概在《海國圖志》以前就有的。

餘里。"火輪車就是火車。當時"火車"這個詞也出現了,那祗是指火車頭。後來才指整個列車。

(4)鐵轍

《海國圖志》卷八十三:"欲施此車(指火輪車),先平其險路,鋪以鐵轍。"鐵轍就是鐵軌。

(5)轍路

《海國圖志》卷八十三:"道光十年,英吉利國都兩大城間造轍路九十餘里,費銀四百萬圓。""轍路"就是"鐵路"。"鐵路"這個名稱也在同書中出現了。《海國圖志》卷八十三:"西洋貿易不但航海,即其在本國水陸運載,亦力求易簡輕便之術:一曰運渠,一曰鐵路。"

(6)公司

《海國圖志》卷二:"公司者,數十商輳資營運,出則通力合作,歸則計本均分,其局大而聯。"

(7)銀館

《海國圖志》卷八十三:"銀館者,如中國之銀店,收銀代爲生息;但彼則國王自設之,或寄存銀,或支借,或出票。荷蘭國銀館始于萬曆三十七年。""銀館"就是銀行。

此外,我們在《海國圖志》裏還看見"量天尺、千里鏡、自來火、千斤秤、螺絲釘、嗶嘰"以及"赤道、冷帶、温帶、熱帶、地球"等新詞,這些新詞有的是實物的名稱,有的是有關地理知識的名稱,都是漢語裏原來没有的。這些詞到了後來雖然有的改變了名稱,如"量天尺"改爲"寒暑表"、"千里鏡"改爲"望遠鏡"、"自來火"改爲"火柴"(但是吳方言至今還叫"自來火")、"千斤秤"改爲"起重機"、"冷帶"改爲"寒帶",但是它們的含義并没有什麽改變。

第九章　鴉片戰争以後漢語的借詞和譯詞

鴉片战争(1840～1843)以後,中國社會起了急劇的變化。隨着資本主義的萌芽,社會要求語言用工作上需要的新詞語來充實它的詞彙。開明人士紛紛介紹西洋的哲學、社會科學和自然科學,因此,西方哲學、社會科學和自然科學的名詞術語大量傳入中國。

現代漢語新詞的產生,比任何時期都多得多。佛教詞彙的輸入中國,在歷史上算是一件大事,但是比起西洋詞彙的輸入,那就要差千百倍。

從鴉片戰争到戊戌變法(1898),新詞的產生是有限的。從戊戌變法到五四運動(1919),新詞產生得比較快。五四運動以後,一方面把已經通行的新詞鞏固下來,另一方面還不斷地創造新詞,以適應不斷增長的文化需要。現在在一篇政治論文或學術論文裏,新詞往往達到百分之七十以上。從詞彙的角度看,最近六十多年來漢語發展的速度超過以前的幾千年。

漢語通過三個渠道吸收西洋的詞彙:第一是音譯;第二是儘量利用意譯;第三是儘量借用日本的譯名。現在分別加以叙述。

一、音　譯

（一）用具

　（1）沙發：英 sofa　　　　　（2）撲克：英 poker

　（3）坦克：英 tank　　　　　（4）胎①：英 tyre

　（5）馬達：英 motor

（二）食品

　（1）咖啡：法 café　　　　　（2）可可：英 cocoa

　（3）布丁：英 pudding　　　　（4）沙拉：法 salade

　（5）三明治：英 sandwich

（三）度量衡

　（1）米（米突）：法 mètre　　　（2）克（克蘭姆）：法 gramme

　（3）磅：英 pound　　　　　（4）吨：英 ton

　（5）盎斯：英 ounce　　　　　（6）夸脱：英 quart

　（7）加侖：英 gallon　　　　（8）蒲式耳：英 bushel

　（9）普特：俄 пуд　　　　　（10）卡路里：法 calorie

　（11）打：英 dozen　　　　　（12）令：英 ream

　（13）安培：法 ampère　　　　（14）庫侖：英 coulomb

　（15）法拉：英 farad　　　　（16）伏特：英 volt

　（17）歐姆：英 ohm　　　　　（18）瓦特：英 watt

（四）幣制

　（1）鎊：英 pound　　　　　（2）先令：英 shilling

　（3）便士：英 pence　　　　　（4）法郎：法 franc

---

① 　輪胎的“胎”是英語 tyre 的音譯，《新華字典》解作“器的粗坯或襯在内部的東西”，誤。

(5)生丁：法 centime　　　　(6)盧布：俄 рубь

(7)里拉：意 lira　　　　　(8)盧比：英 rupee

(五)化學元素

(1)鋁：拉 aluminum　　　(2)鈣：拉 calcium

(3)銥：拉 iridium　　　　(4)鉀：拉 kalium

(5)鎂：拉 magnesium　　　(6)鈉：拉 natrium

(7)鎳：拉 niccolum　　　(8)鐳：拉 radium

(9)銻：拉 stibium　　　　(10)鎢：拉 wolfram

(11)鋅：拉 zincum

(六)其他

(1)蘇維埃：俄 совет　　　(2)托拉斯：英 trust

(3)狄克推多：英 dictator　(4)模特兒：英 model

(5)嗶嘰：法 beige　　　　(6)奎寧：英 quinine

(7)撒旦：希伯來 sātān　　(8)卡特爾：法 cartel

(9)蘇打：英 soda　　　　(10)邏輯：英 logic

(11)雷達：英 radar

此外還有一種音譯加類名的借詞。例如：

(1)卡車：英 car　　　　　(2)卡片：英 card

(3)卡賓槍：英 carbine　　(4)沙丁魚：法 sardine

(5)巧克力糖：英 chocolate　(6)法蘭絨：英 flannel

(7)金鷄納霜：西 quinquina①(8)啤酒：英 bear

(9)香檳酒：法 champagne

還有音譯兼意譯的。例如：

冰激凌：英 ice cream。

————————

① "金鷄納霜"即"奎寧"。

還有一種影射譯，看起來有意義，其實是音譯。例如：

（1）拖拉機：俄 трактор

（2）蓋世太保：德 Gestapo

二、儘量利用意譯

現代漢語裏的新詞，雖然大多數是在西洋語言的影响下産生的，但是這些詞大部分不能認爲是借詞。舉例來説，俄語借用英語的 tramway，就是把原詞直接吸收到俄語裏去，雖然改用俄語的字母，寫成 трамвай，但是它的讀音和英語原音是差不多的。這種情形是我們所謂音譯。在語言學上，所謂借詞，也就是這種音譯。在現代漢語裏，這種音譯的情形很少。上節所舉音譯的例子似乎不算少，其實那些都是特殊情況。化學元素不能意譯，度量衡和幣制也難翻譯。然而英語 mile 我們譯爲“英里”，foot 我們譯爲“英尺”，inch 我們譯爲“英寸”，dollar 我們譯爲“美元”，也還是意譯。有些外來語，起初曾用音譯，後來改爲意譯。例如英語 telephone 最初譯爲“德律風”，後來改爲“電話”；英語 radio 最初譯爲“雷電革”，後來改爲“無線電”；英語 engine 最初譯爲“引擎”，後來改爲“發動机”。

意譯的例子，“電話”之外，還有“電車、電影”和“電視”。“電車”是用電的車，“電影”是用電的影戲（影戲即皮影戲），“電視”是用無線電傳播的①。這樣翻譯，既準確，又好懂。又如“肥皂”這個詞也譯得很好。舊時我們用皂莢洗衣裳，肥皂是用油脂和氫氧化鈉製成，所以叫做“肥皂”。

意譯不算借詞，但是，有一種特殊的意譯是近似借詞的，那就是所

---

① “視”字翻譯 television 中的 vision。

謂"摹借"（calque）。"摹借"是把外語中的一個詞,用同樣的構成方式搬到自己的語言中來。這個詞往往有兩個以上的構成部分。摹借的時候就按照這些構成部分進行意譯,然後合并成詞。這是一種仿造。例如俄語摹借拉丁語"主語"這個詞,拉丁原文是 subjectum,譯成俄語是 подлежащее（sub 和 под 是在下的意思,ject 和 лежатъ 是放置的意思）。又如俄語摹借拉丁語"感嘆詞"這個詞,拉丁原文是 interjectio,譯成俄語是 междометие（inter 和 между 是在中間的意思,ject 和 метатъ 是投擲的意思）。漢語"鐵路"就是一個摹借詞。在英語 railway 裏面,rail 是鐵條,way 是路。法語"鐵路"叫做 chemin de fer,chemin 是路,fer 是鐵,就更顯得是摹借了。"機關槍"也是一個摹借詞。在英語 machinegun 這個複合詞裏,machine 是機關（機器）,gun 是槍。我們能知道某一個摹借詞是從哪一種語言摹借過來的。就拿"機關槍"來説,法語叫做 mitrailleuse,俄語叫做 пулетёт,由此可見漢語"機關槍"不會是从法語或俄語摹借來的。德語的"機關槍"叫做 maschinengewehr,和英語 machinegun 的構詞法相同,因此我們知道,漢語"機關槍"這個詞若不是從英語來的,就是從德語來的。如果在同一語言裏有兩個詞是同義詞,其中一個是包含兩個成分而適宜于摹借的,我們就選中了這個詞加以摹借。例如在英語裏 radio 和 wireless 是同義詞,我們就選中了 wireless,摹借爲"無線電"。

　　既然漢語在接受外語影響的時候是儘量利用意譯來進行的,漢語裏的摹借詞也就比别的語言多些。讓我們舉兩個典型的例子來看:英語 football 傳到法語裏原封不動,仍舊是 football;傳到俄語裏改寫成 Футбол,也衹不過是音譯。而漢語却用摹借法把它吸收進來,以"足"對"foot",以"球"對 ball,,譯成"足球"。英語 cocktail 傳到法語裏原封不動,傳到俄語裏寫作 коктéйль,也衹不過是音譯。而漢語却用摹借法把它吸收進來,以"鷄"對 cock,以"尾"對 tail,譯成"鷄尾酒"。

三、儘量借用日本的譯音

　　現代漢語中的意譯詞語,大多數不是中國人自己創譯的,而是采用日本人的原譯①。換句話説,現代漢語吸收西洋詞語是通過日本語來吸收的。上節説過,在鴉片戰爭以前,由于海外交通,漢語已經吸收了一些西洋的詞語,如"量天尺、轍路、銀館"等。早期的啓蒙人物如嚴復等也曾經企圖自創譯名,但是這些譯名競争不過日本譯名。這是由于這些譯名不够通俗,同時由于日本明治維新給中國的政治影響。中國早期的留學生以留學日本爲多,他們很自然地把日本譯名搬到中國來。其次,當時中國爲西洋語言(主要是英語)編寫詞典的人們由于貪圖便利,就照抄了日本人所編寫的西洋語言詞典的譯名。

　　在這種情況下,我們不應該認爲是漢語向日本語"借"詞。這些詞并不是日本語所固有的,它不過是向西洋吸收過來的。就一般説,日本固有的詞漢語很少向它借②,因爲祇有新概念才需要新詞,而新概念并不是日本固有的詞所能表示的。日本人創造了一些新詞來表達從西洋傳來的新概念,我們祇不過是利用日本現成的翻譯,省得另起爐竈罷了。

　　爲什麽漢語和日本語可以共用一種譯名呢? 因爲日本人翻譯西洋的名詞術語就是用漢字翻譯的。漢語對日本語有巨大的影響(見下章),漢字可以被用來構成日語新詞。

　　來自日本的西洋譯名,大致可以分爲兩種情況:第一種是利用古

---

① 　現代漢語借用日本的譯名,也有一些是音譯如"瓦斯、浪漫"等。不過這種音譯的詞很少,所以這裏撇開不談。
② 　少數自日本得來的詞見下文。

代漢語原有的詞語,而給予新的涵義;第二種是用兩個漢字構成雙音詞,這些雙音詞按照漢語原義是講得通的(此類最多)。現在分別叙述如下:

(一)利用古代漢語原有的詞語,而給以新的涵義。如果中國人先譯,可能也是這樣譯的。但實際上是日本人先譯,中國人也就照抄了,例如:

革命 《周易·革卦》:"湯武革命,順乎天而應乎人。""革命"本來是變革天命的意思,拿來譯英語的 revolution。

教育 《孟子·盡心上》:"得天下英才而教育之,三樂也。""教育"原是教誨培育的意思,拿來譯英語的 education。

文學 《論語·先進》:"文學,子游,子夏。""文學"本是文章博學的意思,所以《世説新語》把經學家鄭玄、服虔、何晏、王弼等人都歸入文學一類。拿來譯英語的 literature。

藝術 《後漢書·安帝紀》:"詔謁者劉珍及五經博士校定東觀五經諸子傳記百家藝術,整齊脱誤,是正文字。""藝術"本是六藝技術的意思,拿來譯英語的 art。

文化 《説苑》:"凡武之興,爲不服也。文化不改,然後加誅。"束皙《補亡詩》:"文化内輯,武功外悠。"王融《曲水詩序》:"敷文化以柔遠。""文化"本來是文德教化的意思,所以和武功是對立的。拿來譯英語的 culture。

文明 《書·舜典》:"濬哲文明,温恭永塞。"《易·大有卦》:"其德剛健而文明。"又《乾卦·文言》:"天下文明。""文明"本是文采光明的意思,拿來譯英語的 civilization。

封建 古代帝王把爵位、土地賜給諸侯,在一定的疆域内建立邦國,叫做"封建"。《左傳·僖公二十四年》:"昔周公吊二叔之不咸,故封建親戚,以蕃屏周。"《史記·三王世家》:"高皇帝撥亂世反諸正,昭至德,定海内,封建諸侯,爵位二等。"拿來譯英語的 feudal。

機械　《莊子·天地》:"有機械者必有機事。""機械"原指桔橰之類,拿來譯英語的 machine 和 machanical。

機會　《抱朴子·交際》:"世俗之人,交不論志,逐名趨勢,熱來冷,……或事便則先取而不讓,值機會則賣彼以安此。""機會"原是時機和際遇的意思,拿來譯英語的 opportunity。

惟一　《書·大禹謨》:"惟精惟一,允執厥中。""惟"字本是詞頭,"一"是專一的意思。後來拿"惟一"譯英語的 unique。

演説　《書·洪範》疏:"下文更將此九類而演説之。"《長阿含經》卷十:"隨汝所問,我當爲汝一一演説。""演説"原是引申闡述的意思,拿來譯英語的 take a speech。

同志　《國語·晉語》:"同姓則同德,同德則同心,同心則同志。"《後漢書·卓茂傳》:"六人同志,不仕王莽。""同志"原是志向相同的意思,拿來譯英語的 comrade。

精神　《莊子·天道》:"水静猶明,而況精神!"《淮南子·精神》注:"精者神之氣,神者人之守也。""精神"本是并列結構,拿來譯英語的 spirit。

具體　《孟子·公孫丑上》:"冉牛、閔子、顔淵則具體而微。""具體"本來是具有全體的意思,拿來譯英語的 concrete。

專制　《韓非子·亡徵》:"出軍命將太重,邊地任守太尊,專制擅命,徑爲而無所請者可亡也。"《史記·穰侯列傳》:"范雎言宣太后專制,穰侯擅權于諸侯。""專制"本是獨斷獨行的意思,拿來譯英語的 autocracy。

社會　古時社日,群衆集會,叫做"社會"。《東京夢華録·秋社》:"八月秋社,……市學先生歛諸生錢作社會。"拿來譯英語的 society。

勞動　《莊子·讓王》:"春耕種,形足以勞動。"《後漢書·華佗傳》:"人體欲得勞動,但不當使極耳。""勞動"本是操作活動的意思,拿來譯英語的 work。

環境　《元史·余闕傳》:"乃集有司與諸將議屯田戰守計,環境築堡寨,選精甲外扞,而耕稼于中。"環境"本是環繞全境的意思,拿來譯英語 circumstance。

保險　《隋書·劉元進傳》:"其餘黨往往保險爲盜。"權德輿《岐公遺愛碑》:"朱崖黎民,保險三代。""保險"本來是保據險要之地的意思,拿來譯英語的 insurance。

經濟　原是經國濟民的意思。《晉書·殷浩傳》:"足下沈識淹長,思綜通練,起而明之,足以經濟。"李白《贈別舍人弟臺卿之江南》詩:"令弟經濟士,謫居我何傷?"拿來譯英語的 economy。

意味　程頤《伊川先生語》卷五:"讀書愈久,但覺意味深長。""意味"本是意境、趣味的意思,拿來譯英語的 signify、mean。

(二)利用兩個漢字構成按照漢語原義講得通的新詞。在這種情況下,如果中國人先譯,很可能不是這個樣子。但是,日本人先譯了,中國人看看也還順眼,也就用開了。漢字是我們自己的東西,現代青年人很少知道它們是來自西洋,途經日本的詞語了。例如:

(1)名詞

哲學:philosophy　　　科學:science

物理學①:physics　　　化學:chemistry

企業:enterprise　　　歷史:history

體操:gymnastics　　　動員:mobilization

---

① "物理"一詞是古漢語常見的。例如杜甫《曲江》詩:"細推物理須行樂,何用浮名絆此身。"但是"物理學"一詞則是新詞。

政策：policy

系統：system

政黨：party[①]

警察：police

獨裁：dictatorship

反應：reaction

行爲：action

效果：effect

單位：unit

關係：relation

物質：matter

成分：element

動議：motion

條件：condition

動機：motive

趨勢：trend

意識：consciousness

概念：concept

觀念：idea

直覺：intuition

命題：proposition

對象：object

目的：purpose

主義：doctrine

定義：definition

原則：principle

代表：representative

出版：publication

進化：evolution

進步：progress

前提：premise

綜合：synthesis

歸納：induction

演繹：deduction

意圖：intention

背景：background

現象：phenomenon

現實：actuality

情報：information

象徵：symbol

同情：sympathy

內容：content

（2）形容詞

絕對：absolute

抽象：abstract

肯定：affirmative

否定：negative

---

① 這是 political party 的簡稱。

積極：positive　　　消極：negative

主觀：subjective　　客觀：objective

直接：direct　　　　間接：indirect

（3）動詞

歡迎：welcome　　　研究：study

執行：execute　　　履行：perform

參觀：visit　　　　展覽：exhibit

改良、改善：improve　解放：liberate

批評、批判：criticize　概括：generalize

調整：adjust　　　制約：condition

以上各詞，大多數是早就在中國通行了的，有的甚至早到辛亥革命以前，如"革命"見于孫中山1904年《敬告同鄉書》，"專制、内容"見于孫中山1894年《倫敦被難記》；但也有的是晚近才采用的，例如"調整"一詞，似乎在抗日戰爭時期才普遍應用；又如"制約"一詞，似乎在解放後才見使用。

相配對的兩個詞可能分屬于兩種情況：有現成的詞語就借用，没有就創造。例如"精神"是熟語，"物質"是創造；"具體"是熟語，"抽象"是創造；"相對"（《世説新語·言語》"何故作楚囚相對"）是熟語，"絶對"是創造。

以上所述，第一類的詞（如"革命"）是最容易被接受的，因爲它們本來是漢語裏的熟語，爲什麼不能更多地采用這一類的詞呢？那是因爲合用的熟語也不多的。

第二類的新詞還可以細分爲兩類：第一類是和漢字本來意義比較接近的，例如"歷史、政策、政黨、獨裁"等。這些詞是可以按照漢字的本來意義推知大意的。第二類是和漢字本來意義相差頗遠的，例如"前提、企業、絶對、抽象"等。我們需要追溯這些詞的來源，然後能了解它們爲什麼被譯成這個樣子。“前提”是一個摹借詞,來自拉丁語pre(前),misus(派遣);“企業”是一種双關語,因爲 enterprise 同時有企圖或計劃的意思。“絕對”是絕無相對的意思。absolute 原義是獨立,獨立也就是没有對立的東西。“抽象”是和“具體”對立的。英語abstract 來自拉丁語 trahere(抽、拉),加上詞頭 abs,意思是説:從具體的東西抽出來的。那麼,爲什麼不叫做“抽體”而叫做“抽象”呢? 這是因爲日本人本來把 concrete 譯爲“具象”,所以把 abstract 譯爲“抽象”了。

　　有些譯名是經過幾次更改的,例如英語 logic 這一個詞,最初嚴復譯爲“名學”(中國古代所謂“名家”是研究邏輯的),人們没有采用嚴復的譯名,而采用日本的譯名,叫做“論理學”。也有人譯作“理則學”,現在一般采用音譯,叫做“邏輯”。又如 definition 這一個詞,嚴復譯爲“界説”,後來大家采用日譯的“定義”。soda 曾用日譯的“曹達”,現在改用中譯的“蘇打”。“苛性曹達”則改爲“苛性鈉”。某些譯名的更動還有政治的原因,例如 dictator 最初譯爲“狄克推多”,後來改從日譯爲“獨裁者”,dictatorship 則簡單譯爲“獨裁”。但是對于 dictatorship of proletariat 則譯爲“無産階級專政”。

　　此外也有一些來自西洋的新概念是用中國人自己創造的名稱來表示的,和日本譯名并不相同,例如:

　　　　president:日譯“大統領”,漢譯“大總統”,後來省稱爲總統①

　　　　film、movie:日譯“映畫”,漢譯“電影”

　　　　soap:日譯“石碱”,漢譯“肥皂”

　　　　postoffice:日譯“郵便局”,漢譯“郵政局”

---

①　“總統”原是總攬、總管的意思。《漢書·百官公卿表》:“太師、太傅、太保是爲三公,蓋參天子坐而議政,無不總統。”

postagestamp：日譯"郵便切手"，漢譯"郵票"

engineer：日譯"技師"，漢譯"工程師"

automobile：日譯"自動車"①，漢譯"汽車"

bicycle：日譯"自轉車"，漢譯"自行車"

steamship：日譯"汽船"，漢譯"輪船"②

cooperative society：日譯"組合"，漢譯"合作社"

＊　　　＊　　　＊

　　以上所述，是來自西洋的借詞和譯詞。此外，還有來自日本的借詞，例如：

　　場合　一定的時間、地點、情況叫做"場合"。

　　手續　"手續"是程序的意思。一件事（特別是公事）必須通過的格式和次序，叫做"手續"。

　　取締　"取締"本是管理、監守的意思，借到漢語來，逐漸變爲限制、禁止的意思。

　　出勤　"出勤"是上班的意思。

　　見習　有了專業知識，初到工作崗位叫做"見習"。

　　引渡　甲國的犯人逃到乙國，乙國應甲國的請求，把犯人拘捕交給甲國，叫做"引渡"。

　　寫生　描寫當前的景物，叫做"寫生"。

　　嚴格地說，這些不是借詞，而是譯詞。因爲没有借用日語原來的讀音，祇是借用日語中的漢字而已。

＊　　　＊　　　＊

　　現代漢語新詞的大量增加，使漢語大大地豐富了它的詞彙，而且

---

①　automobile 按語源是自動的意思，這是摹借。

②　漢語小輪船或汽艇也叫"汽船"。

使它的詞彙走向完善的境地。我們説豐富了，是因爲産生了大量新詞以後，任何複雜的和高深的思想都可以用漢語來表達；我們説完善了，是因爲詞彙國際化，每一個新詞都有了國際上的共同定義，這樣就能使它的意義明確嚴密，而且非常鞏固。

漢語詞彙的國際化，對國際文化交流是非常有利的。在差不多所有的哲學名詞、科學名詞和文化用語上，全世界所表示的概念的内涵和外延都是一致的，這樣就避免了許多誤解和曲解，使我們和全世界人民能達到思想交流的目的而無所阻礙。

漢語大量地吸收外語的詞彙，對漢語的本質毫無損害。語言的本質是語法構造和基本詞彙。而語法構造和基本詞彙是具有不可滲透性的。基本詞彙保存了，一般詞彙大大地擴張了，漢語的發展就是這樣正常而健康的。

第十章　漢語對日語的影響

漢語對日語的影響是很大的。漢光武帝建武中元二年(57)，倭國遣使入貢，這是日本和我國交往的開始。自此以後，漢字就傳入了日本。據歷史記載，百濟王仁率織工并携《論語》《千字文》于晉武帝太康六年(285)到了日本①。可見至少在 3 世紀，日本已經有漢字流傳了。

據一般説法，日本漢字的讀音共有三種：最早傳入日本的叫做"吳音"，後來傳入的叫做"漢音"，最後傳入的叫做"唐音"，例如"京"字在"東京"tō kyō 一詞中讀吳音 kyō，在"京師"kei shi 一詞讀漢音 kei，在"北京"pe kin 一詞中讀唐音 kin。在日本漢字音讀中，漢音占大多數，吳音次之，唐音少見。此外，還有一種習慣音讀②，它既不是吳音，也不是漢音，例如"該"字，吳音、漢音都讀 kai，唯有習慣上則讀 gai。

日本漢字又有音讀和訓讀的區別。音讀即上述的讀音，也就是借詞；訓讀則但取其義，不取其音，例如"父"字讀 chi chi，"母"字讀 ha ha。

下面叙述日本漢字的音系，并加以討論。

---

① 相傳《千字文》爲梁周興嗣所作，但《梁書》和《南史》都以爲王羲之寫《千字文》，可見《千字文》不止一種，而且起源較早。
② 在藤堂明保主編的《漢和大字典》中，漢字的習慣音讀都以"慣"字爲記。

一、聲　母

（一）牙音

（1）見母 k , g（少）

歌カ ka①	加カ ka	幾キ ki	鷄ケイ kei
居キョ kyo	高コウ kō②	九キュウ kyū	公コウ kō
亘コウ kō	光コウ kō	江コウ kō	經ケイ kei
巾キン kin	間カン kan	金キン kin	甘カン kan
該ガイ gai（慣）	蓋ガイ gai（慣）	剛ゴウ gō（慣）	軍グン gun

（2）溪母 k , g（少）

可カ ka	誇コ ko（慣）	器キ ki	開カイ kai
去キョ kyo	考コウ kō	丘キュウ kyū	空クウ kū（吳）
肯コウ kō	康コウ kō	腔コウ kō	輕ケイ kei
懇コン kon	看カン kan	衾キン kin	勘カン kan
欺ギ gi（慣）			

（3）群母 k , g（少）

祈キ ki	騎キ ki	其キ ki	巨キョ kyo
懼ク ku	喬キョウ kyō	求キュウ kyū	窮キュウ kyū
强キョウ kyō	近キン kin	虔ケン ken	琴キン kin
狂キョウ kyō	舊キュウ kyū	儉ケン ken	勤キン kin
群グン gun（吳）	郡グン gun（吳）		

（4）疑母 g , k（少）

---

① 羅馬字注音用黑本式。
② 字母上加一横表示長音。

蛾ガga　　　　牙ガga　　　　疑ギgi　　　　涯ガイgai

語ゴgo(吳)　　傲ゴウgō　　　牛ギュウgyū　偶グウgū(慣)

凝ギョウgyō　仰ギョウgyō　迎ゲイgei　　　眼ガンgan

玩ガンgan　　銀ギンgin　　　吟ギンgin　　　嚴ゲンgen

詣ケイkei(慣)　研ケンken(慣)　硬コウkō(慣)　昂コウkō(慣)

（二）喉音

(5)曉母 k,g(少)

火カka　　　　花カka　　　　希キki　　　　海カイkai

虛キョkyo　　好コウkō　　　休キュウkyū　兄ケイkei

興コウkō(吳)　鄉キョウkyō　亨キョウkyō(吳)　馨ケイkei

欣キンkin　　昏コンkon　　　勸カンkan　　　險ケンken

曉ギョウgyō(慣)　轟ゴウgō(慣)　戲ギgi(慣)

(6)匣母 k,g,w(少)

何カka　　　　華カka　　　　奚ケイkei　　　回カイkai

胡コko　　　　紅コウkō　　　恒コウkō　　　行コウkō

項コウkō　　形ケイkei　　　效コウkō　　　痕コンkon

賢ケンken　　還カンkan　　　咸カンkan　　　嫌ケンken

害ガイgai(吳)　豪ゴウgō(吳)　護ゴgo(吳)　號ゴウgō(吳)

含ガンgan(慣)　和ワwa(吳)　話ワwa(唐)

(7)影母○

阿アa　　　　亞アa　　　　衣イi　　　　哀アイai

於オo　　　　奧オウō　　　幼ヨウyō　　　翁オウō

應オウō(吳)　央オウō(吳)　英エイei　　　映エイei

因インin　　　烟エンen　　　音オンon(吳)　諳アンan

(8)喻母(三、四等)○

違イi　　　　夷イi　　　　惟イi　　　　餘ヨyo

楡ユyu	遥ヨウyō	友ユウyū	勇ユウyū
蠅ヨウyō	陽ヨウyō	養ヨウyō	盈エイei
引インin	延エンen	淫インin	炎エンen

（三）舌頭音

（9）端母 t, ch（少）

多タta	堆タイtai	帶タイtai	帝テイtei
都トto	刀トウtō	斗トto（慣）	東トウtō
登トウtō	當トウtō	丁テイtei	敦トンton
旦タンtan	端タンtan	擔タンtan	點テンten
頂チョウchō（呉）	刁チョウchō		

（10）透母 t, d（少）, ch（少）, ts（少）

他タta	胎タイtai	泰タイtai	體タイtai（呉）
吐トto	討トウtō	退タイtai	湯トウtō
嘆タンtan	天テンten	添テンten	太タイtai
妥ダda（慣）	土ドdo（慣）	呑ドンdon（慣）	貪ドンdon（慣）
挑チョウchō	偸チュウchū（慣）	聽チョウchō（呉）	
通ツウtsū（呉）	痛ツウtsū（呉）		

（11）定母 t, d, ch（少）

待タイtai	徒トto	陶トウtō	頭トウtō
唐トウtō	亭テイtei	騰トウtō	定テイtei
屯トンton	甜テンten	駝ダda（呉）	臺ダイdai（呉）
題ダイdai（呉）	第ダイdai（呉）	道ドウdō（呉）	動ドウdō（呉）
田デンden（呉）	檀ダンdan（呉）	電デンden（呉）	團ダンdan（呉）
段ダンdan（呉）	談ダンdan（呉）	地チchi	調チョウchō

（12）泥母 d, n, t（少）

奈ダイdai	乃ダイdai	奴ドdo	暖ダンdan

男ダン dan　　那ナ na　　悩ノウ nō(吳)　農ノウ nō(吳)

能ノウ nō(吳)　寧ネイ nei(吳)　難ナン nan(吳)　年ネン nen(吳)

念ネン nen(吳)耐タイ tai(慣)

（四）半舌音

（13）來母 r

羅ラ ra　　　梨リ ri　　　　裏リ ri　　　　來ライ rai

魯ロ ro　　　勞ロウ rō　　　流リュウ ryū　龍リュウ ryū

陵リョウ ryō　郎ロウ rō　　　良リョウ ryō　靈レン ren

論ロン ron　　亂ラン ran　　　林リン rin　　藍ラン ran

（五）舌上音

（14）知母 ch,t

知チ chi　　　致チ chi　　　置チ chi　　　豬チョ cho

誅チュウ chū　朝チョウ chō　中チュウ chū　徵チョウ chō

張チョウ chō　珍チン chin　　肘チュウ chū　展テン ten

轉テン ten　　貞テイ tei

（15）徹母 ch,t(少)

癡チ chi　　　超チョウ chō　抽チュウ chū　衝チュウ chū

寵チョウ chō　暢チョウ chō　椿チン chin(慣)逞テイ tei

（16）澄母 ch,t,d(少),j,ts(少)

茶チャ cha(慣)　遲チ chi　　　池チ chi　　　雉チ chi

治チ chi　　　潮チョウ chō　兆チョウ chō　厨チュウ chū

蟲チュウ chū　仲チュウ chū　長チョウ chō　懲チョウ chō

陳チン chin　　沈チン chin　　滯タイ tai(慣)　櫂トウ tō

呈テイ tei　　纏テン ten　　　傳デン den(吳)持ジ ji(吳)

除ジョ jo(吳)　住ジュウ jū(吳)重ジュウ jū(吳)丈ジョウ jō(吳)

陳ジン jin(吳)槌ツイ tsui　　墜ツイ tsui

（17）娘母 j, n, t（少）, ch（少）, sh（少）

膩ジji	女ジョjo	娘ジョウjō	醸ジョウjō
暱ジツjitsu	尼ニni（吴）	鐃ニョウnyō（吴）	濃ノウnō（慣）
黏ネンnen（吴）	匿トクtoku（慣）	赧タンtan（慣）	
紐チュウchū（慣）	聶ショウshō（慣）		

（六）齒頭音

（18）精母 s, sh

左サsa	最サイsai	祭サイsai（吴）	灾サイsai
租ソso	遭ソウsō	走ソウsō	宗ソウsō
曾ソウsō	葬ソウsō	井セイsei	精セイsei
尊ソンson	煎センsen	薦センsen	尖センsen
資シshi	紫シshi	子シshi	酒シュshu（吴）
津シンshin	浸シンshin	將ショウshō	

（19）清母 s, sh（少）, j（少）

磋サsa	翠スイsui	菜サイsai	催サイsai
粗ソso	草ソウsō	湊ソウsō	聰ソウsō
蒼ソウsō	槍ソウsō	清セイsei	青セイsei
村ソンson	燦サンsan	千センsen	參サンsan
雌シshi	秋シュウshū	親シンshin	寢シンshin
次ジji（慣）			

（20）從母 s, z, sh（少）, j

齊セイsei	曹ソウsō	叢ソウsō	層ソウsō
靜セイsei	存ソンson	潛センsen	座ザza（吴）
贈ゾウzō（吴）	藏ゾウzō（吴）	罪ザイzai（吴）	殘ザンzan（吴）
前ゼンzen（吴）	慚ザンzan（吴）	漸ゼンzen（吴）	樵ショウshō
匠ショウshō	聚シュウshū（慣）	慈ジji（吴）	自ジji（吴）

字ジji(吳)　　從ジュウjū(吳)　　情ジョウjō(吳)

(21)心母 s,sh,z(少)

鎖サsa　　　西セイsei　　　碎サイsai　　　蘇ソso

掃ソウsō　　送ソウsō　　　僧ソウsō　　　桑ソウsō

孫ソンson　　酸サンsan　　　三サンsan　　　星セイsei

私シshi　　　斯シshi　　　　司シshi　　　　宵ショウshō

羞シュウshū　須シュshu　　　聳ショウshō　　髓ズイzui(慣)

(22)邪母 s,sh,j,z(少)

遂スイsui　　旋センsen　　　羨センsen　　　席セキseki

謝シャsha　　頌ショウshō　　詳ショウshō　　象ショウshō

囚シュウshū　袖シュウshū　　習シュウshū　　邪ジャja(吳)

辭ジji(吳)　　序ジョjo(吳)　　尋ジンjin(吳)　旬ジュンjun(吳)

隨ズイzui(吳)俗ゾクzoku(吳)　續ゾクzoku(吳)

（七）正齒音

(23)照母(二、三等)s,sh,z(少),j(少)

錐スイsui　　齋サイsai　　　戰センsen　　　占センsen

爭ソウsō　　征セイsei　　　莊ソウsō(吳)　爪ソウsō

阻ソso　　　旨シshi　　　　之シshi　　　　諸ショsho

真シンshin　針シンshin　　　昭ショウshō　　周シュウshū

終シュウshū斬ザンzan(慣)　蒸ジョウjō(慣)

(24)穿母(二、三等)s,sh,j(少)

吹スイsui　　樞スウsū　　　創ソウsō　　　窗ソウsō

瘡ソウsō　　推スイsui　　　穿センsen　　　車シャsha

齒シshi　　　初ショsho　　　處ショsho　　　抄ショウshō

醜シュウshū衝ショウshō　　稱ショウshō　　昌ショウshō

春シュンshun充ジュウjū(慣)

（25）牀母（二、三等）s, sh, j, z（少）

柴サイsai	巣ソウsō	崇スウsū（慣）	棧サンsan
射シャsha	士シshi	鋤ショsho	牀ショウshō（慣）
神シンshin	蛇ジャja（呉）	乘ジョウjō（呉）	狀ジョウjō（呉）
剩ジョウjō（呉）	順ジュンjun（呉）	讒ザンzan（慣）	

（26）審母（二、三等）s, sh, z（少）

水スイsui	生セイsei	聲セイsei	瘦ソウsō
扇センsen	閃センsen	晒サイsai	疏ソso
爽ソウsō	舍シャsha	詩シshi	使シshi
書ショsho	燒ショウshō	手シュshu（呉）	升ショウshō
身シンshin	審シンshin	稅ゼイzei（慣）	

（27）禪母 s, sh, z, j

垂スイsui	誰スイsui	盛セイsei	成セイsei
社シャsha	視シshi	署ショsho	辰シンshin
脣シンshin	承ショウshō	尚ショウshō	紹ショウshō
酬シュウshū	是ゼze（呉）	禪ゼンzen（呉）	善ゼンzen（呉）
腎ジンjin（呉）	常ジョウjō（呉）	壽ジュju（呉）	甚ジンjin（呉）
樹ジュju			

（八）半齒音

（28）日母 j, z, n（少）, s（少）

惹ジャクjaku	兒ジji	耳ジji	如ジョjo
儒ジュju	饒ジョウjō	柔ジュウjū	戎ジュウjū
仍ジョウjō	攘ジョウjō	讓ジョウjō	人ジンjin
二ニni（呉）	任ニンnin（呉）	軟ナンnan	染センsen
然ゼンzen	蕤ズイzui	蕊ズイzui	

（九）脣音

(29)幫母 h,b(少)

播ハ ha	巴ハ ha	悲ヒ hi	拜ハイ hai
補ホ ho	包ホウ hō	保ホ ho(吳)	表ヒョウ hyō
崩ホウ hō	冰ヒョウ hyō	邦ホウ hō	賓ヒン hin
本ホン hon	半ハン han	兵ヘイ hei	貶ヘン hen
貝バイ bai(慣)			

(30)滂母 h,b(少)

頗ハ ha	怕ハ ha	披ヒ hi	派ハ ha(慣)
批ヒ hi(慣)	配ハイ hai	鋪ホ ho	飄ヒョウ hyō
砲ホウ hō	捧ホウ hō	聘ヘイ hei	攀ハン han
判ハン han	偏ヘン hen	片ヘン hen	品ヒン hin
剖ボウ bō			

(31)並母 h,b

罷ヒ hi	爬ハ ha	皮ヒ hi	敗ハイ hai
蒲ホ ho	抱ホウ hō	蓬ホウ hō	朋ホウ hō
平ヘイ hei	稗ハイ hai	斃ヘイ hei	貧ヒン hin
婆バ ba(吳)	陪バイ bai(慣)	盤バン ban(吳)	伴バン ban(吳)
暴ボウ bō(吳)	辨ベン ben(吳)	旁ボウ bō(吳)	病ビョウ byō(吳)
瓶ビン bin(唐)			

(32)明母 b,m,h(少)

馬バ ba	美ビ bi	米ベイ bei	募ボ bo
憫ビン bin	萌ボウ bō	眉ビ bi	蠻バン ban
茅ボウ bō	苗ビョウ byō	母ボ bo(慣)	謀ボウ bō
磨マ ma(吳)	魔マ ma(吳)	迷メイ mei(慣)	模モ mo(吳)
毛モウ mō(吳)	蒙モウ mō(吳)	猛モウ mō	名メイ mei
民ミン min(吳)	門モン mon(吳)	綿メン men(吳)	滿マン man(吳)

　　邁マイmai（吳）畝ホho（慣）

（33）非母 h,f,b（少）

非ヒhi	飛ヒhi	廢ハイhai	反ハンhan
方ホウhō	放ホウhō	夫フfu	富フfu（吳）
風フウfū（吳）	封フウfū（吳）	粉フンfun	糞フンfun
分ブンbun（吳）			

（34）敷母 h,f

妃ヒhi	幡ハンhan	霏ヒhi	翻ホンhon（吳）
芳ホウhō	豐ホウhō	峰ホウhō	敷フfu
紛フンfun	芬フンfun		

（35）奉母 h,f,b

肥ヒhi	吠ハイhai	逢ホウhō	縫ホウhō
扶フfu	浮フfu（慣）	婦フfu（慣）	墳フンfun
房ボウbō（吳）	礬バンban（慣）	凡ボンbon（吳）	

（36）微母 b,m,f（少）

微ビbi	尾ビbi	武ブbu	舞ブbu
亡ボウbō	忘ボウbō	望ボウbō	文ブンbun
未ミmi（吳）	味ミmi（吳）	無ムmu（吳）	務ムmu（吳）
網モウmō（吳）	問モンmon（吳）	吻フンfun（慣）	

討論：

　　（1）日本漢字的讀音演變都是很有規律的。祇因漢音、吳音、唐音、慣用音同時并用，所以似乎沒有規律。例如明、微兩母字的聲母，漢音都是 b，吳音都是 m，非常整齊有規律。祇有慣用音是例外，“迷”字漢音讀ベイbei，吳音讀マイmai，慣用音讀メイmei；“吻”字漢音讀ブンbun，吳音讀モンmon，慣用音讀フンfun。但是慣用音是少見的。總的說來，日本漢字的讀音演變還是很有規律的。

（2）日本漢字讀音的聲母衹有十七個①，與守温三十六字母對比，在數量上相差很遠。所以往往是一個日語聲母對幾個守温字母。大概可得對照表如下：

日本漢字聲母與守温字母對照表

日語聲母	片假名	守温字母
○	アイウエオ	（吴漢）影喻
k	カキクケコ	（吴）見溪曉　（漢）見溪群曉匣
g	ガギグゲゴ	（吴）群匣疑　（漢）疑
s	サスセソ	（吴）精清心照穿審　（漢）精清從心邪照穿牀審禪
sh	シ	（吴）精清心照穿審　（漢）精清從心邪照穿牀審禪
z	ザズゼゾ	（吴）從邪牀禪澄　（漢）日（少）
j	ジ	（吴）從邪牀禪澄　（漢）娘日
t	タテト	（吴）端透知徹　（漢）端透定知徹澄
ch	チ	（吴）知徹　（漢）知徹澄
ts	ツ	（吴）知徹　（漢）知徹澄
d	ダデド	（吴）定澄　（漢）泥
n	ナニヌネノ	（吴）泥娘日
h	ハヒヘホ	（吴）幫滂非敷　（漢）幫滂並非敷奉
f	フ	（吴）非敷　（漢）非敷奉
b	バビブベボ	（吴）並奉　（漢）明
m	マミムメモ	（吴）明微　（漢）明（少）
r	ラリルレロ	（吴漢）來

---

① 　半濁音不計，因爲它衹對譯唐音，并且罕見。

（3）s 和 sh 同一音位，s 出現在 a、u、e、o 的前面，例如"左"サ sa、"菜"サイ sai、"遂"スイ sui、"西"セイ sei、"曹"ソウ sō；sh 出現在 i、y 的前面，例如"紫"シ shi、"真"シン shin、"昭"ショウ shō、"周"シュウ shū①。

（4）漢音基本上没有鼻輔音[ŋ][n][m]②，而以同部位的全濁塞音替代，即以 g 替代疑母[ŋ]，以 d 替代泥母[n]，以 b 替代明母[m]。娘、日兩母本該是個[ɲ]（吳音讀作[n]在 i 前），漢音也讀作同部位的 j[dʑ]。

（5）日語清輔音没有送氣不送氣的區別（一般在詞的開頭讀送氣，在詞的中間讀不送氣），因此，"記器"同音，"顛天"同音，"知癡"同音，"中冲"同音，"播破"同音，等等。

（6）漢音没有與漢語相當的全濁聲母（g、d、b、j 是用來對應漢語的鼻輔音的），因此，在語音對應上，清濁不分，例如"機騎"不分，"丘求"不分，"弓窮"不分，"今琴"不分，"斤勤"不分，"驕喬"不分，等等。

（7）與漢音相反，吳音幾乎全部保留了漢語的全濁聲母系統③，例如：

群	吳音グン gun	漢音クン kun
郡	吳音グン gun	漢音クン kun
害	吳音ガイ gai	漢音カイ kai
護	吳音ゴ go	漢音コ ko
豪	吳音ゴウ gō	漢音コウ kō

---

① 凡羅馬字寫作 shō、shū 的，都應讀作 shyō、shyū，下仿此。
② 有少數例外，如"盲"モウ mō，"寧"ネイ nei。
③ 慣用音讀甚至以濁音對漢語的清音，例如"軍"グン gun、"剛"ゴウ gō、"該"ガイ gai、"蓋"ガイ gai、"土"ド do。

含	吳音ゴン gon	漢音カン kan
駝	吳音ダ da	漢音タ ta
臺	吳音ダイ dai	漢音タイ tai
第	吳音ダイ dai	漢音テイ tei
道	吳音ドウ dō	漢音トウ tō
田	吳音デン den	漢音テン ten
談	吳音ダン dan	漢音タン tan
持	吳音ジ ji	漢音チ chi
除	吳音ジョ jo	漢音チョ cho
重	吳音ジュウ jū	漢音チョウ chō
丈	吳音ジョウ jō	漢音チョウ chō
傳	吳音デン den	漢音テン ten
陣	吳音ジン jin	漢音チン chin
座	吳音ザ za	漢音サ sa
罪	吳音ザイ zai	漢音サイ sai
贈	吳音ゾウ zō	漢音ソウ sō
殘	吳音ザン zan	漢音サン san
漸	吳音ゼン zen	漢音セン sen
前	吳音ゼン zen	漢音セン sen
自	吳音ジ ji	漢音シ shi
從	吳音ジュウ jū	漢音ショウ shō
情	吳音ジョウ jō	漢音セイ sei
邪	吳音ジャ ja	漢音シャ sha
辭	吳音ジ ji	漢音シ shi
序	吳音ジョ jo	漢音ショ sho

尋	吳音ジンjin	漢音シンshin
旬	吳音ジュンjun	漢音シュンshun
隨	吳音ズイzui	漢音スイsui
俗	吳音ゾクzoku	漢音ショクshoku
蛇	吳音ジャja	漢音シャsha
乘	吳音ジョウjō	漢音ショウshō
狀	吳音ジョウjō	漢音ソウsō
順	吳音ジュンjun	漢音シュンshun
是	吳音ゼze	漢音シshi
壽	吳音ジュju	漢音シュウshū
常	吳音ジョウjō	漢音ショウshō
腎	吳音ジンjin	漢音シンshin
善	吳音ゼンzen	漢音センsen
婆	吳音バba	漢音ハha
暴	吳音ボウbō	漢音ホウhō
旁	吳音ボウbō	漢音ホウhō
病	吳音ビョウbyō	漢音ヘイhei
盤	吳音バンban	漢音ハンhan
伴	吳音バンban	漢音ハンhan
辨	吳音ベンben	漢音ヘンhen
房	吳音ボウbō	漢音ホウhō
攀	吳音ボンbon	漢音ハンhan
凡	吳音ボンbon	漢音ハンhan

　　(8)漢語精清從、照穿牀六母都是塞擦音,日語漢音于此六母不用塞擦音相對應,而一律用擦音 s、sh,以致"精清生成"同音,"真親四神

臣"同音,等等。

(9)漢語古無舌上音,知徹澄三母字在上古讀[t][t'][d]。日本漢字此三母的音讀仍有漢語上古音的餘迹,一部分知徹澄字,漢音仍讀 t,吳音仍讀 t、d。

展　　テン ten(吳漢)

轉　　テン ten(吳漢)

貞　　テイ tei(漢)

茶　　タ ta(漢)

滯　　ダイ dai(吳)　　　テイ tei(漢)　　　タイ tai(慣)

櫂　　トウ tō(漢)

濁　　ダク daku(吳)　　タク taku(漢)

呈　　テイ tei(漢)

綻　　デン den(吳)　　　タン tan(漢)

纏　　デン den(吳)　　　テン ten(漢)

傳　　デン den(吳)　　　テン ten(漢)

(10)漢語古無輕唇音,非敷奉微四母字在上古當讀[p][p'][b][m]。日本漢字吳音于微母字一律保存漢語上古音,讀 m。例如:

微 ミ mi　　　尾 ミ mi　　　未 ミ mi　　　味 ミ mi

武 ム mu　　　舞 ム mu　　　無 ム mu　　　亡 モウ mō

忘 モウ mō　　望 モウ mō　　文 モン mon　　吻 モン mon

問 モン mon　　網 モウ mō　　務 ム mu

至于非敷奉三母,祇有少數字讀 b,例如:

分 ブン bun　　　房 ボウ bō　　　礬 ボン bon　　　凡 ボン bon

(11)知系字讀音與照系字不混,例如:

知 チ chi:脂 シ shi　　　　　致 チ chi:至 シ shi

珍チンchin：真シンshin　　　　中チュウchū：鐘ショウshō

蟲チュウchū：重シュウshū　　　椿チンchin：春シュンshun

二、韻　部

（一）果攝,假攝 a,ya

（1）歌戈麻（二等）a

歌カ ka	家カ ka	果カ ka	過カ ka
瓜カ ka	寡カ ka	可カ ka	科カ ka
蛾ガ ga	我ガ ga	臥ガ ga	瓦ガ ga
火カ ka	貨カ ka	蝦カ ka	花カ ka
何カ ka	賀ガ ga（吳）	和ワ wa	禍カ ka
華カ ka	阿ア a	鴉ア a	亞ア a
多タ ta	他タ ta	妥ダ da（慣）	駝ダ da（吳）
惰ダ da（吳）	那ナ na	羅ラ ra	裸ラ ra
左サ sa	鎖サ sa	坐ザ za（吳）	座ザ za（吳）
查サ sa	差サ sa	詐サ sa	沙サ sa
波ハ ha	播ハ ha	巴ハ ha	頗ハ ha
怕ハ ha	婆バ ba（吳）	爬ハ ha	磨マ ma（吳）
魔マ ma（吳）	馬バ ba	罵バ ba	

例外①：誇コko,茶チャcha。

（2）麻（三等）②ya

---

① 若讀漢音,則"誇"讀カka,"茶"讀タta,不算例外。

② 《廣韻》四等字其實是三等字,故不另列四等,下仿此。

爺ヤya	野ヤya	夜ヤya	寫シャsha
邪ジャja(吳)	遮シャsha	者シャsha	車シャsha
奢シャsha	蛇ジャja(吳)	舍シャsha	射シャsha
社シャsha			

（二）止攝 i, ui

（1）支脂之微 i

幾キki	規キki	器キki	窺キki
希キki	揮キki	伊イi	威イi
夷イi	違イi	地チchi	離リri
知チchi	致チchi	癡チchi	持ジji(吳)
治チchi	尼ニni(吳)	資シshi	雌シshi
慈ジji(吳)	思シshi	辭ジji(吳)	支シshi
齒シshi	施シshi	詩シshi	時ジji
士シshi	事ジji	兒ジji	耳ジji
二ニni(吳)	臂ヒhi	披ヒhi	皮ヒhi
美ビbi	非ヒhi	妃ヒhi	肥ヒhi
尾ビbi			

（2）支脂（舌齒合三）ui

累ルイrui	鎚ツイtsui	墜ツイtsui	醉スイsui
翠スイsui	體ズイzui(慣)	隨ズイzui(吳)	遂スイsui
追ツイtsui	錐スイsui	吹スイsui	衰スイsui
水スイsui	垂スイsui	睡スイsui	誰スイsui
推スイsui①	蘂ズイzui	蕊ズイzui	

---

① "推"字有尺隹、湯回二切，日語讀尺隹切。

（三）蟹攝 ai，ei

（1）哈灰泰佳皆夬廢 ai

改カイkai	街カイkai	皆カイkai	戒カイkai
怪カイkai	開カイkai	楷カイkai	塊カイkai
快カイkai	崖ガイgai	礙ガイgai	艾ガイgai
外ガイgai	灰カイkai	誨カイkai	會カイkai
懷カイkai	回カイkai	害ガイgai（吳）	哀アイai
矮ワイwai	愛アイai	帶タイtai	對タイtai
太タイtai	退タイtai	代ダイdai（吳）	
大ダイdai（吳）	隊タイtai	耐タイtai（慣）	
內ナイnai（吳）	來ライrai	雷ライrai	
賴ライrai	災サイsai	采サイsai	
菜サイsai	賽サイsai	碎サイsai	
拜ハイhai	背ハイhai	貝バイbai（吳）	
配ハイhai	佩ハイhai	敗ハイhai	
買バイbai	邁マイmai	妹マイmai（吳）	
刈ガイgai	穢アイai		
廢ハイhai	吠ハイhai		

例外①：佳カka（慣），卦ケke（吳），画ガga（吳），話ワwa（慣）。

（2）齊祭 ei

鷄ケイkei	計ケイkei	繼ケイkei	啓ケイkei
契ケイkei	藝ゲイgei	奚ケイkei	縊エイei
衛エイei	銳エイei	低テイtei	梯テイtei

---

① 若讀漢音，則"佳"カイkai，"卦"カイkai，"畫"カイkai，"話"カイkai，不算例外。

弟テイ tei	泥デイ dei	禮レイ rei	例レイ rei
綴テイ tei	婿セイ sei	砌セイ sei	齊セイ sei
西セイ sei	制セイ sei	世セイ sei	誓セイ sei
逝セイ sei	陛ヘイ hei	斃ヘイ hei	袂ベイ bei
迷メイ mei（慣）	米ベイ bei		

例外①：體タイ tai（吳），題ダイ dai（吳），第ダイ dai（吳），濟サイ sai（吳），祭サイ sai（吳），妻サイ sai，細サイ sai，閉ハイ hai（吳），批ヒ hi（慣）。

（四）遇攝 o,yo,u,yu

（1）模 o

右コ ko	吾ゴ go	虎コ ko	胡コ ko
都ト to	兔ト to	徒ト to	奴ド do
魯ロ ro	租ソ so	粗ソ so	蘇ソ so
補ホ ho	鋪ホ ho	蒲ホ ho	墓ボ bo

例外②：苦ク ku（吳），烏ウ u（吳）。

（2）魚 yo

居キョ kyo	去キョ kyo	巨キョ kyo	虛キョ kyo
餘ヨ yo	豬チョ cho	除ジョ jo（吳）	初ショ sho
鋤ショ sho	助ジョ jo（吳）	諸ショ sho	處ショ sho
署ショ sho	序ジョ jo	如ジョ jo	女ジョ jo
呂リョ ryo			

---

① 若讀漢音，則"體"テイ tei，"題"テイ tei，"第"テイ tei，"濟"セイ sei，"祭"セイ sei，"妻"セイ sei，"細"セイ sei，"閉"ヘイ hei，"批"ヘイ hei，都不算例外。
② 若讀漢音，則"苦"コ ko，烏オ o，不算例外。

例外①：語ゴgo（吳），於オo（吳），阻ソso（吳），疏ソso（吳）。

（3）虞（喉牙唇，半舌，照系二等）u

矩クku	句クku	駒クku	區クku
驅クku	懼クku	愚グgu	虞グgu
詡クku	于ウu	雨ウu	羽ウu
縷ルru	屢ルru	夫フfu	武ブbu
芻スsu	雛スsu	數スsu②	

例外：遇グウgū（慣），隅グウgū（慣）。

（4）虞（喻四，齒頭，照系三等）yu

楡ユyu	庾ユyu	愈ユyu	趣シュshu
取シュshu	須シュshu	需ジュju（慣）	主シュshu
朱シュshu	輸ユyu（慣）	戍ジュju（慣）	

例外③：裕ユウyū（慣），樞スウsū（慣），聚シュウshū（慣），注チュ
ウchū。

（5）虞（舌上）yū

| 誅チュウchū | 駐チュウchū |
| 厨チュウchū | 住ジュウjū（吳） |

（五）效攝 ō, yō

（1）豪肴 ō

高コウkō	交コウkō	考コウkō
敲コウkō	好コウkō	孝コウkō
豪ゴウgō（吳）	效コウkō	

---

① 若讀漢音，則"語"キョkyo，"於"ヨyo，"阻"ショsho，"疏"ショsho，不算例外。
② "芻、雛、數"三字慣用音讀是スウsū。
③ 若讀吳音，則"裕"ユyu，"樞"シュshu，"聚"シュshu，"注"シュshu，不是例外。

襖オウō　　　拗オウō　　　刀トウtō　　　陶トウtō

惱ノウnō　　　勞ロウrō　　　遭ソウsō　　　爪ソウsō

草ソウsō　　　曹ソウsō　　　巢ソウsō　　　掃ソウsō

包ホウhō　　　砲ホウhō　　　暴ボウbō(吳)毛モウmō(吳)

茅ボウbō

例外①：保ホho(吳)，抄ショウshō(吳)，稍ショウshō(吳)。

（2）蕭宵 yō

驕キョウkyō　喬キョウkyō　曉ギョウgyō　妖ヨウyō(慣)

挑チョウchō　調チョウchō　遼リョウryō　朝チョウchō

超チョウchō　潮チョウchō　昭ショウshō　紹ショウshō

樵ショウshō　饒ジョウjō　　飄ヒョウhyō　苗ビョウbyō

（六）流攝 ō, yū, u(少)

（1）侯 ō

鉤コウkō　　　口コウkō　　　侯コウkō　　　謳オウō

鬥トウtō　　　頭トウtō　　　豆トウtō　　　樓ロウrō

走ソウsō　　　湊ソウsō　　　剖ボウbō

例外②：偶グウgū，斗トto(慣)，偸チュウchū(慣)，畝ホho(慣)，母ボbo(慣)。

（2）尤幽 yū

九キュウkyū　丘キュウkyū　求キュウkyū　牛ギュウgyū

休キュウkyū　幽ユウyū　　友ユウyū　　　肘チュウchū

抽チュウchū　流リュウryū　秋シュウshū　就シュウshū

---

① 若讀漢音，則"保"ホウhō，"抄"ソウsō，"稍"ソウsō，不算例外。
② 若讀漢音，則"偶"ゴウgō，"鬥"トウtō，"偸"トウtō，"畝"ボウbō，"母"ボウbō，不算例外。

　　　羞シュウshū　　周シュウshū　　愁シュウshū　　柔ジュウjū

　　例外①：油ユyu（吳），壽ジュju（吳），守シュshu（吳），謀ボウbō，瘦ソウsō，幼ヨウyō（慣）。

　　（3）尤（輕脣）u②

　　　浮フfu　　　　　婦フfu　　　　　富フfu

　　　　（七）通攝 ō,yō,yū,oku,uku,yoku,yuku,iku

　1.東（一等）冬 ō

　　　公コウkō　　　攻コウkō　　　紅コウkō　　　翁オウō

　　　東トウtō　　　冬トウtō　　　同ドウdō（慣）　彤トウtō

　　　統トウtō　　　農ノウnō　　　聰ソウsō　　　叢ソウsō

　　　送ソウsō　　　宋ソウsō　　　蓬ホウhō　　　蒙モウmō（吳）

　　　籠ロウrō

　　例外③：空クウkū（吳），通ツウtsū（吳），痛ツウtsū（吳）。

　　（2）鍾 yō

　　　恭キョウkyō　共キョウkyō　胸キョウkyō　　用ヨウyō

　　　寵チョウchō　鍾ショウshō　衝ショウshō　　聳ショウshō

　　　頌ショウshō

　　例外④：濃ノウnō（慣），龍リュウryū（吳），重ジュウjū（吳），從ジュウjū（吳）。

　　（3）東（三等）yū

---

①　若讀漢音，則"油"ユウyū，"壽"シュウshū，"守"シュウshū，"幼"ユウyū，不算例外。"謀"字讀入侯韻，與現代漢語同。"瘦"字讀入侯韻，才是真正的例外。

②　輕脣字讀入虞韻，與現代漢語同。

③　若讀漢音，則"空"コウkō，"通"トウtō，"痛"トウtō，不算例外。

④　若讀漢音，則"濃"ジョウjō，"龍"リョウryō，"重"チョウchō，"從"ショウshō，不算例外。

　　　弓キュウkyū　　窮キュウkyū　　雄ユウyū　　　　中チュウchū

　　　沖チュウchū　　蟲チュウchū　　仲チュウchū　　　終シュウshū

　　　充ジュウjū(慣)　戎ジュウjū　　隆リュウryū

例外①：崇スウsū(慣)。

(4)東(輕唇),鍾(輕唇)ō

　　　豐ホウhō　　　峰ホウhō　　　逢ホウhō

例外②：風フウfū(吳),封フウfū(吳)。

(5)屋(一等)沃 oku

　　　谷コクkoku　　哭コクkoku　　酷コクkoku　　　屋オクoku

　　　篤トクtoku　　禿トクtoku　　毒ドクdoku(吳)獨ドクdoku(吳)

　　　祿ロクroku　　族ゾクzoku(吳)速ソクsoku　　　卜ボクboku(慣)

　　　木ボクboku

例外③：沃ヨクyoku(慣)。

(6)燭 yoku

　　　曲キョクkyoku局キョクkyoku欲ヨクyoku　　　緑リョクryoku

　　　燭ショクshoku觸ショクshoku蜀ショクshoku　辱ジョクjoku

例外④：獄ゴクgoku(吳),足ソクsoku(吳),促ソクsoku(吳),束ソクsoku(吳),俗ゾクzoku(吳)。

(7)屋三(齒頭,正齒)yuku

　　　肅シュクshuku　宿シュクshuku　粥シュクshuku　祝シュクshuku

---

① 若讀漢音,則"崇"シュウshū,不算例外。
② 若讀漢音,則"風"ホウhō,"封"ホウhō,不算例外。
③ 若讀漢音,則"沃"オウō,不算例外。
④ 若讀漢音,則"獄"ギョクgyoku,"足"ショクshoku,"促"ショクshoku,"束"ショクshoku,"俗"ショクshoku,不算例外。

叔シュクshuku　淑シュクshuku

(8)屋_三(喉牙,舌上,半舌,半齒)iku

菊キクkiku　　郁イクiku　　育イクiku　　竹チクchiku

蓄チクchiku　　陸リクriku　　肉ニクniku(吳)

(9)屋_三(輕唇)uku

福フクfuku　　覆フクfuku　　伏フクfuku　　服フクfuku

(八)曾攝 ō,yō,oku,yoku

(1)登 ō

亙コウkō　　　肯コウkō　　　恒コウkō　　　登トウtō

騰トウtō　　　能ノウnō(吳)　增ソウsō　　　層ソウsō

贈ゾウzō(吳)　僧ソウsō　　　崩ホウhō　　　朋ホウhō

(2)蒸 yō

兢キョウkyō　　凝ギョウgyō　　鷹ヨウyō　　孕ヨウyō

蠅ヨウyō　　　陵リョウryō　　徵チョウchō　懲チョウchō

蒸ジョウjō(慣)　稱ショウshō　乘ジョウjō(吳)

升ショウshō　　承ショウshō　　仍ジョウjō　冰ヒョウhyō

例外①:興コウkō,(吳),應オウō。

(3)德 oku

克コクkoku　　黑コクkoku　　國コクkoku　　得トクtoku

特トクtoku　　勒ロクroku　　則ソクsoku　　賊ゾクzoku(吳)

北ホクhoku　　墨ボクboku

例外②:或ワクwaku(吳)。

---

① 若讀漢音,則"興"キョウkyō,"應"ヨウyō,不算例外。
② 若讀漢音,則"或"コクkoku,不算例外。

（4）職 yoku

棘キョクkyoku　　極キョクkyoku　　抑ヨクyoku　　翼ヨクyoku

力リョクryoku　　直チョクchoku　　色ショクshoku織ショクshoku

食ショクshoku

例外①：測ソクsoku（吳），即ソクsoku（吳），息ソクsoku（吳），識シキshiki（吳），匿トクtoku（慣），域イキiki（吳），逼ヒツhitsu（慣）。

（九）宕攝，江攝 ō，yō，aku，yaku

（1）唐江陽（輕唇）ō

剛ゴウgō（慣）	江コウkō	光コウkō	康コウkō
腔コウkō	昂コウkō（慣）	荒コウkō	皇コウkō
項コウkō	當トウtō	湯トウtō	唐トウtō
郎ロウrō	撞トウtō	蒼ソウsō	窗ソウsō
藏ゾウzō（吳）	桑ソウsō	雙ソウsō	邦ホウhō
旁ボウbō（吳）	棒ボウbō（吳）	謗ボウbō（慣）	忙ボウbō
方ホウhō	芳ホウhō	房ボウbō（吳）	亡ボウbō

（2）陽 yō

匡キョウkyō	況キョウkyō	強キョウkyō	狂キョウkyō
仰ギョウgyō	鄉キョウkyō	陽ヨウyō	良リョウryō
張チョウchō	暢チョウchō	長チョウchō	娘ジョウjō
章ショウshō	昌ショウshō	牀ショウshō	賞ショウshō
常ジョウjō	攘ジョウjō	將ショウshō	象ショウshō
匠ショウshō	詳ショウshō		

---

① 若讀漢音，則"測"ショクshoku，"即"ショクshoku，"息"ショクshoku，"匿"ジョク"joku，"域"ヨクyoku，"逼"ヒョクhyoku，都不算例外。慣用音"逼"字讀入質韻。

例外①：央オウō（吳），王オウō，相ソウsō（吳），莊ソウsō，創ソウ sō，爽ソウsō。

（3）鐸覺藥（輕唇）aku

各カクkaku	郭カクkaku	覺カクkaku	擴カクkaku
確カクkaku	鶴カクkaku	嶽ガクgaku	學ガクgaku（吳）
惡アクaku	託タクtaku	諾ダクdaku	落ラクraku
卓タクtaku	濯タクtaku	濁ダクdaku（吳）	作サクsaku
錯サクsaku	昨サクsaku	索サクsaku	朔サクsaku
博ハクhaku	駁ハクhaku	莫バクbaku	縛バクbaku（吳）

例外②：捉ソクsoku。

（4）藥 yaku

脚キャクkyaku	却キャクkyaku	虐ギャクgyaku
約ヤクyaku	藥ヤクyaku	略リャクryaku
爵シャクshaku	鵲ジャクjaku（慣）	酌シャクshaku
若ジャクjaku		

例外③：削サクsaku（吳）。

（十）梗攝 ō,ei,aku,eki

（1）庚（二等）耕 ō

更コウkō	耕コウkō	坑コウkō	硬コウkō（慣）
鏗コウkō	行コウkō	橫オウō	宏コウkō
轟ゴウgō（慣）	罌オウō	鶯オウō	幸コウkō

---

① 若讀漢音，則"央"ヨウyō，"相"ショウshō，"莊"ショウshō，"創"ショウshō，"爽"ショウ shō，不算例外，祗有"王"字是真正的例外。
② 若讀漢音，則"捉"サクsaku，不算例外。
③ 若讀漢音，則"削"シャクshaku，不算例外。

橙トウtō　　　　傖ソウsō　　　　争ソウsō　　　　烹ホウhō

盲モウmō　　　　萌ボウbō　　　　猛モウmō（吳）　迸ホウhō

例外：生セイsei。

（2）庚（三等）清青 ei

經ケイkei　　　頸ケイkei　　　輕ケイkei　　　傾ケイkei

迎ゲイgei　　　馨ケイkei　　　兄ケイkei　　　形ケイkei

英エイei　　　　盈エイei　　　　營エイei　　　　永エイei

亭テイtei　　　定テイtei　　　貞テイtei　　　逞テイtei

呈テイtei　　　精セイsei　　　青セイsei　　　静セイsei

星セイsei　　　寧ネイnei　　　靈レイrei　　　征セイsei

聲セイsei　　　成セイsei　　　盛セイsei　　　兵ヘイhei

聘ヘイhei　　　名メイmei　　　銘メイmei

例外①：京キョウkyō（吳），驚キョウkyō（吳），卿キョウkyō（吳）　競キョウkyō（吳），聽チョウchō（吳），情ジョウjō（吳），瓶ビンbin（唐）。

（3）陌（二等）麥 aku

格カクkaku　　革カクkaku　　赫カクkaku　　核カクkaku

獲カクkaku　　額ガクgaku　　澤タクtaku　　宅タクtaku

策サクsaku　　拍ハクhaku　　白ハクhaku　　陌バクbaku

麥バクbaku

例外②：客キャクkyaku（吳），百ヒャクhyaku（吳），摘テキteki（唐），責セキseki（慣）。

（4）陌（三等）昔錫 eki

① 若讀漢音，則“京”ケイkei，“驚”ケイkei，“卿”ケイkei，“競”ケイkei，“聽”テイtei，“情”セイsei，“瓶”ヘイhei，不算例外。“瓶”字唐音讀入臻攝。

② 若讀漢音，則“客”カクkaku，“百”ハクhaku，“摘”タクtaku，“責”サクsaku，不算例外。

戟ゲキgeki(慣)　　隙ゲキgeki(慣)　　劇ゲキgeki(慣)

益エキeki　　　擲テキteki　　　隻セキseki　　　石セキseki

積セキseki　　　籍セキseki　　　惜セキseki　　　席セキseki

碧ヘキheki　　　僻ヘキheki　　　覓ベキbeki　　　溺デキdeki

歷レキreki

例外①：逆ギャクgyaku(吳)，尺シャクshaku(吳)。

（十一）臻攝 in，un，on，itsu，utsu，otsu

（1）真臻欣 in

巾キンkin　　　斤キンkin　　　勤キンkin　　　近キンkin

銀ギンgin　　　欣キンkin　　　因インin　　　　隱インin

鄰リンrin　　　珍チンchin　　　陳チンchin　　　陣ジンjin

真シンshin　　　臻シンshin　　　神シンshin　　　身シンshin

辰シンshin　　　人ジンjin　　　津シンshin　　　秦シンshin

盡ジンjin(吳)　賓ヒンhin　　　貧ヒンhin　　　民ミンmin(吳)

（2）諄文 un

君クンkun　　　軍グンgun(慣)　羣グンgun(吳)　訓クンkun

雲ウンun　　　醇ジュンjun(吳)瞬シュンshun　準ジュンjun(慣)

俊シュンshun　旬ジュンjun(吳)春シュンshun　順ジュンjun(吳)

閏ジュンjun　　潤ジュンjun　　分フンfun　　　紛フンfun

墳フンfun　　　文ブンbun

例外：均キンkin，允インin，脣シンshin(慣)②，椿チンchin(慣)③
倫リンrin，輪リンrin。

---

① 若讀漢音，則“逆”ゲキgeki，“尺”セキseki，不算例外。
② 若讀漢音，則“脣”シュンshun，不算例外。
③ 若讀漢音，則“椿”チュンchun，不算例外。

（3）魂痕 on

昆コンkon	坤コンkon	昏コンkon	魂コンkon
痕コンkon	温オンon	敦トンton	吞ドンdon（慣）
屯トンton	鈍ドンdon（吳）	尊ソンson	忖ソンson
存ソンson	孫ソンson	本ホンhon	盆ボンbon（吳）
門モンmon（吳）	論ロンron	嫩ドンdon	

（4）質櫛迄 itsu

乞キツkitsu	逸イツitsu	栗リツritsu	秩チツchitsu
瑟シツshitsu	質シツshitsu	失シツshitsu	實ジツjitsu（慣）
疾シツshitsu	悉シツshitsu	畢ヒツhitsu	必ヒツhitsu
匹ヒツhitsu	蜜ミツmitsu（吳）		

例外①：吉キチkichi（吳），一イチichi（吳），七シチshichi（吳），日ニチnichi（吳）。

（5）術物 utsu

屈クツkutsu	鬱ウツutsu	出シュツshutsu	拂フツfutsu
術ジュツjutsu（當）	佛ブツbutsu（當）	勿ブツbutsu	物ブツbutsu

例外：橘キツkitsu，律リツritsu，戌ジツjitsu（慣）。

（6）没 otsu

骨コツkotsu	忽コツkotsu	突トツtotsu	卒ソツsotsu
勃ボツbotsu（慣）	没ボツbotsu		

例外②：窟クツkutsu（慣）。

（十二）山攝 an，en，atsu，etsu

（1）寒桓刪山元（輕唇）an

---

① 若讀漢音，則“吉”キツkitsu，“一”イツitsu，“七”シツshitsu，“日”ジツjitsu，不算例外。
② 若讀漢音，則“窟”コツkotsu，不算例外。

干カンkan	官カンkan	艱カンkan	關カンkan
鰥カンkan	看カンkan	欵カンkan	岸ガンgan
眼ガンgan	顔ガンgan	玩ガンgan	頑ガンgan
漢カンkan	歡カンkan	寒カンkan	換カンkan
還カンkan	安アンan	盌ワンwan	灣ワンwan
旦タンtan	端タンtan	但タンtan	檀ダンdan(吳)
團ダンdan(吳)	段ダンdan(吳)	蘭ランran	亂ランran
贊サンsan	鑽サンsan	散サンsan	酸サンsan
山サンsan	燦サンsan	竄ザンzan(慣)	殘ザンzan(吳)
棧サンsan	般ハンhan	班ハンhan	扮ハンhan
攀ハンhan	盤バンban(吳)	伴バンban(吳)	滿マンman(吳)
蠻バンban	反ハンhan	煩ハンhan	

例外:限ケンken(吳),撰センsen(慣),瓣ベンben(吳),翻ホンhon(吳)

（2）先仙元（喉牙）en

肩ケンken	建ケンken	牽ケンken	虔ケンken
件ケンken	言ゲンgen	元ゲンgen	研ケンken(慣)
憲ケンken	烟エンen	怨エンen	延エンen
園エンen	顛テンten	天テンten	田デンden(吳)
年ネンnen	連レンren	展テンten	纏テンten
煎センsen	千センsen	前ゼンzen(吳)	錢センsen
全ゼンzen(吳)	先センsen	仙センsen	宣センsen
專センsen	戰センsen	扇センsen	禪ゼンzen(吳)
然ゼンzen			

例外①:軟ナンnan(慣),勸カンkan。

---

① 若讀漢音,則"軟"ゼンzen,不算例外。

（3）曷末黠鎋月（輕唇）atsu

葛カツkatsu　渴カツkatsu　鎋カツkatsu　闊カツkatsu

活カツkatsu　滑カツkatsu　達タツtatsu　奪ダツdatsu（當）

脫ダツdatsu（當）辣ラツratsu　撮サツsatsu　札サツsatsu

察サツsatsu　殺サツsatsu　刷サツsatsu　八ハツhatsu

撥ハツhatsu　潑ハツhatsu　拔バツbatsu（當）末マツmatsu（當）

發ハツhatsu　髮ハツhatsu　伐バツbatsu（當）

例外①：鉢ハチhachi（吳）。

（4）屑薛月（喉牙）etsu

結ケツketsu　決ケツketsu　杰ケツketsu　孽ゲツgetsu

月ゲツgetsu　血ケツketsu　穴ケツketsu　謁エツetsu

越エツetsu　悅エツetsu　鐵テツtetsu　迭テツtetsu

列レツretsu　劣レツretsu　哲テツtetsu　徹テツtetsu

節セツsetsu　切セツsetsu　截セツsetsu　絕ゼツzetsu（當）

雪セツsetsu　折セツsetsu　拙セツsetsu　舌ゼツzetsu（當）

設セツsetsu　說セツsetsu　熱ネツnetsu（當）瞥ベツbetsu（慣）

別ベツbetsu（慣）滅メツmetsu（當）

（十三）深攝 in, yū

（1）侵 in

金キンkin　衾キンkin　琴キンkin　吟ギンgin

陰インin　淫インin　林リンrin　沈チンchin

浸シンshin　寢シンshin　心シンshin　尋ジンjin（吳）

針シンshin　審シンshin　甚ジンjin（吳）任ニンnin（吳）

品ヒンhin

---

① 若讀漢音，則"鉢"ハツhatsu，不算例外。

例外①：今コンkon(吳)，音オンon(吳)。

（2）緝 yū

急キュウkyū　　泣キュウkyū　　及キュウkyū　　吸キュウkyū

邑ユウyū　　　十ジュウjū(吳)　入ニュウnyū(吳)葺シュウshū

集シュウshū　　習シュウshū

例外②：立リツritsu(慣)，執シツshitsu(慣)，濕シツshitsu(慣)。

（十四）咸攝 an，en，ō，yō

（1）覃談咸銜凡 an

感カンkan　　　甘カンkan　　　監カンkan　　　勘カンkan

含ガンgan(慣)　咸カンkan　　　諳アンan　　　擔タンtan

探タンtan　　　談ダンdan　　　淡タンtan　　　男ダンdan

藍ランran　　　參サンsan　　　蠶サンsan　　　慚ザンzan(吳)

三サンsan　　　斬ザンzan(慣)讒ザンzan(慣)帆ハンhan

例外③：貪ドンdon(慣)，凡ボンbon(吳)。

（2）鹽添嚴 en

兼ケンken　　　謙ケンken　　　儉ケンken　　　嚴ゲンgen

險ケンken　　　嫌ケンken　　　掩エンen　　　鹽エンen

炎エンen　　　點テンten　　　添テンten　　　甜テンten

念ネンnen(吳)　廉レンren　　　尖センsen　　　潛センsen

漸ゼンzen(吳)　占センsen　　　閃センsen　　　染センsen(慣)

貶ヘンhen

---

① 若讀漢音，則"今"キンkin，"音"インin，不算例外。

② 若讀漢音，則"立"リュウryū，"執"シュウshū，"濕"シュウshū，不算例外。慣用音讀入質韻。

③ 若讀漢音，則"貪"タンtan，"凡"ハンhan，不算例外。

（3）合盍洽狎乏 ō

蛤コウkō　　　甲コウkō　　　合ゴウgō（吳）鴨オウ ō

荅トウtō　　　塔トウtō　　　踏トウtō　　　納ノウnō（吳）

拉ロウrō　　　臘ロウrō　　　插ソウsō　　　法ホウhō

乏ボウbō（吳）

例外①:狹キョウkyō,壓アツatsu（慣）,雜ザツzatsu（慣）。

（4）葉帖業 yō

劫キョウkyō　　頰キョウkyō　怯キョウkyō　業ギョウgyō

脅キョウkyō　　協キョウkyō　葉ヨウyō　　帖ジョウjō（慣）

疊ジョウjō（吳）　獵リョウryō　妾ショウshō　捷ショウshō

摺ショウshō　　涉ショウshō

例外②:接セツsetsu（慣）。

討論:

（1）日本漢字的韻母共有三十個,其中包括元音韻母十個,即 a、ya、e、i、ui、ai、o、yo、u、yu;長元音韻母五個,即 ō、yō、ū、yū、ei（ei 實際上是長元音 ē）;n 尾韻母五個,即 an、en、in、un、on;入聲韻母十個,即 aku、yaku、oku、yoku、iki、iku、atsu、etsu、otsu、itsu③。《廣韻》平、上、去聲六十一個韻部,入聲三十四個韻部,共九十五個韻部。茲將日本漢字韻母與《廣韻》韻部列表對照如下:

---

① 若讀漢音,則"狹"コウkō,"壓"オウ ō,"雜"ソウsō,不算例外。慣用音"壓、雜"誤讀山攝入聲。

② 若讀漢音,則"接"ショウshō,不算例外。慣用音"接"字誤讀山攝入聲。

③ 吳音 achi 等與漢音 atsu 等同一音位,不另列。

日本漢字韻母與《廣韻》韻部對照表(一)

日語韻母	片假名	《廣韻》韻部	
		漢音	吳音
a	アカサタナハマラ ガザダバ	歌戈麻_二_	歌戈
ya	ヤ	麻_三_	麻_二_(舌齒)
e	エケセテヘ ゲゼデベ		麻灰泰(合)佳皆 齊(合)祭廢
i	イキシチニヒミリ ギジビ	支脂之微	支脂支微
ui	スイ　ズイ　ツイ	支脂(齒合三)	支脂(齒合三)
ai	アイ　カイ　サイ　タイ ナイ　ハイ　マイ　ライ ガイ　ザイ　ダイ　バイ	咍灰泰 佳皆夬廢	咍泰(開)齊(開) 祭(滯祭歲) 灰(内雷)廢(吠)
o	オコソトノホモロ ゴゾドボ	模	魚(喉牙,知系, 照_二_,半舌)
yo	ヨ	魚	魚(齒頭,照_三_, 娘,半齒)
u	ウクスツフル グズブ	虞(喉牙脣,半舌, 照_二_)	模虞(齒頭,正齒) 侯尤(喉牙脣,半 舌,輕脣) 東鍾(大部分)
yu	ユ	虞(喻_四_,齒頭,照_三_)	虞(喻_四_) 東_二_鍾 尤(齒頭,正齒)

日本漢字韻母與《廣韻》韻部對照表(二)

日語韻母	片假名				《廣韻》韻部	
					漢音	吳音
ō	オウ　ユウ　ソウ　トウ ノウ　ホウ　モウ　ロウ ゴウ　ゾウ　ドウ　ボウ				豪肴侯東_冬 唐江陽(輕脣) 庚_耕 合盍洽狎	豪冬蒸(喉牙)登 陽(喉牙,半舌, 齒頭,輕脣) 唐江 合盍業緝(喉牙)
yō	ヨウ				蕭宵 蒸陽鍾 葉帖	肴蕭宵蒸(舌齒 脣,喻四 陽(喻四,舌上,正 齒) 庚耕清青 洽狎葉帖
ū	ウ				虞(喉牙脣,半舌, 照三)尤(輕脣)	東(部分)
yū	ユウ				尤幽東三	東三(部分) 鍾(部分) 虞(舌上,半齒)
ei(ē)	エイ　ケイ　セイ　テイ ネイ　ヘイ　メイ　レイ ゲイ　ゼイ　デイ　ベイ				庚三清青 齊祭	

日本漢字韻母與《廣韻》韻部對照表(三)

日語韻母	片假名				《廣韻》韻部	
					漢音	吳音
an	アン　カン　サン　タン ナン　ハン　マン　ラン ガン　ザン　ダン　バン				寒桓刪山 覃談咸銜	寒桓
en	エン　ケン　セン　テン ネン　ヘン　メン　レン ゲン　ゼン　デン　ベン				先仙 鹽添	刪山先仙 咸銜鹽添

日語韻母	片假名				《廣韻》韻部	
					漢音	吳音
in	イン　キン　シン　チン ニン　ヒン　ミン　リン ギン　ジン　ビン				真臻欣 侵	真臻 侵(喻四,舌齒)
un	ウン　クン　グン フン　ブン シュン ジュン				諄文	諄文
on	オン　コン　ソン　トン ノン　ホン　モン　ロン ゴン　ゾン　ドン　ボン				魂痕	文欣元魂痕 侵(喉牙脣) 覃談嚴

日本漢字韻母與《廣韻》韻部對照表(四)

日語韻母	片假名				《廣韻》韻部	
					漢音	吳音
oku	オク　コク　ソク　トク ノク　ホク　モク　ロク ゴク　ゾク　ドク　ボク				屋_沃覺德	屋_燭 德職(喉牙)
yoku	ヨク				燭職	燭(喻四)
uku	フク　ブク スク　ズク				屋三(輕脣)	屋三(輕脣,齒頭)
yuku	ユク				屋三(齒頭,正齒)	屋三(正齒)
aku	アク　カク　サク　タク ナク　ハク　マク　ラク ガク　ザク ダク　バク				鐸覺藥(輕脣) 陌_麥	鐸覺藥(喉牙脣)
yaku	ヤク				藥	藥(喻四,舌齒) 陌麥昔錫
eku	エク　ケク　セク　テク ヘク　レク ゲク　ゼク　デク　ベク				陌三昔錫	

續表

日語韻母	片假名	《廣韻》韻部	
		漢音	吳音
iki	イキ　チキ　シキ　ジキ　ヒキ		職(喻四,舌齒唇)
iku	イク　キク　シク　ジク　チク　リク	屋三(喉牙,舌上,半舌,半齒)	屋三(部分)

日本漢字韻母與《廣韻》韻部對照表(五)

日語韻母	片假名	《廣韻》韻部	
		漢音	吳音
(漢)atsu (吳)achi	(漢)アッ　カッ　サッ 　　タッ　ハッ　ラッ (吳)アチ　カチ　サチ 　　タチ　ナチ　ハチ 　　マチ　ラチ　ガチ 　　ザチ　ダチ　バチ	曷末黠鎋	曷末黠(唇)
(漢)etsu (吳)echi	(漢)エッ　ケッ　セッ 　　テッ　ヘッ　レッ (吳)エチ　ケチ　セチ 　　テチ　ネチ　ヘチ 　　メチ　レチ　ゲチ 　　ゼチ　デチ　ベチ	月屑薛	黠鎋屑薛
(漢)itsu (吳)ichi	(漢)イッ　キッ　シッ 　　ジッ　チッ　ヒッ 　　リッ (吳)イチ　キチ　シチ 　　チチ　ニチ　ヒチ 　　ミチ　リチ　ギチ 　　ジチ　ビチ	質櫛迄	質櫛
(漢)utsu (吳)uchi	(漢)ウッ　クッ　シュッ 　　フッ (吳)ウチ　クチ　スチ 　　ズチ　フチ　ジュチ	術物	術物

續表

日語韻母	片假名		《廣韻》韻部	
			漢音	吳音
（漢）otsu	（漢）オツ　コツ　ソツ　トツ　ホツ　ロツ		没	物迄月没
（吳）ochi	（吳）オチ　コチ　ソチ　トチ　ノチ　ホチ　モチ　ロチ　ゴチ　ゾチ　ドチ　ボチ			

（2）元音韻母十個，包括果假止蟹遇五攝；長元音韻母五個，包括效流通曾宕江梗七攝；n 尾韻母五個，包括臻山深咸四攝。

（3）注意元音與長元音的區別，下列各組的字是不同音的：

姑コko：鉤コウkō　　　　胡コko：侯コウkō

污オo：謳オウō　　　　　徒トto：頭トウtō

祖ソso：走ソウsō　　　　余ヨyo：搖ヨウyō

書ショsho：燒ショウshō　　呂リョryo：了リョウryō

須シュshu：羞シュウshū

（4）日本漢字沒有二等韻，漢語二等字，漢音并入一等，吳音并入三等①，例如：

麻二

　　家：（漢）カka；（吳）ケke

　　花：（漢）カka；（吳）ケke

　　茶：（漢）タta；（吳）ジャ ja

　　沙：（漢）サsa；（吳）シャ sha

佳皆夬

階:（漢）カイkai;（吳）ケke

涯:（漢）ガイgai;（吳）ゲ゚ge

柴:（漢）サイsai;（吳）ゼze

快:（漢）カイkai;（吳）ケke

肴

交:（漢）コウkō;（吳）キョウkyō

巢:（漢）ソウsō;（吳）ジョウjō

包:（漢）ホウhō;（吳）ヒョウhyō

茅:（漢）ボウbō;（吳）ミョウmyō

庚_耕

耕:（漢）コウkō;（吳）キョウkyō

硬:（漢）ゴウgō;（吳）ギョウgyō

爭:（漢）ソウsō;（吳）ショウshō

猛:（漢）モウmō;（吳）ミョウmyō

删山

顏:（漢）ガン gan;（吳）ゲンgen

班:（漢）ハンhan;（吳）ヘンhen

關:（漢）カンkan;（吳）ケンken

山:（漢）サンsan;（吳）センsen

咸銜

咸:（漢）カンkan;（吳）ケンken

斬:（漢）サンsan;（吳）センsen

監:（漢）カンkan;（吳）ケンken

衫:（漢）サンsan;（吳）センsen

黠鎋

滑:（漢）カツkatsu;（吳）ゲチgechi

察：(漢)サツsatsu；(吳)セチsechi

殺：(漢)サツsatsu；(吳)セチsechi

轄：(漢)カツkatsu；(吳)ゲチgechi

洽狎

狹：(漢)コウkō；(吳)ギョウgyō

插：(漢)ソウsō；(吳)ショウshō

甲：(漢)コウkō；(吳)キョウkyō

鴨：(漢)オウō；(吳)ヨウyō

（5）日語的韻母没有介音 u、ĭu，因此，合口一、二等與開口一、二等合流，合口三、四等與開口三、四等合流。在此情況下，漢語不同音的字，在日語裏變爲同音了①。下列各組字都變了同音字：

禍カka＝賀カka	瓜カka＝家カka
歸キki＝機キki	回カイkai＝孩カイkai
雷ライrai＝來ライrai	碎サイsai＝賽サイsai
外ガイgai＝礙ガイgai	桂ケイkei＝計ケイkei
官カンkan＝干カンkan	亂ランran＝爛ランran
端タンtan＝單タンtan	算サンsan＝散サンsan
關カンkan＝間カンkan	全ゼンzen＝前ゼンzen
光コウkō＝岡コウkō	黄コウkō＝杭コウkō
兄ケイkei＝輕ケイkei	

（6）漢語陽聲韻（鼻音收尾的韻）有三個鼻音韻尾：ng、n、m。ng尾的字在日語裏變爲長元音，例如“公”コウkō，良リョウryō，盈エイei；m尾的字在日語裏變爲 n，例如“心”シンshin，“三”サンsan。

---

① 在高本漢《方言字彙》裏，喉牙音合口與開口是有區别的，例如“過”kua，不同于“歌”ka，但是《漢和大字典》裏没有這種區别。

（7）漢語入聲韻（塞音收尾的韻）有三個塞音韻尾：-k、-t、-p。-k尾的字在日語裏變爲-ku、-ki，例如“谷”コクkoku，“略”リャクryaku，“翼”ヨクyoku，“易”エキeki；-t尾的字在日語裏變爲-tsu（吳音爲-chi），例如“骨”コツkotsu，“末”マツmatsu，“吉”キチkichi，“日”ニチnichi；-p尾的字變爲以長元音收尾，例如“合”ゴウgō，“納”ノウnō，“急”キュウkyū，“十”ジュウjū。

（8）日本漢字的平入對應也是相當有規律的。山臻兩攝平入對應最有規律，例如：

干カンkan：葛カツkatsu　　　　蘭ランran：辣ラツratsu

真シンshin：質シツshitsu　　　民ミンmin：密ミツmitsu

通曾兩攝平入對應也很有規律，例如：

公コウkō：谷コクkoku　　　　風フウfū：福フクfuku

登トウtō：得トクtoku　　　　崩ホウhō：北ホクhoku

梗攝三等平入對應也很有規律，例如：

星セイsei：錫セキseki　　　　靈レイrei：歷レキreki

亭テイtei：敵テキteki　　　　精セイsei：積セキseki

宕江兩攝和梗攝二等平入對應雖元音不同，但入聲韻尾-ku也還是與平聲長元音對應的，例如：

湯トウtō：託タクtaku　　　　倉ソウsō：錯サクsaku

江コウkō：覺カクkaku　　　　更コウkō：格カクkaku

祇有咸深兩攝不是平入對應，而是入聲用長元音收尾，例如：

擔タンtan：答トウtō　　　　藍ランran：拉ロウrō

含ガンgan：合ゴウgō　　　　金キンkin：急キュウkyū

（9）《廣韻》元魂痕同用，人們常疑其不合事實。現在我們看見吳音元韻讀on，與魂痕同韻，與先仙异韻，才明白《廣韻》元魂痕同用而與先仙异韻是有根據的，例如：

建コン kon ≒ 見ケン ken　　　　健ゴン gon ≒ 件ゲン gen

圈ゴン gon ≒ 倦ゲン gen　　　　園オン on ≒ 圓エン en

（10）《廣韻》魚虞异韻，日本漢字的音讀可以爲證。漢音魚讀 yo，與模 o 同韻，虞讀 u、yu，與尤幽音近，例如：

魚ギョ gyo ≒ 虞グ gu　　　　　居キョ kyo ≒ 駒ク ku

渠キョ kyo ≒ 衢ク ku　　　　　餘ヨ yo ≒ 逾ユ yu

諸ショ sho ≒ 朱シュ shu　　　　胥ショ sho ≒ 須シュ shu

如ジョ jo ≒ 儒ジュ ju　　　　　許キョ kyo ≒ 詡ク ku

旅リョ ryo ≒ 縷ル ru

（11）《廣韻》東鍾异韻，屋燭异韻，今日語漢音東鍾基本上不同韻，屋燭基本上不同韻。東三讀 yu 而鍾讀 yo；屋三讀 yuku 而燭讀 yoku，例如：

蟲チュウ chū ≒ 重チョウ chō①　　　終シュウ shū ≒ 鐘ショウ shō

充シュウ shū② ≒ 衝ショウ shō　　　融ユウ yū ≒ 容ヨウ yō

戎ジュウ jū ≒ 茸ジョウ jō　　　　隆リュウ ryū ≒ 龍リョウ ryō③

肅シュク shuku ≒ 粟ショク shoku④　　粥シュク shuku ≒ 燭ショク shoku

叔シュク shuku ≒ 束ショク shoku⑤　　熟シュク shuku⑥ ≠ 蜀ショク shoku

總而言之，漢字音讀在日語裏的發展是很有規律性的。由此可見，漢語對日語的影響是很深的。

---

① "重"字今依吳音讀ジュウ jū。

② "充"字慣用音讀ジュウ jū。

③ "龍"字今依吳音讀リュウ ryū，與"隆"無別。

④ "粟"字慣用音讀ゾク zoku。

⑤ "束"字今依吳音讀ソク soku。

⑥ "熟"字今依吳音讀ジュク juku。

第十一章　漢語對朝鮮語的影響①

漢語對朝鮮語影響很大②。公元前 195 年（漢高祖十二年）燕人衛滿亡命入朝鮮，自立爲朝鮮王。從此以後，中國和朝鮮的關係漸漸密切起來。上章説過，晉初百濟王仁携《論語》《千字文》到了日本，可見《論語》《千字文》先在朝鮮流行。公元 5 世紀前後，漢字已經被用爲朝鮮的文字。

漢字在朝鮮語裏所起的作用，等于它在日本語裏所起的作用。漢字有音讀，有訓讀，和在日本差不多。所不同者，朝鮮語漢字的訓讀後世没有傳下來；另外，日本直到現在還使用漢字，朝鮮則基本上廢除了漢字，而改用朝鮮文了。

現代朝鮮語的新詞，多數是對漢語的借詞，不過這些新詞一般是從日語照抄過來的，不是從漢語直接借過去的，例如：

方針 pang chʻim

政策 chəng chʻɛk

科學 kua hak

---

① 這一章經鄭仁甲同志看過，改正多處，特此志謝。

② 編者注：本句文集本改爲："相傳周武王封箕子于朝鮮，那是距今三千年前的事了，未必是信史。"

技術 ki sul

共産主義 kong san chu ɨi

民主主義 min chu chu ɨi①

下面叙述朝鮮語漢字的音系，并加以討論。

一、聲　母

（一）牙音

（1）見母 k

歌 ka②	嘉 ka	幾 kɨi	皆 kɐi
兼 kiəm	今 kɨm	艱 kan	肩 kiən
官 kuam	跟 kɨn	斤 kɨn	君 kun
亙 kɨng	更 kɐing	江 kang	公 kong

（2）溪母 k

可 ka	誇 kua	器 kɨi	開 kɐi
勘 kam	欠 kɨm	衾 kɨm	看 kan
勸 kuən	坤 kom	肯 kɨng	口 ku
坑 kɐing	輕 kiəng	康 kang	匡 kuang

（3）群母 k

其 kɨi	跪 kue	儉 kəm	琴 kɨm
勤 kɨn	近 kɨn	羣 kun	競 kiəng
擎 kiəng	强 kang	狂 kuang	喬 kio

---

① 爲了印刷上的便利，這裏不用朝鮮文，而用羅馬字注音，但［ɯ］改爲 i，［tʃ］［tʃ‘］改爲 ch、ch‘、［ŋ］改爲 ng，也是爲了印刷上的便利。

② 這裏列出的是朝鮮語漢字的中古音，主要參考了朝鮮中古文獻古本《孝經》《訓蒙字音》《千字文》等。

求 ku	渠 kə	懼 ku	共 kong

4. 疑母○

蛾 a	卧 ua	瓦 ua	儀 ɨi
涯 ai	詣 iəi	吟 ɨm	岸 an
眼 an	玩 uan	元 uən	銀 in
凝 ing	仰 ang	咬 io	偶 u
牛 u	吾 o	語 ə	愚 u

(二)喉音

(5)曉母 h

火 hua	花 hua	喜 hɨi	海 hai
漢 han	欣 hɨn	昏 hon	訓 hun
興 hɨng	兄 hiəng	況 huang	孝 hio
休 hiu	虎 ho	虚 hə	烘 hong

(6)匣母 h

何 ha	霞 ha	害 hai	諧 hɐi
咸 ham	寒 han	賢 hiən	痕 hɨn
魂 hon	恒 hɐng	行 hɐing	横 hoing
豪 ho	效 hio	胡 ho	紅 hong

(7)影母○

丫 a	衣 ɨi	威 ui	哀 ɐi
諳 am	音 ɨm	烟 iən	隱 in
温 on	應 ing	襖 o	拗 io
幼 iu	烏 o	於 ə	雍 ong

8. 喻母○

夷 i	夜 ia	鹽 iəm	淫 im
轅 uən	寅 in	云 un	盈 iəng

王 uang   耀 io   友 u   油 iu

餘 iə   于 u   逾 iu   用 iong

討論：

喻三與喻四的區別表現在韻母上，例如：友 u：油 iu；于 u：逾 iu。

（三）舌頭，半舌

（9）端母 t

多 ta   帶 tɐi   擔 tam   旦 tan

端 tan   敦 ton   當 tang   刀 to

斗 tu   都 to   東 tong   得 tɨk

帝 tiəi   點 tiəm   顛 tiən   頂 tiəng

刁 tio   滴 tiək

按：現代朝鮮語端母四等字已顎化爲 ch-。

（10）透母 t'

妥 t'a   泰 t'ai   貪 t'am   灘 t'an

湯 t'ang   討 t'o   偷 t'u   土 t'o

通 t'ong   塔 t'ap   忒 t'ɨk   託 t'ak

添 t'iəm   天 t'iən   聽 t'iəng   挑 t'io

帖 t'iəp   鐵 t'iəl   剔 t'iək

按：現代朝鮮語透母四等字已顎化爲 ch'-。

（11）定母 t,t'（少）

臺 tɐi   大 tai   談 tam   檀 tan

屯 ton   騰 tɨng   唐 tang   陶 to

頭 tu   徒 to   童 tong   達 tal

駝 t'a   惰 t'a   奪 t'al   特 tɨk

田 tiən   亭 tiəng   調 tio   地 ti

敵 tiək   甜 tiəm   疊 tiəp

按：現代朝鮮語定母四等字已顎化爲 ch-, ch'-。

(12) 泥母 n

挪 na	拿 na	奈 nai	男 nam
難 nan	暖 nan	嫩 nun	能 nɨng
惱 no	奴 no	耨 nu	諾 nak
年 niən	寧 niəng	尿 nio	捻 niəp
溺 nik	泥 ni		

(13) 來母 l

羅 la	來 lɐi	藍 lam	蘭 lan
亂 lan	論 lon	稜 lɨng	勞 lo
髏 lu	廬 lo	籠 long	臘 lap
捋 lal	勒 lɨk	落 lak	禄 lok
練 liən	良 liang	鄰 lin	倫 liun
歷 liək	略 liak	陸 liuk	累 liu
臨 lim	連 liən	離 li	燎 lio
流 liu	呂 liə	龍 liong	立 lip
列 liəl	劣 liəl	栗 liul	縷 lu
緑 lok			

按：現代朝鮮語有些方言來母一等字讀 n；三、四等字讀零聲母。

(四) 舌上，半齒

(14) 知母 t, t'(少), ch(少)

知 ti	展 chiən	轉 tiən	珍 chin
貞 tiəng	徵 ting	張 tiang	朝 tio
肘 tiu	猪 tiəi	誅 chiu	中 tiung
冢 chiong	摘 tiək	竹 tiuk	椿 chuang
致 t'i	置 t'i	追 ch'iu	砧 t'im

卓 tʻak

按：現代朝鮮語知母全顎化爲 ch、chʻ，但"卓"字仍讀 tʻak，是古音的殘留。

(15) 徹母 tʻ, chʻ（少）

癡 tʻi	椿 chʻiun	暢 tʻiang	超 chʻio
抽 chʻiu	衝 chʻiung	寵 tʻiong	詔 tʻiəm
撑 tʻɐing	敕 tʻik	徹 chʻiəl	

按：現代朝鮮語徹母全顎化爲 chʻ。

(16) 澄母 t, tʻ（少）, ch（少）, chʻ（少）

遲 chi	池 ti	持 chi	纏 tiən
佳 tiən	陳 tin	呈 tiəng	懲 ching
長 tiang	潮 tio	除 tiə	廚 tiu
重 tiung	姪 til	直 tik	雉 tʻi
治 tʻi	沈 chʻim	蟲 tʻiung	墜 chʻiu
擲 tʻiək	逐 tʻiuk	茶 ta	綻 tʻan
撞 tang	櫂 cho	濯 tʻak	

討論：

知徹澄三母中古朝鮮語多數是舌音，少數是齒音，現代朝鮮語全變爲齒音，中古已變爲齒音的全是三等字，沒有二等字，可見知系二等和三等的發展是不同的。

(17) 娘母 n

女 niə	鈕 niu	濃 nong	娘 niang

(18) 日母 z, ○（少）

惹 ia	任 zim	然 ziən	軟 ziən
仍 ing	攘 ziang	饒 io	柔 iu
如 ziə	儒 ziu	兒 zɐ	人 zin

閏 ziun　　　染 ziəm　　　入 ip　　　熱 iəl

日 zil　　　　若 ziak　　　肉 ziuk　　　辱 ziok

戎 ziung　　　茸 iong

按：現代朝鮮語日母全變爲零聲母。

（五）齒頭

（19）精母 ch,ch'（少）

左 chu　　　資 chɐ　　　災 chɐi　　　濟 chiei

煎 chiən　　　增 chɨng　　　精 chiəng　　　臧 chang

將 chiang　　　遭 cho　　　走 chu　　　酒 chiu

租 cho　　　宗 chong　　　借 ch'ia　　　醉 ch'iui

最 ch'oi　　　尖 ch'iəm　　　浸 ch'im　　　贊 chan

（20）清母 ch'

磋 ch'a　　　且 ch'ia　　　次 ch'ɐ　　　妻 ch'iə

參 ch'am　　　寢 ch'im　　　燦 ch'an　　　千 ch'iən

清 ch'iəng　　　蒼 ch'ang　　　草 ch'o　　　秋 ch'iu

取 ch'iu　　　聰 ch'ong　　　翠 ch'ui　　　菜 ch'ɐi

（21）從母 ch,ch'（少）

藉 chia　　　座 chuo　　　自 chɐ　　　才 chɐi

蠶 cham　　　殘 chan　　　曾 chɨng　　　情 chiəng

藏 chang　　　牆 chiang　　　從 chong　　　叢 ch'ong

曹 cho　　　就 ch'iu　　　聚 ch'iu　　　罪 choi

（22）心母 s

寫 sia　　　鎖 sua　　　私 sɐ　　　西 siə

蘇 so　　　掃 so　　　消 sio　　　羞 siu

三 sam　　　散 san　　　僧 sɨng　　　星 siəng

桑 sang　　　相 siang　　　送 song　　　歲 siəi

（23）邪母 s

邪 sia　　　辭 sɐ　　　遂 siu　　　隨 siu
尋 sim　　　羨 siən　　詳 siang　　囚 siu
袖 siu　　　頌 siong　　序 siə

（六）正齒

（24）照母 ch, ch'（少）

蔗 chia　　　旨 chi　　　齋 chɐi　　　制 chiəi
阻 cho　　　諸 chiə　　　爪 cho　　　周 chiu
占 chiəm　　戰 chiən　　爭 chɐing　　蒸 chɨng
庄 chang　　章 chiang　　終 chiong　　鐘 chiong
錐 ch'u　　　債 ch'ai　　斬 ch'am　　箴 ch'im
贅 ch'iuəi

例外:詐 sa。

（25）穿母 ch'

叉 ch'a　　　車 ch'ia　　齒 ch'i　　釵 ch'ai
川 ch'iən　　稱 ch'img　　創 ch'ang　　昌 ch'iang
窗 ch'ang　　抄 ch'io　　醜 ch'iui　　初 ch'o
處 ch'iə　　　叕 ch'u　　充 ch'iung　　衝 ch'iung

（26）牀母 s, ch（少）, ch'（少）

查 ch'a　　　示 si　　　士 sɐ　　　船 sən
乘 sing　　　床 sang　　巢 so　　　愁 chu
鋤 sə　　　崇 sung　　棧 chan　　助 cho
雛 ch'u　　　讒 ch'am　　撰 chiən

（27）審母 s

師 sɐ　　　施 si　　　使 sɐ　　　世 siəi
書 siə　　　數 su　　　燒 sio　　　守 siu

閃 siəm 　　審 sim 　　山 san 　　生 sɐing

聲 siəng 　　升 siŋg 　　爽 sang 　　雙 sang

(28) 禪母 s

時 si 　　垂 siu 　　睡 chiu 　　誓 siəi

贍 siəm 　　善 siən 　　甚 sim 　　成 siəng

承 siŋg 　　常 siang 　　紹 sio 　　酬 siu

壽 siu 　　視 si 　　署 siə 　　殊 siu

(七)重唇

(29) 幫母 p, pʻ(少)

比 pi 　　悲 pi 　　輩 pɐi 　　拜 pɐi

扁 piən 　　般 pan 　　扮 pan 　　班 pan

賓 pin 　　本 pun 　　崩 pɨng 　　并 piəng

冰 ping 　　邦 pang 　　保 po 　　補 po

巴 pʻa 　　播 pʻa 　　貝 pʻɐi 　　閉 pʻiəi

稟 pʻɨm 　　包 pʻo 　　表 pʻio

(30) 滂母 pʻ, p(少)

怕 pʻa 　　頗 pʻa 　　披 pʻi 　　沛 pʻai

派 pʻai 　　品 pʻɨm 　　篇 pʻiən 　　片 pʻiən

烹 pʻɛng 　　磞 pʻo 　　飄 pʻio 　　鋪 pʻo

譬 pi 　　丕 pi 　　批 pi 　　配 pɐi

盼 pan 　　判 pan 　　攀 pan 　　剖 pu

(31) 並母 p, pʻ

瑟 pi 　　排 pɐi 　　陪 pɐi 　　辨 piən

伴 pan 　　貧 piu 　　盆 pun 　　朋 pɨng

瓶 piəng 　　憑 ping 　　病 piəng 　　旁 pang

棒 pang 　　篷 pong 　　爬 pʻa 　　婆 pʻa

被 pʻi　　　　牌 pʻai　　　　陛 pʻiəi　　　　敝 pʻiəi

稗 pʻai　　　　平 piəng　　　袍 pʻo　　　　暴 pʻo

跑 pʻo　　　　瓢 pʻio　　　　蒲 pʻo

(32) 明母 m

馬 ma　　　　魔 ma　　　　眉 mi　　　　買 mɐi

募 mo　　　　毛 mo　　　　苗 mio　　　　母 mu

眠 miən　　　蠻 man　　　蒙 mong　　　門 mun

忙 mang　　　萌 mɐing　　猛 mɐing　　明 miəng

(八)輕脣

(33) 非母 p, pʻ(少)

非 pi　　　　福 pok　　　　反 pən　　　　方 pang

否 pu　　　　夫 pu　　　　封 pong　　　分 pun

發 pal　　　　弗 pul　　　　廢 pʻiəi　　　法 pəp

風 pʻung

(34) 敷母 p, pʻ(少)

妃 pi　　　　翻 pan　　　　紛 pun　　　　芳 pang

敷 pu　　　　峰 pong　　　泛 pəm　　　　佛 pul

覆 pok　　　　豐 pʻung

(35) 奉母 p, pʻ(少)

肥 pi　　　　礬 pən　　　　墳 pun　　　　房 pang

浮 pu　　　　扶 pu　　　　逢 pong　　　凡 pəm

乏 pəp　　　　伐 pəl　　　　佛 pul　　　　縛 pak

服 pok

(36) 微母 m

尾 mi　　　　萬 man　　　　亡 mang　　　武 mu

襪 mal　　　　勿 mul

討論：

朝鮮語唇音衹有重唇音，没有輕唇音，所以非敷奉微一律讀入幫滂並明。

聲母總討論：

（1）朝鮮語没有全濁音（衹有 z 是例外），故其漢字音見群同音，曉匣同音，端定同音，知澄同音，清從同音，心邪同音，審禪同音，幫並同音，非奉同音。

（2）上古朝鮮語没有送氣不送氣的分別，衹有不送氣音。中古朝鮮語開始有送氣不送氣的區別，唇、舌、齒音在先，牙音在後。大概中古初期唇、舌、齒音有送氣不送氣的區別，但牙音還没有。漢字唇音、齒音有送氣不送氣的對立而牙音没有這種對立，可理解爲漢字是中古初期（15 世紀前後）修改過的。送氣不送氣的分別有點亂，反映出修改時朝鮮語輔音的這種對立體系尚未臻于完備。

（3）精系字和照系字混同。精清從和照穿同讀 ch、ch'，心邪審禪同讀 s。牀母讀 s 爲多，這是因爲牀禪本來是易混的。知系字和照系字也有少量混同，但衹限於知系三等字，知系二等字完整地保存着舌頭音 t、t'。

二、韻　部

（一）果攝，假攝 a,ua

（1）歌韻 a

歌 ka	可 ka	蛾 a	何 ha
羅 la	多 ta	他 t'a	駝 t'a
左 chua	磋 ch'a		

（2）戈韻 ua,a

喉牙齒 ua

過 kua	科 kua	臥 ua	火 hua
禍 hua	剉 chua	座 chua	鎖 sua

舌唇 a

騾 la	朵 t‘a	妥 t‘a	惰 t‘a
播 p‘a	頗 p‘a	婆 p‘a	魔 ma

(3)麻韻 a,ia(少),ua

開₂ a

嘉 ka	衙 a	霞 ha	丫 a
茶 ta	詐 sa	叉 ch‘a	查 ch‘a
紗 sa	拿 na	巴 p‘a	怕 p‘a
爬 p‘a	馬 ma		

開₃ ia

蔗 chia	車 ch‘ia	射 sia	赦 sia
社 sia	借 ch‘ia	且 ch‘ia	藉 chia
寫 sia	邪 sia	夜 ia	惹 ia

按:現代朝鮮語除零聲母外都變成了 a。

合₂ ua

瓜 kua	誇 kua	瓦 ua	花 hua
華 hua			

(二)止攝 ɨi,i,ɐ,ui,u

(1)支脂之微開三 ɨi,i,ɐ

喉牙 ɨi

寄 kɨi	肌 kɨi	己 kɨi	幾 kɨi
器 kɨi	欺 kɨi	豈 kɨi	騎 kɨi
其 kɨi	祈 kɨi	儀 ɨi	疑 ɨi

戲 hɨi	喜 hɨi	希 hɨi	椅 ɨi
醫 ɨi	衣 ɨi	枳 ki	歧 ki
企 ki	弃 ki	耆 ki	屎 hi
伊 i			

按：韻圖放在三等的均作-ɨi，置於四等的作-i①。

喻四，知系，照三②，半舌，半齒 i

移 i	夷 i	怡 i	知 ti
致 ch'i	置 ti	癡 t'i	池 ti
遲 chi	持 chi	支 chi	旨 chi
止 chi	侈 ch'i	鴟 ch'i	齒 ch'i
示 si	施 si	矢 si	詩 si
匙 si	視 si	時 si	離 li
梨 li	狸 li	兒 zɐ	二 zi
耳 zi	地 ti③		

精系，照二 ɐ

紫 chɐ	資 chɐ	茲 chɐ	雌 chɐ
次 ch'ɐ	自 chɐ	慈 chɐ	字 chɐ
斯 sɐ	私 sɐ	司 sɐ	辭 sɐ
祀 sɐ	師 sɐ	士 sɐ	使 sɐ

討論：

《切韻指掌圖》將止攝開口精組字置于一等位置，這是《中原音韻》支思韻的最早來源，其次恐怕是照二組字，照三、知組字大概

---

① 編者注：此按語據文集本補。
② 照三指照系三等，照二指照系二等，下仿此。
③ "地"是四等字，附于此。

是最後變的。朝鮮漢字前兩組作ɐ,後兩組作i,反映出相應的歷史階段的特定語音。

(2)支脂微_{合三} uəi,ui,iu

詭 kuəi	龜 kuəi	鬼 kui	跪 kuəi
麾 hui	揮 hui	危 ui	委 ui
威 ui	爲 ui	違 ui	翠 ch'ui
醉 ch'iui	吹 ch'iu	規 kiu	跬 kiu
墮 hiu	葵 kiu	睢 hiu	髓 siu
縋 ch'iu	垂 siu	睡 siu	墜 ch'iu
隨 siu	追 ch'iu	槌 ch'iu	累 liu
水 siu	雖 siu	遂 siu	惟 iu
蕤 iu	碑 pi	悲 pi	丕 pi
美 mi	非 pi	妃 pi	肥 pi
尾 mi			

討論:

喉牙音韻圖放在三等的一般作uəi、ui,置於四等的一般作iu,但界限不嚴。照系二等接近三等,照系三等、精系、來、日、喻接近四等,唇音一律作i。

(三)蟹攝 ɐi,ai,ue,e,ie

(1)咍泰佳皆_{開口} ɐi,ai

該 kɐi	開 kɐi	礙 ai	海 hɐi
孩 hɐi	哀 ɐi	耐 nai	來 lɐi
戴 tɐi	胎 t'ɐi	臺 tɐi	灾 chɐi
菜 ch'ɐi	材 chɐi	賽 sai	
蓋 kai	艾 ai	害 hai	奈 nai
賴 lɐi	帶 tɐi	泰 t'ai	大 tai

貝 pʻai　　沛 pʻai

涯 ai　　　蟹 hɐi　　　債 chʻai

擺 pʻai　　牌 pʻai　　　罷 pʻai　　　買 mɐi

皆 kɐi　　楷 kɐi　　　諧 hɐi　　　挨 ai

齋 chɐi　　排 pɐi　　　埋 mɐi

（2）灰泰佳皆夬合口 ui, u

　喉牙舌齒 ui, uai

瑰 kui　　魁 kui　　　誨 hui　　　回 hui

雷 lui　　堆 tʻui　　　頹 tʻui　　　催 chʻui

罪 chui　　推 tʻui

外 ui　　　會 hui　　　最 chʻui

掛 kuai　　畫 hua

怪 kui　　快 kuai　　　壞 hui

例外：兌 tʻai，隊 tɐi，內 nɐi，話 hua。

唇音 ɐi, ai

輩 pɐi　　配 pɐi　　　陪 pɐi　　　玫 mɐi

派 pʻai　　稗 pʻai　　　敗 pʻai　　　邁 mai

拜 pai

（3）齊祭開口 iəi

縱 kiəi　　啟 kiəi　　　詣 iəi　　　奚 hiəi

藝”iəi　　禮 liəi　　　例 liəi　　　閉 pʻiəi

陛 pʻiəi　　敝 pʻiəi

帝 tiəi　　體 tʻiəi　　　題 tiəi　　　濟 chiəi

妻 chʻiə　　齊 chiəi　　　西 siə

滯 chʻiəi　制 chiəi　　　世 siəi　　　誓 siəi

祭 chiəi

例外：泥 ni，米 mi。

(4)齊祭廢合口 iəi，ui，iuəi

慧 hiəi	銳 iəi	廢 p'iəi	吠 piəi
稅 siəi	歲 siəi	圭 kiu	奎 kiu
衛 ui	贅 ch'iuəi		

（四）遇攝 o，ə，iə（少）

(1)模韻 o

沽 ko	苦 ko	吾 o	虎 ho
胡 ho	烏 o	奴 o	盧 lo
都 to	土 t'o	徒 to	租 cho
蘇 so	補 po	蒲 p'o	募 mo

(2)魚韻 ə，iə，o（少）

喉牙 ə

| 居 kə | 去 kə | 渠 kə | 語 ə |
| 虛 hə | 於 ə | | |

喻四，娘，日，來，照三，知，精 iə

餘 iə	女 niə	如 ziə	呂 liə
豬 chiə	除 tiə	諸 chiə	處 ch'iə
書 siə	署 siə	胥 siə	序 siə

照二 o

| 初 ch'o | 助 cho | 梳 so |

例外：鋤 sə。

(3)虞韻 u，iu（少）

喉牙唇 u

| 拘 ku | 驅 ku | 懼 ku | 愚 u |
| 夫 pu | 扶 pu | 武 mu | |

舌,齒,喻_四,日 iu

誅 chiu	廚 tiu	住 chiu	芻 ch'u
數 su	雛 ch'u	主 chiu	輸 siu
殊 siu	縷 lu	取 ch'iu	聚 ch'iu
須 siu	逾 iu	儒 ziu	

（五）效攝 o,io

（1）豪韻 o

高 ko	考 ko	好 ho	豪 ho
惱 no	勞 lo	刀 to	陶 to
草 ch'o	曹 cho	早 cho	掃 so
保 po	袍 p'o	暴 p'o	毛 mo

（2）肴韻 io,o

喉牙 io

交 kio	敲 kio	咬 io	孝 hio
效 hio	拗 io		

舌齒唇 o,io

櫂 cho	爪 cho	抄 ch'io	巢 so
稍 sio	包 p'o	礮 p'o	茅 mo

（3）蕭宵 io

驕 kio	喬 kio	堯 io	曉 hio
妖 io	耀 io	表 p'io	飄 p'io
尿 nio	苗 mio	聊 lio	饒 io
刁 tio	挑 tio	調 tio	朝 tio
超 ch'io	潮 tio	昭 chio	燒 sio
紹 sio	焦 ch'io	樵 ch'io	消 sio

（六）流攝 u,iu（少）

（1）侯韻 u

鉤 ku	口 ku	偶 u	耨 nu
樓 lu	斗 tu	偷 t'u	頭 tu
走 chu	叟 su	剖 pu	

例外：母 mo。

（2）尤韻 u, iu（少）

喉牙脣 u

九 ku	丘 ku	求 ku	休 hiu
優 u	友 u	愁 su	瘦 su
否 pu	浮 pu	富 pu	婦 pu

例外：謀 mo。

舌, 齒, 來, 日, 喻₄ iu

抽 ch'iu	周 chiu	守 siu	壽 siu
酒 chiu	秋 ch'iu	羞 siu	袖 siu
油 iu	流 liu	柔 iu	

（3）幽韻 iu, u

糾 kiu	幼 iu	謬 mu

（七）通攝 ong, iong（少）, ung, iung（少）, ok, iok, uk, iuk

（1）東_冬鍾 ong, iong（少）

喉牙舌齒脣 ong

公 kong	空 kong	紅 hong	翁 ong
東 tong	冬 kong	通 t'ong	童 tong
宗 chong	聰 ch'ong	農 nong	送 song
宋 song	篷 pong	蒙 mong	籠 long
恭 kong	共 kong	雍 ong	重 tiung
濃 nong	從 chong	縱 chong	頌 siong

　　封 pong　　　　逢 pong

喻四,來三,日 iong

　　用 iong　　　　龍 liong　　　　茸 iong

(2)東三 ung,iung(少),冬 iong

喉牙舌齒唇 ung

　　弓 kung　　　　熊 ung　　　　中 tiung　　　　蟲 t'iung

　　崇 chong　　　　終 chiong　　　充 ch'iung　　風 p'ung

　　豐 p'ung　　　　冲 ch'iung　　仲 tiung

喻四,來三,日 iung

　　融 iung　　　　隆 liung　　　　戎 ziung

(3)屋一,沃,燭 ok,iok(少)

喉牙舌齒唇 ok

　　谷 kok　　　　哭 kok　　　　屋 ok　　　　禄 lok

　　獨 tok　　　　毒 tok　　　　篤 tok　　　　禿 tok

　　族 chok　　　速 sok　　　　卜 pok　　　　木 mok

　　曲 kok　　　　獄 ok　　　　燭 ch'iok　　束 sok

　　蜀 siok　　　足 chiok　　促 ch'ok　　俗 siok

喻四,來三,日 iok

　　欲 iok　　　　綠 lok①　　　辱 ziok

(4)屋三 uk,iuk(少),ok(少)

喉牙 uk,舌齒 iuk

　　菊 kuk　　　　竹 tiuk　　　逐 ch'iuk　　祝 t'iuk

　　淑 siuk　　　蕭 siuk

喻四,來三,日 iuk

　　　　　　　　　　　　　　　　　

① “綠”是“龍”的入声,當讀作 iok。高本漢《方言字彙》注作 nok,與“禄”同音,疑誤。

育 iuk　　　　陸 liuk　　　　肉 ziuk

唇音 ok

福 pok　　　　覆 pok　　　　服 pok　　　　目 mok

討論：

東$_{一}$鍾同韻，屋$_{一}$燭同韻，東$_{一}$與東$_{三}$不同韻，屋$_{一}$與屋$_{三}$不同韻，這種發展情況和日本漢字的發展情況是一致的。這決不是偶合。東$_{一}$與鍾在上古漢語屬東部，東$_{三}$在上古漢語屬冬部，屋$_{一}$與燭在上古漢語屬屋部，屋$_{三}$在上古漢語屬覺部，所以有不同的發展。

（八）曾攝 iŋ，ing

（1）登韻 ing

亙 king　　　肯 king　　　能 ning　　　棱 ling

登 ting　　　騰 ting　　　增 ching　　　贈 ching

僧 sing　　　崩 ping　　　朋 ping

例外：恒 heng。

（2）蒸韻 iŋ，ing

喉牙，正齒，半舌 ing

兢 king　　　凝 ing　　　興 hing　　　應 ing

蒸 ching　　　乘 sing　　　升 sing　　　承 sing

陵 ning

例外：稱 ch'ing。

喻$_{四}$，舌上，唇 ing

蠅 ing　　　徵 ting　　　懲 ching　　　冰 ping

憑 ping

（3）德韻 ik，uk

開口 ik

刻 kɨk	黑 hɨk	勤 lɨk	得 tɨk
忒 t'ɨk	特 t'ɨk	則 chɨk	北 pɨk
默 mɨk			

合口　uk

國 kuk

例外：或 hok。

(4)職韻 ɨk，ik，ək，iək，ɐik

棘 kɨk	極 kɨk	測 ch'ɨk	即 chɨk
弋 ik	敕 t'ik	直 tik	識 sik
匿 nik	息 sik	織 chik	食 sik
抑 ək	域 iək	力 liək	色 sɐik

(九)宕攝，江攝 ang，iang(少)，uang

(1)唐韻 ang，uang

開口　ang

剛 kang	康 kang	昂 ang	囊 nang
郎 lang	當 tang	唐 tang	蒼 ch'ang
藏 chang	桑 sang	旁 pang	忙 mang

合口　uang

光 kuang	荒 huang	皇 huang	汪 uang

(2)陽韻 ang，iang(少)，uang

開口 ang，iang(少)

喉牙 ang，舌齒 iang

疆 kang	強 kang	仰 ang	秧 ang
庄 chang	創 ch'ang	床 sang	爽 sang
張 tiang	暢 t'iang	長 tiang	章 chiang
昌 ch'iang	常 siang	將 chiang	牆 chiang

匠 chiang　　相 siang　　詳 siang

例外：鄉 hian。

喻四，娘日來 iang

　洋 iang　　　娘 niang　　攘 iang　　　良 liang

合口 uang，ang

喉牙 uang

　匡 kuang　　狂 kuang　　況 huang　　枉 uang

　王 uang

唇 ang

　方 pang　　　芳 pang　　房 pang　　　亡 mang

(3)鐸韻 ak，uak

開口 ak

　各 kak　　　鶴 hak　　　惡 ak　　　　諾 nak

　落 lak　　　託 t'ak　　　鐸 t'ak　　　作 chak

　索 sak　　　博 pak　　　薄 pak　　　漢 mak

合口 uak

　郭 kuak　　　擴 kuak

(4)藥韻 ak，iak(少)

喉牙唇 ak，舌齒 iak

　脚 kak　　　却 kak　　　瘧 hak　　　酌 chiak

　綽 chiak　　爵 chiak　　鵲 chiak　　嚼 chiak

　削 siak　　　縛 pak

影喻來日 iak

　約 iak　　　藥 iak　　　略 liak　　　若 ziak

(5)江韻 ang

　江 kang　　　腔 kang　　項 hang　　　撞 tang

窗 saŋ　　　雙 saŋ　　　邦 paŋ　　　棒 paŋ

（6）覺韻 ak

覺 kak　　　確 huak　　　嶽 ak　　　學 hɐk

卓 tʻak　　　濯 tʻak　　　捉 chʻak　　　朔 sak

駁 pak　　　樸 pak　　　雹 pak

（十）梗攝 ɐiŋ，uiŋ，iəŋ，əŋ，ɐik，oik，iək

（1）庚二耕 ɐiŋ，uiŋ

開口 ɐiŋ

更 kɐiŋ　　　坑 kɐiŋ　　　行 hɐiŋ　　　幸 hɐiŋ

鶯 ɐiŋ　　　爭 chɐiŋ　　　撐 tʻɐiŋ　　　生 sɐiŋ

烹 pʻɐiŋ　　　猛 mɐiŋ　　　萌 mɐiŋ

合口　uiŋ

橫 huiŋ　　　轟 kuiŋ　　　宏 kuiŋ

（2）庚三清青 iəŋ

京 kiəŋ　　　卿 kiəŋ　　　競 kiəŋ　　　迎 iəŋ

英 iəŋ　　　輕 kiəŋ　　　纓 iəŋ　　　盈 iəŋ

經 kiəŋ　　　馨 hiəŋ　　　形 hiəŋ　　　兄 hiəŋ

靈 iəŋ　　　領 iəŋ　　　傾 kiəŋ　　　永 iəŋ

平 pʻiəŋ　　　兵 piəŋ　　　病 piəŋ　　　寧 iəŋ

營 iəŋ　　　瓶 piəŋ　　　名 miəŋ　　　明 miəŋ

貞 tiəŋ　　　呈 tiəŋ　　　征 chiəŋ　　　聲 siəŋ

成 siəŋ　　　精 chiəŋ　　　清 chʻiəŋ　　　青 chʻəŋ

情 chiəŋ　　　性 siəŋ　　　星 siəŋ

（3）陌二麥 ɐik，oik

開口 ɐik

客 kɐik　　　額 ɐik　　　澤 tʻɐik　　　窄 chʻɐik

百 pɐik　　　拍 pɐik　　　白 pɐik　　　麥 mɐik

核 hɐik　　　軶 ɐik　　　策 ch'ɐik

例外：格 kiək，革 kiək，赫 hiək，摘 chiək。

合口 oik

獲 hoik　　　虢 oik　　　砉 oik　　　鹹 oik

4. 陌₃昔錫 iək

喉牙脣，泥來 iək

逆 iək　　　繹 iək　　　碧 piək　　　僻 piək

擊 kiək　　　溺 niək　　　歷 liək　　　壁 piək

霹 piək　　　覓 miək

例外：益 ik。

舌齒 iək

擲 t'iək　　　隻 ch'iək　　　尺 ch'iək　　　適 tiək

石 siək　　　積 chiək　　　籍 chiək　　　惜 siək

席 siək　　　滴 tiək　　　剔 t'iək　　　敵 tiək

績 chiək　　　戚 ch'iək　　　寂 chiək　　　錫 siək

（十一）臻攝 in, in, iun, un, on

（1）真韻 in, in

牙 in

巾 kin　　　僅 kin　　　銀 in

影喻，舌齒脣 in

因 in　　　寅 in　　　珍 tin　　　陳 tin

真 chin　　　神 sin　　　身 sin　　　辰 sin

人 zin　　　鄰 lin　　　津 chin　　　親 ch'in

秦 chin　　　新 sin　　　貧 pin　　　民 min

（2）諄韻 iun

均 kiun	允 iun	倫 liun	閏 ziun
椿 ch'iun	準 chiun	春 ch'iun	順 siun
醇 siun	俊 chiun	詢 siun	旬 siun

（3）文韻 un

| 君 kun | 羣 kun | 訓 hun | 玄 un |
| 分 pun | 紛 pun | 墳 pun | 文 mun |

（4）欣韻 in

| 斤 kin | 近 kin | 欣 hin | 隱 in |

（5）魂韻 on，un

喉牙舌齒 on

棍 kon	坤 kon	昏 hon	魂 hon
溫 on	論 non	敦 ton	屯 ton
尊 chon	忖 ch'on	存 chon	孫 son

例外：嫩 nun。

唇 un

| 噴 pun | 盆 pun | 門 mun |

例外：本 pon。

（6）痕韻 in，ɐn

喉牙 in，ɐn

| 跟 kin | 痕 hin | 恩 in | 懇 kɐn |
| 吞 t'ɐn |

（7）質韻 il

吉 kil	一 il	逸 il	姪 til
質 chil	實 sil	失 sil	日 zil
七 ch'il	疾 chil	悉 sil	畢 p'il
匹 p'il	弼 p'il	蜜 mil

例外：栗 liul。

（8）櫛韻 ɨl

　　瑟 sɨl

（9）術韻 iul

　　橘 kiul　　　　律 liul　　　　出 ch'iul　　　　術 siul

　　戌 siul

（10）物韻 ul

　　屈 kul　　　　掘 kul　　　　鬱 ul　　　　　弗 pul

　　彿 pul　　　　佛 pul　　　　勿 mul

（11）迄韻 əl

　　乞 kəl

（12）沒韻 ol

　　骨 kol　　　　忽 hol　　　　突 tol　　　　　卒 chol

　　猝 chol　　　　沒 mol

例外：窟 kul。

（十二）山攝

（1）寒刪山開口 an

　　干 kan　　　　岸 an　　　　漢 han　　　　寒 han

　　安 an　　　　難 nan　　　　蘭 lan　　　　旦 tan

　　檀 tan　　　　贊 ch'an　　　殘 chan　　　　散 san

　　諫 kan　　　　顏 an　　　　刪 san　　　　艱 kan

　　眼 an　　　　限 han　　　　綻 t'an　　　　盞 chan

　　棧 chan　　　山 san　　　　看 kan　　　　灘 t'an

（2）桓刪山合口 uan, an

喉牙 uan

　　官 kuan　　　欵 kuan　　　玩 uan　　　　歡 huan

換 huan　　　　盌 uan　　　　關 kuan　　　　頑 uan

還 huan　　　　鰥 kuan

舌齒唇 an

暖 nan　　　　亂 lan　　　　端 tan　　　　團 tan

鑽 ch'an　　　酸 san　　　　般 pan　　　　盤 pan

伴 pan　　　　滿 man　　　　撰 ch'an　　　班 pan

扮 pan　　　　攀 pan　　　　蠻 man

(3)元仙開口 ən,iən

喉牙唇 ən,舌齒 iən

建 kən　　　　言 ən　　　　憲 hən　　　　愆 kən

虔 kən　　　　件 kən　　　　諺 ən　　　　焉 ən

展 chiən　　　纏 chiən　　　戰 chiən　　　扇 siən

禪 siən　　　　善 siən　　　　煎 chiən　　　賤 ch'iən

仙 siən　　　　羨 siən

喻四,半舌,半齒,唇 iən

延 iən　　　　連 liən　　　　然 ziən　　　　篇 p'iən

辨 piən　　　　綿 miən

(4)元仙合口 uən,ən①

喉牙 uən

勸 kuən　　　　元 uən　　　　苑 uən　　　　轅 uən

捲 kuən　　　　權 kuən　　　　倦 kuən　　　　員 uən

例外:緣 iən。

舌齒 ən

傳 chən　　　　專 chən　　　　川 ch'ən　　　船 sən

---

① 編者注:元仙合口舌齒音作 ən 及例外的例子,據文集本補。

全 chən　　　宣 sən

例外：軟 iən，戀 iən。

（5）先 iən，ən

肩 kiən	牽 kiən	研 iən	顯 hiən
賢 hiən	烟 iən	年 niən	練 liən
扁 piən	片 pʻiən	眠 miən	玄 hiən
顛 tiən	天 tʻiən	田 tiən	電 tiən
箋 chiən	千 chʻiən	前 chiən	先 siən

討論：

《廣韻》先仙有別，今普通話及各地方言都沒有分別，惟獨朝鮮漢字有別。"牽"kiən 不同于"愆"kən，"研"iən 不同于"諺"ən，"烟"iən 不同于"焉"ən，等等。

（6）曷黠鎋開口 al

葛 kal	渴 kal	曷 hal	辣 lal
撻 tal	達 tal	札 chʻal	察 chʻal
殺 sal	瞎 hal	轄 hal	

（7）末黠鎋合口 ual，al

喉牙 ual

闊 kual	豁 hual	活 hual	滑 hual
刮 kual			

舌齒唇 al

將 lal	掇 tʻal	脫 tʻal	奪 tʻal
鉢 pal	潑 pal	鈸 pal	末 mal
八 pʻal	拔 pal		

例外：撮 chʻual，刷 sual。

（8）月薛開口 əl，iəl

喉牙 əl,舌齒 iəl

歇 həl	傑 kəl	孽 əl	徹 chʻiəl
折 chiəl	舌 siəl	設 siəl	褻 siəl

例外:謁 al。

來日,唇 iəl

列 liəl	熱 iəl	別 piəl	滅 miəl

(9)月薛合口 uəl,əl,iəl(少),al

喉牙 uəl

月 uəl	越 uəl

舌齒 iəl

拙 chiəl	説 siəl	絶 chiəl	雪 siəl

喻四,來 iəl

悦 iəl	劣 liəl

唇 al,əl

發 pal	襪 mal	伐 pəl

(10)屑韻開合口 iəl,əl

結 kiəl	噎 iəl	瞥 piəl	蔑 miəl
決 kiəl	缺 kiəl	血 hiəl	穴 hiəl
鐵 tʻiəl	節 chiəl	切 chiəl	截 chiəl

(十三)深攝 im,im,ip,ip

(1)侵韻 ɨm,im

喉牙唇 ɨm

今 kɨm	衾 kɨm	琴 kɨm	吟 ɨm
音 ɨm	淫 ɨm	稟 pʻim	品 pʻim

舌齒、半舌、半齒 im

砧 tʻim	沈 chʻim	箴 chʻim	審 sim

甚 sim　　　臨 lim　　　任 im

（2）緝韻 ɨp, ip

喉牙 ɨp

急 kɨp　　　及 kɨp　　　吸 hɨp　　　邑 ɨp

舌齒、半舌、半齒 ip

執 chip　　　溼 sip　　　十 sip　　　茸 chip

集 chip　　　習 sip　　　立 lip　　　入 ip

（十四）咸攝 am, iəm, əm

（1）覃談咸銜 am

感 kam　　　勘 kam　　　含 ham　　　諳 am

男 nam　　　婪 lam　　　貪 t'am　　　潭 tam

參 ch'am　　蠶 cham　　甘 kam　　　藍 lam

擔 tam　　　毯 tam　　　談 tam　　　淡 tam

慙 ch'am　　三 sam　　　咸 ham　　　站 ch'am

斬 ch'am　　讒 ch'am　　監 kam　　　嵌 kam

攙 ch'am　　衫 sam

（2）鹽嚴凡 əm, iəm（少）

喉牙脣 əm, 舌齒 iəm

檢 kəm　　　儉 kəm　　　險 həm　　　閹 əm

沾 ch'iəm　　諂 t'iəm　　占 chiəm　　閃 siəm

贍 siəm　　　尖 ch'iəm　　漸 chiəm　　欠 kəm

嚴 əm　　　醃 əm　　　泛 pəm　　　凡 pəm

喻母, 半舌, 半齒 iəm

鹽 iəm　　　炎 iəm　　　匲 liəm　　　染 iəm

（3）添韻 iəm

喉牙舌, 泥母 iəm

兼 kiəm	謙 kiəm	嫌 hiəm	念 niəm
點 tiəm	添 t'iəm	甜 t'iəm	

(4)合盍洽狎 ap

甲 kap	合 hap	納 nap	拉 lap
答 tap	雜 chap	臘 lap	插 sap
霎 sap	鴨 ap	狎 ap	塔 t'ap

例外：夾 kiəp，掐 kiəp，狹 hiəp。

(5)葉業乏 əp, iəp(少)

喉牙唇 əp, 舌齒 iəp

業 əp	摺 chiəp	涉 siəp	接 chiəp
妾 ch'iəp	捷 ch'iəp	劫 kəp	怯 kəp

例外：脅 həp。

喻四, 半舌 iəp

葉 iəp	獵 liəp

(6)帖韻 iəp

頰 hiəp	協 hiəp	捻 niəp	帖 t'iəp
疊 t'iəp			

韻部總討論：

(1)朝鮮漢字與漢語的對應非常有規律性和系統性。

(2)陽聲三類韻尾-ng、-n、-m，完全與漢語系統相對應，入聲三類韻尾-k、-l、-p，與漢語-k、-t、-p 相對應。以韻尾-l 對韻尾-t 是朝鮮漢字的特點。

(3)平入相配，有條不紊，例如：

公 koŋ	弓 kuŋ	登 tɨŋ
谷 kok	菊 kuk	得 tɨk
將 chaŋ	坑 kɐiŋ	迎 iəŋ
爵 chak	客 kɐik	逆 iək
眞 chin	昏 hon	干 kan
質 chil	忽 hol	葛 kal
綿 miən	天 ch'iən	今 kɨm
滅 miəl	鐵 ch'iəl	急 kɨp
監 kam	嚴 əm	凡 pəm
甲 kap	業 əp	乏 pəp

(4)《廣韻》收-n 的韻和收-m 的韻也有對應的關係。眞對侵,寒對覃談,刪山對咸銜,仙對鹽,元對嚴凡,先對添。在朝鮮漢字裏,其對應的關係也是一樣的。

眞 ɨn,in	寒　刪山 an
侵 ɨm,im	覃談咸銜 am
仙元　ən	先 iən
鹽嚴凡 əm	添 iəm

(5)《廣韻》收-t 的韻和收-p 的韻也有對應的關係。質對緝,曷對合盍,黠鎋對洽狎,薛對葉,月對業乏。在朝鮮漢字裏,其對應的關係也是一樣的。

質(ɨl) il	曷　黠鎋 al
緝(ɨp) ip	合盍洽狎 ap
薛月　əl	屑 iəl
葉業乏 əp	帖 iəp

由于先仙不同韻,所以鹽添也不同韻。以喉牙音而論,鹽是 əm,添是 iəm(比較"儉"kəm:"兼"kiəm)。由于鹽添不同韻,所以葉帖也不同韻。以喉牙音而論,葉是 əp,帖是 iəp(比較劫 kəp:頰 kiəp)①。其發展規律之嚴,令人驚嘆!

(6)聲母不同,影響韻母的發展。一般是喉牙爲一類。舌齒爲一類。唇音則或與喉牙一類,或與舌齒一類。喻四往往與來日一類爲一類。止攝最爲複雜:開口三等喉牙爲 i,爲 ă;合口三等喉牙、精清從、照穿为 ui;心邪、審禪、舌上爲 u;喻四、半舌、半齒爲 iu。在這樣複雜的情況下,系統性還是很強的。②

(7)喻三與喻四不同類,表現在不同韻母的發展,例如"爲"讀 ui 而"惟"讀 iu,"友"讀 u 而"油"讀 iu,"于"讀 u 而"逾"讀 iu。

(8)照系三等與二等不同類,表現在不同韻母的發展,例如"詩"讀 si 而"師"讀 să,"矢"讀 si 而"使"讀 să,"書"讀 sə 而"梳"讀 so。

(9)《廣韻》魚虞不同韻,朝鮮漢字魚虞也不同韻,例如"居"讀 kə 而"拘"讀 ku,"餘"讀 iə 而"逾"讀 iu,"除"讀 chə 而"廚"讀 chu。

(10)《廣韻》登庚不同韻,蒸清不同韻,朝鮮漢字登與庚、蒸與清也不同韻,例如"肯"讀 king 而"坑"讀 keing,"蒸"讀 ching 而"征"讀 chiəng,"乘"讀 sing 而"成"讀 siəng,"升"讀 sing 而"聲"讀 siəng。

---

① "劫"字是業韻字,業葉同類,故借爲例。
② 編者注:此條討論原本無,今據文集本補。

第十二章　漢語對越南語的影響

漢語對越南語的影響,有兩個比較重要的時期:其一是漢武帝至漢光武帝一段,當時漢語已經傳入越南,我們稱之爲古漢越語;其二是隋至後晉一段,當時在越南設立學校,傳授漢字,漢越語就是在這個時候產生的。[①]

現在我們把古漢越語和漢越語分別加以叙述。

一、古漢越語

古漢越語指的是上古傳入越南的漢語詞。越南人不知道這是古漢越語,以爲是越南原有的語詞。經過我們從語音發展規律上研究,許多越南語詞可以確定爲古漢越語。兹分類舉例如下:

第一,漢語古無輕唇音。古漢越語也是這樣,例如:

─────────────

[①] 編者注:此段文集本介紹較爲詳細,現轉録于下:

越南曾經兩次長期地隸屬于中國。第一次隸屬共約一百五十年。漢武帝元鼎六年(前111),在南越置九郡,統稱交州,以龍編爲首府,龍編在今河内東。當時漢語已經傳入越南,我們稱它爲古漢越語。漢光武帝建武元年(25),交趾女子徵側、徵貳起義。雖然建武十九年馬援平了交趾,實際上越南和中國的關係已經松弛了。第二次隸屬共約三百三十餘年,即從隋仁壽三年(603)至後晉天福三年(938)。唐初,置安南都護府,在越南設學校,授漢字,漢越語就是那個時候產生的。

“飛”字,古漢越語作 bay^{1}①。

“房”字,古漢越語作 buông^2。

“帆”字,古漢越語作 buôm^2。

“符”字,古漢越語作 bua^{2}②。

“父”字,古漢越語作 bo^5。

“佛”字,古漢越語作 but^6。

“味”字,古漢越語作 mui^2。

“舞”字,古漢越語作 mua^5。

第二,漢語古無舌上音,古漢越語也是這樣。例如:

“濁”字,古漢越語作 dhuc^6。

“燭”字③,古漢越語作 dhuôc^5,當火炬講。

第三,魚韻字在上古漢語是 ia,在古漢越語裏反映爲 ia。例如:

“御”字,古漢越語作 ngia^4,當馬講。

“許”字,古漢越語作 hia^5。

“驢”字,古漢越語作 lia^2。

“序”字,古漢越語作 tia^6。

“貯”字,古漢越語作 chia^5。

“初”字,古漢越語作 xia,當古講。

“疎”字,古漢越語作 thia^1。

“所”字,古漢越語作 thia^3。④

---

① 注音用越南“國語”的寫法。數目字表示聲調。爲了印刷的方便,字形略有改變,即:đ
　　改 dh,ơ 改 ə,ư 改 i。
② 編者注:“符”字,原本作“婦”,文集本作“符”,今據王力先生《漢越語研究》一文改爲
　　“符”。本章個別漢越語例字的語音形式存在訛誤、脱漏或轉寫形式不統一的情況,現
　　據文集本和《漢越語研究》訂正,不再一一指出。
③ “燭”是照母字。但照系三等字上古亦讀舌音。
④ 更多的例子見于拙著《漢越語研究》,茲不贅。

二、漢越語

越南語有兩套詞彙：一套是白話，即越南語固有的詞彙；一套是文言，即漢越語，也就是漢語借詞。舉例來說，數目字就有兩套：

一	越語 môt^6	漢越語 nhât^5
二	越語 hai^1	漢越語 nhi^6
三	越語 ba^1	漢越語 tam^1
四	越語 bôn^5	漢越語 ti^5
五	越語 năm^1	漢越語 ngu^4
六	越語 sau^5	漢越語 luc^6
七	越語 bay^3	漢越語 thât^5
八	越語 tam^5	漢越語 bat^3
九	越語 chin^5	漢越語 cɨu^3
十	越語 iəi^2	漢越語 thâp^6

又如“言語”這個意義，越語有四個詞表示：ngôn^1（古漢越語“言”字）；ngɨ^4（漢越語“語”字）；tiêng^5（越語“話”）；noi^5（越語“說”）。文言白話，各當其用。Tuc^6 ngôn^1 是“諺語”，quôc^5 ngɨ^4 是“國語”；tiêng^5 Viêt^6 Nam^1 是“越南語”，noi^5 lai^6 是“再說”。值得注意的是詞序不同，“國語”是按照漢語的詞序，定語前置；“越南語”是按照越語的詞序，定語後置。

下面敘述漢越語的音系，并加以討論。

三、聲　母

（一）牙音

（1）見母［k］c,k,g；［ʑ］gi

開口一、三、四等,合口二等,［k］c,k,g

改 cai³	柑 cam¹	肝 can¹	景 canh³
高 cao¹	禁 câm⁵	姑 cô¹	公 công
骨 côt⁵	菊 cuc⁵	恭 cung¹	久 ciu³
計 kê⁵	兼 kiêm¹	見 kiên⁵	經 kinh¹
果 qua³	官 quan¹	卷 quyên³	

例外：叫 khiêu⁵,潔 khiêt⁵,激 khich⁵。

梗攝開口二等［k］c

更 canh¹	羹 canh¹	耕 canh¹

其他開口二等　［ʑ］　gi

家 gia¹	解 giai³	減 giam³	間 gian¹
江 giang¹	交 giao¹	覺 giac⁵	甲 giap⁵

（2）溪母［k'］kh

可 kha³	客 khach⁵	開 khai¹	康 khang¹
考 khao³	苦 khô³	空 khong¹	氣 khi⁵
輕 kinh¹	困 khon⁵	科 khoa¹	快 khoai⁵
寬 khoan¹	勸 khuyên⁵	乞 khât⁵	怯 khiêp⁵

（3）群母［k］c,k,q

近 cân⁶	及 câp⁶	極 cic⁶	強 ciəng²
舊 ciu⁶	舅 ciu⁴	巨 ci⁶	共 cung⁶
傑 kiêt⁶	儉 kiem⁶	轎 kiêu⁶	奇 ki²
群 quân²	郡 quân⁶	狂 cuong²	扃 quynh²

（4）疑母［ŋ］ng，ngh；［ȵ］nh

開口一、三、四等，合口二等［ŋ］ng

礙 ngai⁶　　遨 ngao¹　　藕 ngâu⁴　　吟 ngâm¹

銀 ngân¹　　藝 nghê⁶　　嚴 nghiêm¹　研 nghiên¹

訛 ngoa¹　　疑 nghi¹　　瓦 ngoa⁴　　外 ngoai⁶

愚 ngu¹　　御 ngɨ⁶　　元 nguyên¹　阮 nguyên⁴

玉 ngoc⁶　　月 nguyêt⁶　愕 ngac⁶　　額 ngach⁶

逆 nghich⁶

開口二等［ȵ］nh

牙 nha¹　　雅 nha⁴　　樂（音樂）nhac⁶　　顏 nhan¹

眼 nhan⁴　　雁 nhan⁶

討論：

疑母開口二等與一、三、四等讀音不同，和見母開口二等與一、三、四等讀音不同是一致的。

<h2 style="text-align:center">（二）喉音</h2>

（1）曉母［h］h

海 hai³　　好 hao³　　獻 hiên³　　羲 hi¹

孝 hiêu⁵　　曉 hiêu³　　香 hɨəng¹　呼 hô¹

昏 hôn¹　　虛 hɨ¹　　火 hoa³　　化 hoa⁵

花 hoa¹　　歡 hoan¹　　荒 hoang¹　兄 huynh¹

血 huyêt⁵　黑 hăc⁵　　吸 hâp⁵

（2）匣母［h］h

何 ha²　　孩 hai²　　含 ham²　　寒 han²

侯 hâu²　　恒 hăng²　　號 hiêu⁶　　形 hinh²

户 hô⁶　　魂 hôn²　　回 hôi²　　紅 hong²

雄 hung²　　禍 hoa⁶　　懷 hoai²　　完 hoan²

　　學 hoc　　合 hap⁶　　協 hiêp⁶

（3）影母［○］

　　哀 ai¹　　安 an¹　　奧 ao⁵　　恩 ân¹

　　嘔 âu³　　鴉 a¹　　英 anh¹　　隱 ân³

　　陰 âm⁷　　憂 âu¹　　意 i⁵　　掩 yêm³

　　要 yêu⁵　　應 ɨng¹　　汙 ô¹　　溫 ôn¹

　　惡 ac⁵　　鴨 ap⁵　　邑 âp⁵　　抑 ɨc⁵

例外：一 nhât⁵，因 nhân¹。

（4）喻三［h］h，［v］v

開口［h］h

　　友 hɨu⁴　　有 hɨu⁴　　右 hɨu⁴　　又 hɨu⁶

　　矣 hi⁴

例外：炎 viêm¹，尤 vɨu¹。

合口［v］v

　　雲 vân¹　　運 vân　　衛 vê⁶　　爲 vi¹

　　位 vi⁶　　榮 vinh¹　　永 vinh⁴　　泳 vinh⁶

　　圓 viên¹　　遠 viên⁴　　院 viên⁶　　王 viəng¹

　　旺 viəng⁶　　于 vu¹　　禹 vu⁴　　越 viêt⁶

（5）喻四［z］d

　　遙 dao¹　　引 dân⁴　　油 dâu¹　　酉 dâu⁶

　　淫 dâm¹　　鹽 diêm¹　　演 diên⁴　　遺 di¹

　　以 di⁴　　昇 di⁶　　譯 dich⁶　　營 dinh¹

　　盈 doanh¹　　餘 vɨ¹　　翼 dɨc⁶　　亦 diec⁶

　　陽 diəng　　藥 diəc⁶　　游 du¹　　誘 du⁴

　　惟 duy¹　　容 dung¹　　勇 dung⁴　　用 dung⁶

　　緣 duyên¹　　悅 duyêt⁶　　聿 duât⁶

討論:

喻母三等與四等大有分別。三等讀 h、v,四等讀 d[z]。所以"爲、惟"不同音,"于、餘"不同音,"圓、緣"不同音,"右、誘"不同音,"越、悦"不同音。這是與《廣韻》的反切相一致的。

(三)舌頭音、半舌音

(1)端母[d]ɗ①

多 dha¹	帶 dhai⁵	膽 dham³	黨 dhang³
刀 dhao¹	帝 dhê⁵	點 dhiêm³	顛 dhiên¹
弔 dhiêu⁵	丁 dhinh¹	都 dhô¹	端 dhoan¹
答 dhap⁵	德 dhɨc⁵	的 dhich⁵	督 dhôc⁵

(2)透母[t']th

胎 thai¹	太 thai⁵	討 thao³	貪 tham¹
嘆 than⁵	透 thâu⁵	湯 thang¹	聽 thinh⁵
天 thiên¹	土 thô³	通 thông¹	統 thông³
腿 thoai³	鐵 thiêt⁵		

例外: 挑 khiêu¹

(3)定母[d]ɗ

駝 dha²	大 dhai⁶	淡 dham⁶	彈 dhan²
道 dhao⁶	頭 dhâu²	堂 dhɨəng²	田 dhiên²
調 dhiêu⁶	定 dhinh⁶	圖 dhô²	同 dhông²
踏 dhap⁶	達 dhat⁶	特 dhɨc⁶	敵 dhich⁶

(4)泥母[n]n

南 nam¹	難 nan¹	囊 nang¹	惱 nao⁴

---

① 爲了印刷的便利,ɗ改寫爲 dh。

能 năng¹　　泥 nê¹　　年 niên¹　　念 niam⁶

怒 nô⁶　　内 nôi⁶　　農 nông¹　　納 nap⁶

（5）來母［l］l

羅 la¹　　來 lai¹　　藍 lam¹　　蘭 lan¹

郎 lang¹　　冷 lanh⁴　　老 lao⁴　　樓 lâu¹

禮 lê⁴　　路 lô⁶　　流 lɨu¹

力 lɨc⁶　　落 lac⁶　　歷 lich⁶　　六 luc⁶

（四）舌上音，半齒音

（1）知母［tʂ］tr

知 tri¹　　智 tri⁵　　豬 trɨ¹　　追 truy¹

珍 trân¹　　貞 trinh¹　　徵 trɨng¹　　鎮 trân⁵

張 trɨəng¹　　帳 trɨəng⁵　　中 trung¹　　轉 truyên³

竹 truc⁵

（2）徹母［ʂ］s

癡 si¹　　抽 sɨu¹　　丑 sɨu³　　暢 sɨəng⁵

敕 sâc⁵　　畜 suc⁵

（3）澄母［tʂ］tr

茶 tra²　　除 tri²　　特 tri²　　朝 triêu²

長 trɨəng²　　沈 trâm²　　朕 trâm⁴　　鄭 trinh⁶

仲 trong⁶　　柱 tru⁶　　呈 trinh²　　懲 trɨng²

直 trɨc⁶　　軸 truc⁶　　傳 truyên¹　　箸 trə⁶

（4）娘母［n］n

女 nɨ⁴　　娘 nɨəng¹　　濃 nung¹　　尼 nê¹

聶 niep⁶

（5）日母［ɳ］nh

兒 nhi¹　　二 nhi⁶　　如 nhɨ¹　　儒 nho¹

人 nhân¹　　閏 nhuân⁶　　絨 nhung¹　　然 nhiên¹

染 nhiêm⁶　　讓 nhiəng⁶　　若 nhiəc⁶　　日 nhât⁶

入 nhâp⁶　　柔 nhu¹　　　熱 nhiêt⁶　　饒 nhieu¹

（五）齒頭音

（1）精母［t］t

左 ta³　　　災 tai¹　　　子 tɨ³　　　祭 tê⁵

早 tao³　　　走 tâu³　　　祖 tô³　　　最 tôi⁵

進 tân⁵　　　浸 tâm³　　　增 tăng¹　　將 tiəng¹

尊 tôn¹　　　接 tiêp⁵　　　節 tiêt⁵　　卒 têt⁵

（2）清母［t'］th

妻 thê¹　　　草 thao³　　　粗 thô¹　　　秋 thu¹

青 thanh¹　　砌 thê⁵　　　催 thôi¹　　村 thôn¹

爨 thoan¹　　倉 thiəng¹　　妾 thiêp⁵　　切 thiêt⁵

刺 thich⁵　　千 thiên¹　　清 thanh¹　　蔡 thai⁵

例外：侵 xâm¹（但又 thâm）。

（3）從母［t］t

財 tai²　　　齊 tê²　　　造 tao⁶　　　牆 tiəng²

坐 toa⁶　　　聚 tu⁶　　　蠶 tam²　　　殘 tan²

全 toan²　　　從 tung⁶　　　藏 tang²　　盡 tân⁶

席 tiêc⁶　　　鑿 tac⁶　　　雜 tap⁶　　　絕 tuyêt⁶

（4）心母［t］t

寫 ta³　　　西 tây¹　　　掃 tao³　　　消 tiêu¹

須 tu¹　　　歲 tuê⁵　　　修 tu¹　　　心 tâm¹

散 tan³　　　性 tinh⁵　　　送 tông⁵　　算 toan⁵

悉 tât⁵　　　惜 tiêc⁵　　　雪 tuyêt⁵　　孫 tôn¹

（5）邪母［t］t

已 ti⁶　　似 tɨ⁶　　邪 ta²　　謝 ta⁶

辭 tɨ²　　隨 tuy²　　徐 tɨ²　　囚 tu²

祥 tɨəng²　　松 tung²　　旬 tuân²　　尋 tâm²

俗 tuc⁶　　習 tâp⁶

（六）正齒音

二等

（1）莊母（照二等）〔tʂ〕tr

債 trai⁵　　齋 trai¹　　菑 tri¹　　爪 trao³

阻 trə³　　詛 trə⁵　　莊 trang¹　　壯 trang⁵

爭 trang¹　　札 trat⁵　　責 trach⁵

（2）初母（穿二等）〔ʂ〕s

差 sai¹　　初 sə¹　　楚 sə³　　抄 sao¹

雛 sô¹　　窗 song¹　　瘡 sang¹　　創 sang⁵

策 sach⁵　　冊 sach⁵

例外：厠 xi⁵，釵 xoa¹。

（3）牀母（牀二等）〔ʂ〕s

乍 sa⁶　　豺 sai²　　儕 sai²　　巢 sao²

士 si⁴　　驟 sâu⁶　　事 sɨ⁶　　屖 san²

棧 san⁶　　鋤 si²　　愁 sâu²　　牀 sang²

俟 si⁴　　崇 sung²　　岑 sâm²　　撰 soan⁶

例外：狀 trang⁶，寨 trai⁶。

（4）山母（審二等）〔ʂ〕s

沙 sa¹　　史 si³　　師 si¹　　所 sə³

數 sô⁵　　瘦 sâu⁵　　疏 sə¹　　衰 suy¹

雙 song¹　　霜 siəng¹　　山 sən　　筲 sao¹

生 sinh¹　　殺 sat⁵　　朔 soc⁵　　色 sâc⁵

討論：

正齒二等（莊初牀山）和三等（照穿神審禪）大不相同，而與知系讀音相同。知系字讀[tʂ][ʂ]，莊系字也讀[tʂ][ʂ]；至於照系三等字則讀[tɕ][s][tʻ]（見下文），與二等字的讀音相差很遠。《廣韻》（它的前身是《切韻》）的反切對于這兩類字區別分明。守溫字母才把它們混同起來了。

三等

(1)照母（照三等）[tɕ]ch

志 chi⁵	制 chê⁵	朱 chu¹	招 chiêu¹
針 châm¹	證 ching	戰 chiên⁵	整 chinh³
正 chinh⁵	衆 chung⁵	終 chung¹	珠 châu¹
質 chât⁵	執 châp⁶	隻 chiêc⁵	祝 chuc⁵

例外：者 gia³。

(2)穿母（穿三等）[s]x

車 xa¹	齒 xi³	丑 xu⁵	侈 xi⁵
昌 xɨəng¹	稱 xing¹	唱 xɨəng⁵	處 xɨ⁵
衝 xung¹	春 xuân¹	川 xuyên¹	釧 xuyên⁵
赤 xich⁵	出 xuât⁵		

(3)神母（牀三等）[tʻ]th

神 thân²	繩 thing²	馴 thuân²	順 thuân⁶
盾 thuân⁴	實 thât⁶	術 thuât⁶	舌 thiêt⁶
食 thɨc⁶			

例外：蛇 xa²，射 xa⁶。

(4)審母（審三等）[tʻ]th

試 thi³	少 thiêu³	書 thi¹	收 thu¹
世 thê⁵	賞 thɨəng³	升 thâng¹	聲 thanh¹

說 thuyêt⁵　水 thuy³　舜 thuân⁵　聖 thanh⁵

設 thiêt⁵　失 thât⁵　釋 thich⁵　叔 thuc⁵

例外：奢 xa¹，捨 xa³，赦舍 xa⁵。

(5) 禪母[t']th

時 thi²　紹 thiêu⁶　仇 thu²　誰 thuy²

盛 thinh⁶　臣 thân²　辰 thin²　常 thiəng²

上 thiəng　善 thiên⁶　承 thia²　蜀 thuc⁶

船 thuyên²　石 thich⁶　十 thâp⁶　涉 thiêp⁶

例外：社 xa⁴。

(七) 重脣

一、二、三等

(1) 幫母[b]b

波 ba¹　拜 bai⁵　包 bao¹　補 bô³

半 ban⁵　幫 bang¹　稟 bâm³　冰 bâng¹

兵 binh¹　表 biêu³　變 biên⁵　本 bôn³

駁 bac⁵　百 bach⁵　北 băc⁵　逼 bɨc⁵

(2) 滂母[f']ph

丕 phi¹　坡 pha¹　鋪 phô¹　拋 phao¹

頗 pha³　樸 phac⁵　片 phiên⁵　礮 phao⁵

珀 phach⁵　烹 phanh¹　品 phâm³　批 phê¹

配 phoi⁵　判 phan⁵

(3) 並母[b]b

婆 ba²　皮 bi²　排 bai²　部 bô⁶

袍 bao²　伴 ban⁶　旁 bang²　朋 băng²

貧 bân²　平 binh²　盆 bôn²　病 bênh⁶

薄 bac⁶　白 bach⁶　別 biêt⁶　僕 bôc⁶

（4）明母［m］m

魔 ma¹	迷 mê¹	梅 mai¹	毛 mao¹
某 mô⁴	門 môn¹	蠻 man¹	盲 manh
免 miên⁴	明 minh¹	美 mi⁴	買 mai⁴
馬 ma⁴	莫 mac⁶	麥 mach⁶	木 môc⁶

四等①

（1）幫母［t］t

臂 ti⁵	必 tât⁵	并 tinh¹	卑 ti¹
姘 tinh²	標 tiêu¹	蔽 tê⁵	賓 tân
辟 tich⁵	濱 tân¹		

（2）滂母［tʻ］th

篇 thiên¹	譬 thi⁵	匹 thât⁵	偏 thiên²

（3）並母［t］t

牝 tân⁴	并 tinh⁶	便 tiên⁶	婢 ti⁶
脾 ti²	頻 tân²	蘋 tân²	顰 tân²
闢 tich⁶	避 ti⁶	鼻 ti⁶	

（4）明母［z］d

民 dân¹	名 danh¹	妙 diêu⁶	茗 dinh⁴
酩 dinh⁵	彌 di¹		

討論：

　　幫系四等字與三等字不同音。這是很特殊的現象②，漢語方言和日本、朝鮮的借詞中都沒有這種現象。可能脣音四等字曾經一度讀成［θ］［ð］一類的音，後來才變爲舌齒音的。待再詳考。

---

① 這裏的四等指韻圖內的四等字。

② 我在《漢越語研究》中以爲這些字的讀音是例外，誤。

（八）輕脣

（1）非母〔f‘〕ph

飛 phi¹	廢 phê⁵	夫 phu¹	富 phu⁵
反 phan³	分 phân¹	方 phiəng¹	放 phong⁵
風 phong¹	沸 phi⁵	諷 phung⁵	粉 phân³
法 phap⁵	弗 phât⁵	福 phuc⁵	發 phat⁵

（2）敷母〔f‘〕ph

妃 phi¹	肺 phê⁵	芬 phân¹	忿 phân⁴
費 phi⁵	翻 phiên¹	芳 phiəng¹	豐 phông¹
蜂 phông¹	拂 phât⁵	撫 phu³	敷 phu¹
副 phu⁵	覆 phuc⁵		

（3）奉母〔f‘〕ph

肥 phi²	扶 phu²	父 phu⁶	婦 phu⁶
負 phu⁶	附 phu⁶	煩 phiên²	房 phong²
分 phân⁶	憤 phân⁴	佛 phât⁶	伐 phat⁶
肥 phuc⁶	伏 phuc⁶		

（4）微母〔v〕v

微 vi¹	尾 vi⁴	味 vi⁶	無 vô¹
誣 vu¹	武 vu⁴	晚 van⁴	萬 van⁶
文 văn¹	聞 vân¹	亡 vong¹	網 vong⁴
望 vong⁶	刎 vân⁴	問 vân⁶	物 vât⁶

聲母總討論：

（1）漢越語的聲母沒有清濁音的對立。一般是祇有清音，沒有濁音。惟獨端定兩母同是濁音〔d〕。

（2）漢越語雖沒有清濁音的對立，但是原來的清濁音影響到聲調。一般是清音讀1、3、5調，濁音讀2、4、6調，例如：

肌 ki^1：奇 ki^2

疆 ciəng^1：强 ciəng^2

急 câp^5：及 câp^6

荒 hoang^1：黃 hoang^2

張 triəng^1：長 triəng^2

壯 trang^5：狀 trang^6

燒 thiêu^1：韶 thiêu^2

災 tai^1：財 tai^2

修 tu^1：囚 tu^2

多 dha^1：駝 dha^2

波 ba^1：婆 ba^2

飛 phi^1：肥 phi^2

（3）喻$_三$與微同音，這和現代漢語有相似之處。具體讀音則與現代漢語不同，例如"爲、微"都讀 vi^{1}①。

（4）漢越語聲母[t]共占精從心邪四母，聲母[t']共占透清神審禪滂六母。除以聲調分別清濁外，精心不分，從邪不分，透清審不分，神禪不分。下列每一組字都是同音字：

左寫 ta^3	早掃 tao^3
祭細 tê^5	椒消 tiêu^1
子死 ti^3	增僧 tăng^1
尊孫 tôn^1	將相 tiəng^1
賊柔 tang^1	牆祥 tiəng^2
慈辭 ti^2	從松 tung^2

----

① 　編者注：原本的例子是"'雲、文'都讀 văn^1"，今據文集本改。

太菜 thai⁵　　　討草 thao³

天千 thiên¹　　　貪參 tam¹

清聲 thanh¹　　　切鐵 thiêt⁵

秋收 thu¹　　　倉傷 tɨəng¹

神臣 thân²

四、韻　部

(一)果攝,假攝[a]a,[ua]oa

(1)歌麻(開口)[a]a

何 ha²　　　羅 la²　　　多 dha¹　　　我 ngã⁴

下 ha⁶　　　巴 ba¹　　　牙 nha¹　　　紗 sa¹

鴉 a¹(nha¹)　爺 da¹　　　也 gia³　　　邪 ta²

寫 ta³　　　謝 ta⁶　　　蛇 xa²　　　車 xa²

(2)戈麻(合口)[ua]oa

火 hoa³　　　和 hoa²　　　貨 hoa⁵　　　褐 hoa⁶

科 khoa¹　　　訛 ngoa¹　　　臥 ngoa⁶　　　鍋 oa¹

躲 dhoa³　　　妥 thoa³　　　鎖 toa³　　　坐 toa⁶

花 hoa¹　　　化 hoa⁵　　　跨 khoa⁵　　　瓦 ngoa⁴

(3)戈(脣音)[a]a

波 ba¹　　　婆 ba²　　　破 pha⁵　　　魔 ma¹

(二)止攝[i]i,[ʉ]ɨ,[ui]uy

(1)支脂之微　開口,喉牙舌脣,正齒三等[i]i

奇 ki²　　　旗 ki²　　　記 ki⁵　　　欺 khi¹

氣 khi⁵　　　喜 hi³　　　戲 hi⁵　　　疑 nghi¹

依 i¹　　　异 di⁶　　　知 tri¹　　　脂 chi¹

支 chi¹　　　是 thi⁶　　　碑 bi¹　　　皮 bi²

被 bi⁶　　　　美 mi⁴

例外:地 dhia⁶,義 nghia⁴,基 cə¹,詩 thə¹,起 khəi³,利 ləi⁶,始 thuy³,
匙 thuy³,梨 lê¹。

(2)支脂之　開口,齒頭,正齒二等[ɰ]ɨ

私 tɨ¹　　　慈 tɨ²　　　辭 tɨ²　　　子 tɨ³

死 tɨ³　　　四 tɨ⁵　　　字 tɨ⁶　　　嗣 tɨ⁶

師 sɨ¹　　　史 sɨ³　　　使 sɨ⁵　　　事 sɨ⁶

例外:司 tɨ¹,絲 tɨ¹。

(3)支脂之微　合口,喻三及輕脣[i]i

爲 vi¹　　　圍 vi¹　　　偉 vi⁴　　　位 vi⁶

胃 vi⁶　　　飛 phi¹　　　肥 phi²　　　費 phi⁵

微 vi¹　　　尾 vi⁴　　　味 vi⁶

(4)支脂之微　合口,喉牙舌齒,喻四[ui]uy

歸 quy¹　　　鬼 quy³　　　貴 quy⁵　　　危 nguy¹

偽 nguy⁶　　毀 huy³　　　諱 huy⁵　　　威 uy¹

隨 tuy²　　　垂 tuy²　　　髓 tuy³　　　衰 thuy¹

水 thuy³　　嘴 chuy³　　　雖 tuy¹　　　炊 xuy¹

惟 duy¹　　　壘 luy⁴　　　累 luy⁶　　　畏 uy⁵

瑞 thuy⁶

例外:遺 di¹,類 loai⁶,未(地支)mui⁶。

　　(三)蟹攝[ai]ai,[oi]ôi,[uai]oai,[e]ê,[ue]uê

(1)咍泰佳皆　開口[ai]ai

哀 ai¹　　　改 cai³　　　開 khai¹　　　鞋 hai²

海 hai¹　　　駭 hai⁴　　　害 hai⁶　　　胎 thai¹

大 dhai⁶　　才 tai²　　　再 tai⁵　　　礙 ngai⁶

齋 trai¹　　　債 trai⁵　　　牌 bai²　　　拜 bai⁵

買 mai⁴　　　賣 mai⁵　　　解 giai³　　　皆 giai¹

例外:戒 giəi⁵,芥 giəi⁵,宰 tê¹。

(2)灰泰　合口[oi]ôi

對 dhôi⁵　　　隊 dhôi⁶　　　回 hôi²　　　悔 hôi⁵

會 hôi⁶　　　倍 bôi⁶　　　魁 khôi　　　雷 lôi¹

內 nôi⁶　　　媒 môi¹　　　堆 dhôi¹　　　最 tôi⁵

每 môi⁴　　　配 phôi⁵　　　催 thôi¹　　　塊 khôi⁵

例外:梅 mai¹,外 ngoai⁶,妹 muôi⁶。

(3)佳皆夬　合口,唇音[ai]ai

派 phai⁵　　　敗 bai⁶

(4)佳皆夬　合口,喉牙[uai]uai,oai

拐 quai³　　　掛 quai⁵　　　卦 quai⁵　　　怪 quai⁵

懷 hoai²　　　壞 hoai⁶　　　快 khoai⁵　　　話 hoai⁶

例外:畫 hoa⁶,槐 hoe²。

(5)齊祭　開口[e]ê

鷄 kê¹　　　計 kê⁵　　　系 hê⁶　　　蹄 dhê²

帝 dhê⁵　　　暳 ê⁵　　　第 dhê⁶　　　藝 nghê⁶

制 chê⁵　　　世 thê⁵　　　彘 trê⁶　　　誓 thê⁶

妻 thê¹　　　體 thê³　　　齊 tê²　　　禮 lê⁴

泥 nê¹　　　批 phê¹　　　陛 bê⁶　　　迷 mê¹

例外:西 tây¹,洗 tây³。

(6)齊祭　合口,喻₃,輕唇[e]ê

衛 vê⁶　　　肺 phê⁵

(7)齊祭　合口,喉牙舌齒[ue]ue

桂 quê⁵　　　奎 khuê¹　　　携 huê²　　　惠 huê⁶

歲 tuê⁵　　　稅 thuê⁵　　　銳 nhuê⁶

（四）遇攝[o]ô,[ə]ə,[ɯ]ɨ,[u]u

（1）模韻[o]ô

孤 $cô^1$　　　苦 $khô^3$　　　梧 $ngô$　　　胡 $hô^2$

虎 $hô^3$　　　户 $hô^6$　　　汙 $ô^1$　　　都 $dhô^1$

土 $thô^3$　　　度 $dhô^6$　　　路 $lô^6$　　　蘇 $tô^1$

祖 $tô^3$　　　粗 $thô^1$　　　布 $bô^5$　　　普 $phô^3$

蒲 $bô^2$　　　補 $bô^3$　　　怒 $nô^6$　　　募 $mô^6$

例外：五 ngu^4，姥 $mâu^4$，兔 tho^3，簿 ba^6。

（2）魚韻　　正齒二等[ə]ə

初 $sə^1$　　　疏 $sə^1$　　　所 $sə^3$　　　楚 $sə^3$

詛 $trə^5$　　　阻 $trə^3$　　　助 $sə^6$

（3）魚韻　　喉牙舌齒[ɯ]ɨ

居 $cɨ^1$　　　去 $khɨ^5$　　　渠 $cɨ^2$　　　御 $ngɨ^6$

虛 $hɨ^1$　　　於 $ɨ^1$　　　餘 $dɨ^1$　　　慮 $lɨ^6$

除 $trɨ^2$　　　貯 $trɨ^3$　　　恕 $thɨ^5$　　　書 $thɨ^1$

諸 $chɨ^1$　　　處 $sɨ^5$　　　著 $trɨ^5$　　　據 $cɨ^5$

例外：許 hia^3，序 tia^6，箸 $trə^6$。

（4）虞韻[u]u

句 cu^5　　　具 cu^6　　　驅 khu^1　　　愚 ngu^1

喻 du^5　　　乳 nhu^4　　　誅 chu^1　　　兩 vu^4

寓 ngu^6　　　須 tu^1　　　柱 tru^6　　　聚 tu^6

府 phu^3　　　父 phu^6　　　武 vu^4　　　霧 vu^6

例外：俱 $câu^1$，珠 $châu^1$，輸 $thâu^1$，無 $vô^1$，遇 $ngô^6$。

（五）效攝[au]ao,[ieu]iêu

（1）豪肴[au]ao

高 cao^1　　　考 $khao^3$　　　傲 $ngao^6$　　　哮 hao^1

倒 dhao³　　道 dhao⁶　　惱 nao⁴　　勞 lao¹

皓 hao⁶　　早 tao³　　爪 trao³　　巢 sao²

奧 ao⁵　　交 giao¹　　教 giao⁵　　敲 xao¹

巧 xao³　　包 bao¹　　保 bao³　　暴 bao⁶

例外：號 hiêu⁶，效 hiêu⁶，孝 hiêu⁵。

（2）蕭宵［ieu］iêu

驕 kiêu¹　　轎 kiêu⁶　　曉 hiêu³　　要 yêu⁵

吊 dhiêu⁵　　條 dhiêu²　　料 liêu⁶　　朝 triêu¹

兆 triêu⁶　　招 chiêu¹　　饒 nhiêu¹　　消 tiêu¹

少 thiêu³　　紹 thiêu⁶　　叫 khiêu⁵　　僚 liêu¹

標 biêu¹　　表 biêu³　　猫 mieu¹①　　廟 miêu⁵

例外：遙 dao¹。

（六）流攝［əu］âu，［u］u，［ɯ］iu

（1）侯韻［əu］âu

鈎 câu¹　　口 khâu³　　後 hâu⁶　　斗 dhâu³

頭 dhâu²　　樓 lâu¹　　漏 lâu⁶　　透 thâu⁵

侯 hâu²　　走 təu³　　奏 tâu⁵　　母 mâu⁴

（2）尤韻　正齒二等［əu］âu

鄒 trâu¹　　愁 sâu²

（3）尤韻　喉牙，半舌，舌上［ɯ］iu

九 ciu³　　久 ciu³　　救 ciu⁵　　舅 ciu⁴

牛 ngiu¹　　休 hiu¹　　友 hiu⁴　　有 hiu⁴

右 hiu⁴　　流 liu¹　　劉 liu¹　　抽 siu¹

丑 siu³　　帚 triu³　　優 iu¹

———————————

① “猫”字越南語讀 meo²，那是古漢越語。

例外：求 câu², 朽 hu³, 柳 liêu⁴, 憂 âu¹, 紂 tru⁶。

（4）尤韻　喻四,齒,半齒,唇[u]u

游 du¹	油 du¹	誘 du⁶	首 thu³
修 tu¹	秀 tu⁵	囚 tu²	周 chu¹
獸 thu⁵	受 thu⁶	稠 thu²	守 thu³
醜 xu⁵	柔 nhu¹	婦 phu⁶	負 phu⁶

例外：酉 dûu⁶, 由 do¹, 猶 do¹, 就 tɨu⁶, 壽 tho⁶, 副 pho⁵, 謀 mɨu¹。

（5）幽韻[əu]âu

幼 âu⁵	謬 mâu⁶

例外：幽 u¹。

　　　（七）通攝[oŋ]ông,[uŋ]ung,[ok]ôc,[uk]uc

（1）東_冬[oŋ]ông

公 công¹	東 dhông¹	冬 dhông¹	同 dhông²
空 không¹	紅 hông²	翁 ông¹	農 nông¹
宗 tông¹	送 tông⁵	宋 tông⁵	孔 khong³
捧 bông⁴	蒙 mông¹	夢 mông¹①	通 thông¹

（2）東三鍾[uŋ]ung

宮 cung¹	恭 cung¹	窮 cung²	凶 hung¹
雄 hung²	癰 ung¹	容 dung¹	中 trung¹
蟲 trung²	充 xung¹	崇 sung²	頌 tung⁶
絨 nhung¹	膿 nung¹	用 dung⁶	馮 phung²

例外：衝 xông¹, 風 phong¹, 封 phong¹, 峰 phong¹, 龍 long¹。

（3）屋_沃[ok]ôc

縠 côc⁵	酷 khôc⁵	屋 ôc⁵	督 dhôc⁵

---

① “夢”是三等字,讀入一等,與近代漢語同。

| 獨 dhôc⁶ | 毒 dhôc⁶ | 鹿 lôc⁶ | 速 tôc⁵ |
| 族 tôc⁶ | 僕 bôc⁶ | 木 môc⁶ | 禄 lôc⁶ |

例外：哭 khoc

（4）屋₃燭［uk］uc

菊 cuc⁵	曲 khuc⁵	育 duc⁶	欲 duc⁶
六 luc⁶	竹 truc⁵	燭 chuc⁵	綠 luc⁶
束 thuc⁵	蜀 thuc⁶	贖 thuc⁶	肉 nhuc⁶
足 tuc⁵	俗 tuc⁶	福 phuc⁵	服 phuc⁶

例外：玉 ngoc⁶，屬 thuôc⁶。

（八）曾攝［ăŋ］ăng；［uăŋ］uăng，căng；［ɯŋ］ing，［ăk］ăc；
　　　　　　［uăk］oăc；［ʉk］ic

（1）登韻　　開口［ăŋ］ăng

| 恒 hăng² | 登 dhăng¹ | 能 năng¹ | 增 tăng¹ |
| 僧 tăng¹ | 層 tăng² | 勝 dhăng² | |

例外：肯 khing⁵，曾 ting²①。

（2）登韻　合口［uăŋ］uăng，oăng

| 肱 quăng¹ | 弘 hoang² |

（3）蒸韻［ɯŋ］ing

興 hing¹	應 ing⁵	蒸 ching¹	證 ching⁵
稱 xing¹	孕 ding⁶	繩 thing²	徵 tring¹
懲 tring²			

例外：蠅 dăng¹，升 thăng¹，勝 thăng⁵，陵 lăng¹，冰 băng¹，兢 câng¹，甑 tăng⁵②，凭 băng²，承 thɨa²，乘 thɨa²，丞 thɨa²。

———————————

① "肯、曾"二字是讀入蒸韻。
② "繩、升、勝、陵、冰、兢、甑"諸字是讀入登韻。

（4）德韻　開口〔ăk〕ăc

黑 hăc	刻 khăc⁵	克 khăc⁵	得 dhăc⁵
則 tăc⁵	塞 tăc⁵	劾 hac⁶	賊 tăc⁶
匐 băc⁶	特 dhăc⁶	北 băc⁵	

例外：德 dhɨc⁵，墨 mɨc⁶①。

（5）德韻　合口〔uăk〕oăc

或 hoăc⁶	惑 hoăc⁶

例外：國 quoc⁵

（6）職韻　正齒二等〔ăk〕ăc

側 trac⁵	仄 trăc⁵	測 săc⁵	色 săc⁵
穡 săc⁵			

（7）職韻　開口〔ɯk〕　ik

極 cɨc⁶	抑 ɨc⁵	臆 ɨc⁵	棘 cɨc⁵
翼 dɨc⁶	職 chɨc⁵	織 chɨc⁵	識 thɨc⁵
食 thɨc⁶	直 trɨc⁶	即 tɨc⁵	息 tɨc⁵
逼 bɨc⁵	域 vɨc⁶	蜮 vɨc⁶	洫 hɨc⁵

例外：陟 trăc⁵，敕 săc⁵，匿 năc⁶②。

（九）宕攝，江攝　〔aŋ〕ang，〔uaŋ〕uang，〔ɥəŋ〕iəng，〔ɔŋ〕ong，〔uoŋ〕uông，〔ak〕ac，〔uak〕uac，〔ɥək〕iəc，〔ɔk〕oc，〔uok〕uôc

（1）唐韻　開口〔aŋ〕　ang

康 khang¹	行 hang²	抗 khang⁵	郎 lang¹
黨 dhang³	湯 thang¹	囊 nang¹	藏 tang²
葬 tang⁵	喪 tang¹	贓 tang¹	臟 tang⁶

---

① "德、墨"二字是讀入職韻。
② "陟、敕、匿"三字是讀入德韻。

幫 bang¹　　傍 bang²

例外：堂 dhiəng², 唐 dhiəng², 當 dhiəng¹, 剛 ciəng¹, 綱 ciəng¹, 倉 thiəng¹①。

（2）江韻　開口［aŋ］ang

江 giang¹　　講 giang³　　降（去）giang⁵ 降（平）hang²

巷 hang⁶　　邦 bang¹　　龐 bang²

（3）陽韻　正齒二等［aŋ］ang

莊 trang¹　　粧 trang¹　　壯 trang⁵　　牀 sang²

狀 trang⁶

（4）唐韻　合口［uaŋ］uang, oang

光 quang¹　　廣 quang³　　荒 hoang¹　　皇 hoang²

黃 hoang²

例外：汪 uông¹。

（5）江韻　合口②［ɔŋ］　ong

窗 song¹　　雙 song¹

（6）陽韻　開口［ɯəŋ］iəng

強 ciəng²　　香 hiəng¹　　羊 diəng¹　　糧 liəng¹

章 chiəng¹　　暢 xiəng⁵　　讓 nhiəng⁶　　將 tiəng¹

想 tiəng⁵　　槍 thiəng¹　　商 thiəng¹　　牆 tiəng²

祥 tiəng²　　長 triəng²　　仗 triəng²　　常 thiəng²

（7）陽韻　合口　喉牙［uoŋ］uong

況 huông⁵　　枉 uông³　　匡 khuông¹　　筐 khuông¹

狂 cuông²　　誑 cuông⁶

———————

① "剛、綱"等字是讀入陽韻。

② 據韻圖，江韻有合口呼。

(8)陽韻　合口　喻$_三$［ɯəŋ］iəng

　　王 viəng^1　　　旺 viəng^6

例外:往 vanc^4。

(9)陽韻　合口　輕唇［ɔŋ］ong

　　放 phong^5　　　房 phong^2　　　防 phong^2　　　亡 vong^1

　　網 vong^4　　　望 vong^6

例外:方 phiəng^1。

(10)鐸韻　開口［ak］ac

　　各 cac^5　　　閣 cac^5　　　愕 ngac^6　　　惡 ac^5

　　鶴 hac^6　　　度 dhac^6　　　落 lac^6　　　作 tac^5

　　鑿 tac^6　　　薄 bac^6　　　莫 mac^6

(11)覺韻　開口［ak］ac

　　覺 giac^5　　　角 giac^5　　　確 xac^5　　　樂 nhac^6

　　朴 phac^5

例外:學 hoc^6。

(12)鐸韻　合口［uak］uac,oac①

　　郭 quac^5　　　钁 hoac^6　　　彠 hoac^5

(13)覺韻　合口［ɔk］oc

　　捉 troc^5　　　朔 soc^5　　　稍 soc^5　　　槊 soc^5

例外:桌 trac^5。

(14)藥韻　開口［ɯək］iəc

　　脚 ciəc^5　　　虐 ngiəc^6　　　藥 diəc^6　　　略 liəc^6

　　著 triəc^5　　　綽 xiəc^5　　　約 iəc^5　　　若 nhiəc^6

　　爵 tiəc^5　　　雀 tiəc^5　　　削 tiəc^5

---

①　編者注:文集本無"郭、钁"二例。

（十）梗攝［aŋ］anh；［uaŋ］uanh，oanh；［iŋ］inh；［uiŋ］uynh；

　　　［at̪］ach；［uat̪］uach，oach；［it̪］ich；［uit̪］uych

（1）庚二耕　開口［aŋ］anh

庚 canh¹　　　更 canh¹　　　羹 canh¹　　　耕 canh¹

行 hanh²　　　杏 hanh⁶　　　鶯 anh¹　　　　鸚 anh¹

冷 lanh⁶　　　爭 tranh¹　　　生 sanh¹　　　盲 manh¹

孟 manh⁶

（2）庚二耕　合口［uaŋ］uanh，oanh

橫 hoanh²　　　宏 hoanh²　　　艎 quanh¹　　　轟 hoanh¹

（3）庚三清青　開口［iŋ］inh

京 kinh¹　　　驚 kinh¹　　　經 kinh¹　　　輕 khinh¹

敬 kinh⁵　　　鏡 kinh⁵　　　形 hinh²　　　刑 hinh²

丁 dhinh¹　　　鼎 dhinh³　　　定 dhinh⁶　　　迎 nghinh¹（或 nghênh）

貞 trinh¹　　　呈 trinh²　　　寧 ninh¹　　　佞 ninh⁶

井 tinh³　　　星 tinh¹　　　盛 tinh⁶　　　精 tinh¹

整 chinh³　　　正 chinh⁵　　　平 binh²　　　瓶 binh²

兵 binh¹　　　丙 binh³　　　并 tinh⁶　　　明 minh¹

例外：英 anh¹，影 anh³，名 danh¹，景 canh³，境 canh³，慶 thanh⁵，聲
thanh¹，清 thanh¹，腥 tanh¹，餅 banh⁵，病 bênh⁶，命 mênh⁶，盈 doanh¹，贏
doanh¹，令 lenh⁶。

（4）庚三清青　合口［uiŋ］uynh

兄 huynh¹　　　傾 khuynh¹　　　瑩 quynh²　　　扃 quynh¹

螢 huynh²

例外：永 vinh⁴，泳 vinh⁶，咏 vinh⁶，營 dinh¹。

（5）陌二麥　開口［at̪］ach

核 hach⁶　　　客 khach⁵　　　額 ngach⁶　　　隔 cach⁵

宅 trach⁶　　　責 trach⁵　　　策 sach⁶　　　册 sach⁵

革 cach⁵　　　百 bach⁵　　　白 bach⁶　　　麥 mach⁶

脉 mach⁶

（6）陌₂麥　合口［uɐt］uach，oach

蟈 quach⁵　　　獲 hoach⁶

（7）陌₃昔錫　開口［iɐt］ich

擊 kich⁵　　　逆 nghich⁵　　　益 ich⁵　　　歷 lich⁶

的 dhich⁵　　　嫡 dhich⁵　　　敵 dhich⁶　　　笛 dhich⁶

積 tich⁵　　　迹 tich⁵　　　籍 tich⁶　　　寂 tich⁶

釋 thich⁵　　　刺 thich⁵　　　尺 xich⁵　　　碧 bich⁵

例外①：亦 diêc⁶，隻 chiêc⁵，惜 tiêc⁵，錫 tiêc⁵，席 tiêc⁶，石 thach⁶。

（8）陌₃昔錫　合口［uiɐt］uych

闃 khuych⁵　　　砉 huych⁵

例外：役 dich⁶，疫 dich⁶。

（十一）臻攝［ɐn］ân，［on］ôn，［uɐn］uân，［ɐt］ât，［ot］ôt，［uɐt］uât

（1）痕臻［ɐn］ân

恩 ân¹　　　痕 hân²　　　恨 hân⁶　　　懇 khân³

臻 trân¹

例外：根 căn¹。

（2）魂韻［on］ôn

魂 hôn²　　　坤 khôn¹　　　困 khôn⁵　　　混 bôn⁴

昏 hôn¹　　　温 ôn¹　　　屯 dhôn²　　　尊 tôn¹

村 thôn¹　　　存 ton²　　　孫 tôn¹　　　損 tôn³

奔 bôn¹　　　本 bôn　　　盆 bôn²　　　門 môn²

---

① 編者注：文集本衹有"亦、石"二例。

例外：論 luân⁶，悶 muôn⁶。

(3) 真欣 [ɐn] ân

斤 cân¹	勤 cân²	垠 ngân¹	謹 cân³
殷 ân¹	巾 cân¹	鄰 lân¹	引 dân⁴
銀 ngân¹	塵 trân²	鎮 trân⁵	陣 trân⁶
新 tân¹	濱 tân¹	身 thân¹	親 thân¹
神 thân²	臣 thân²	人 nhân¹	困 nhân¹
欣 hân¹	隱 ân³	貧 bân²	民 dân¹

例外：辰 thin²，信 tin⁵，進 tiên⁵。

(4) 諄文 唇音及喻₌ [ɐn] ân

分 phân¹	粉 phân³	憤 phân⁶	刎 vân⁴
問 vân⁵	雲 vân¹	云 vân¹	運 vân⁶

例外：文 văn¹，聞 văn¹。

(5) 諄文 喉牙舌齒 [uɐn] uân

均 quân¹	君 quân¹	軍 quân¹	羣 quân²
裙 quân²	郡 quân⁶	薰 huân¹	勛 huân¹
韞 uân⁵	倫 luân¹	遵 tuân¹	荀 tuân¹
旬 tuân²	訓 huan⁵	春 xuân¹	馴 thuân²
順 thuân⁶	閏 nhuân⁶		

(6) 櫛韻 [ɐt] ât

櫛 trât⁵	瑟 sât⁵

(7) 没韻 [ot] ôt

骨 côt⁵	忽 hôt⁵	突 dhôt⁶	訥 nôt⁶
卒 tôt⁵			

(8) 質迄 [ɐt] ât

訖 cât⁵	乞 khât⁵	迄 hât⁵	溢 dât⁶

室 trât⁵　　　悉 tât⁵　　　必 tât⁵　　　七 thât⁵

疾 tât⁶　　　失 thât⁵　　　實 thât⁶

例外：筆 but⁵　吉 cat⁵　姪 dhiêt⁶

（9）物韻　輕唇［ɐ］ât

拂 phât⁵　　　彿 phât⁵　　　佛 phât⁶　　　物 vât⁶

（10）術物［uɐt］uât

橘 quât⁵　　　屈 khuât⁵　　　鬱 uât⁵　　　律 luât⁶

絀 truât⁵　　　術 truât⁶　　　出 xuât⁵　　　述 thuât⁶

術 thuât⁶　　　戌 tuât⁵　　　蟀 suât⁵

（十二）山攝［an］an；［uan］uan，oan；［ien］iên；［yen］uyên；

　　　　　　［at］at；［uat］uat，oat；［iet］iêt；［yet］uyêt

（1）寒刪山　開口［an］an

肝 can¹　　　看 khan¹　　　姦 gian¹　　　簡 gian³

間 gian¹　　　艱 gian¹　　　顏 nhan¹　　　眼 nhan⁴

鴈 nhan⁶　　　安 an¹　　　晏 an⁵

閒 han²　　　寒 han²　　　彈 dhan²　　　蘭 lan¹

難 nan¹　　　嘆 than¹　　　殘 tan²　　　燦 san⁵

班 ban¹　　　蠻 man¹　　　慢 man⁶

例外：山 sən¹，單 dhən¹，丹 dhən¹。

（2）桓韻　唇音［an］an，oan

半 ban⁵　　　潘 phan¹　　　判 phan⁵　　　滿 man⁶

（3）桓刪山　合口［uan］uan，oan

官 quan¹　　　關 quan¹　　　寬 khoan¹　　　款 khoan³

館 quan⁵　　　完 hoan²　　　丸 hoan²　　　還 hoan²

頑 ngoan¹　　　患 hoan⁶　　　端 dhoan¹　　　盌 oan³

歡 hoan¹　　　短 dhoan³　　　酸 toan¹　　　算 toan⁵

　管 quan⁵　　　卵 loan⁴　　　亂 loan⁶　　　撰 soan⁶

（4）元先仙　開口〔ien〕iên

　建 kiên⁵　　　堅 kiên¹　　　見 khiên⁵　　　健 kiên⁶

　牽 khiên¹　　　研 nghiên¹　　軒 hiên¹　　　獻 hiên⁵

　賢 hiên²　　　連 liên¹　　　蓮 liên¹　　　顯 hiên³

　現 hiên⁶　　　戰 chiên⁵　　　典 dhiên³　　　殿 dhiên⁶

　天 thiên¹　　　千 thiên¹　　　先 tiên¹　　　前 tiên²

　邊 biên¹　　　遣 khiên⁵　　　然 nhiên¹　　　片 phiên⁵

　免 miên⁴　　　面 diên⁶　　　烟 iên¹　　　便 tiên⁶

例外：練 luyên⁶，線 tuyên⁵，蟬 thuyên²，延 duyên¹。

（5）元韻　合口，輕唇〔an〕an

　反 phan³　　　飯 phan⁶　　　晚 van⁴　　　萬 van⁶

例外：番 phiên¹，煩 phiên²。

（6）元仙　合口，喻₌〔ien〕iên

　園 viên¹　　　遠 viên⁴　　　員 viên¹　　　圖 viên¹

（7）元先仙　合口，喉牙舌齒〔yen〕uyên

　捐 quyên¹　　　卷 quyên³　　　眷 quyên⁵　　　權 quyên²

　拳 quyên²　　　元 nguyên¹　　原 nguyên¹　　源 nguyên¹

　阮 nguyên⁴　　願 nguyên⁶　　勸 khuyên⁵　　淵 uyên¹

　宛 uyên³　　　玄 huyên²　　　懸 huyên²　　　緣 duyên¹

　川 xuyên¹　　　釧 xuyên⁵　　　舜 xuyên³①　　專 chuyên¹

　轉 chuyên³　　傳 chuyên⁶　　選 tuyên³

例外：宛 oan¹，駕 oan⁵，鳶 diên¹，全 toan²，旋 toan²。

（8）曷黠鎋　開口〔at〕at

---

① 　編者注：文集本該例無。

曷 hat⁶	渴 khat⁵	達 dhat⁶	闥 that⁵
獺 that⁵	轄 hat⁵	札 trat⁵	察 sat⁵
擦 sat⁵	八 bat⁵	拔 bat⁶	

（9）末韻　唇音［at］at

鉢 bat⁵	末 mat⁶

（10）末黠鎋　合口［uat］uat,oat

括 quat⁵	刮 quat⁵	闊 khoat⁵	活 hoat⁶
奪 dhoat⁶	撮 toat⁵		

（11）月屑薛　開口［iet］iêt⁵

竭 kiêt⁶	歇 hiêt⁵	謁 iêt⁵	結 kiêt⁵
傑 kiêt⁶	潔 kiêt⁵	熱 nhiêt⁶	節 tiêt⁵
切 thiêt⁵	設 thiet⁵	鐵 thiêt⁵	哲 triêt⁵
別 biêt⁶	滅 diêt⁶		

（12）月韻　合口,輕唇［at］at

發 phat⁵	髮 phat⁵	伐 phat⁶	罰 phat⁶

例外:筏 phiêt⁶

（13）月韻　喻₌［iet］iêt

越 viêt⁶	曰 viêt⁶

（14）元先仙　合口,喉牙舌齒［yet］uyêt

決 quyêt⁵	血 huyêt⁵	穴 huyêt⁶	閱 duyêt⁶
雪 tuyêt⁵	絕 tuyêt⁶	説 tuyêt⁵	輟 suyêt⁵
月 nguyêt⁶	闕 khuyêt⁵		

（十三）深攝［ɐm］âm,［ɐp］âp

（1）侵韻［ɐm］âm

錦 câm³	禁 câm⁵	琴 câm²	吟 ngâm¹
音 âm¹	淫 dâm¹	林 lâm¹	臨 lâm¹

廩 lâm⁴	沈 trâm²	簪 trâm¹	朕 trâm⁴
審 thâm³	滲 thâm⁵	深 thâm¹	侵 xâm¹
浸 tâm³	心 tâm¹	尋 tâm²	欽 khâm¹
稟 bâm³	品 phâm³		

例外:金 kim¹。

(2)緝韻[ɐp]ap①

急 câp⁵	給 câp⁵	及 câp⁶	吸 hâp⁷
泣 khâp⁵	濕 thâp⁵	十 thâp⁶	執 châp⁵
入 nhâp⁶	邑 âp⁵	揖 âp⁵	集 tâp⁶
習 tâp⁶			

　(十四)咸攝[am]am;[iem]iêm,yêm;[ap]ap;[iep]iêp

(1)覃談咸銜[am]am

甘 cam¹	感 cam³	敢 cam³	堪 kham¹
含 ham²	函 ham²	暗 am⁵	擔 dham¹
膽 dham³	淡 dham⁶	婪 lam¹	貪 tham¹
三 tam¹	暫 tam⁶	探 tham⁵	蠶 tam²
談 dham²	酣 ham¹	監 giam¹	減 giam³
鑑 giam⁵	咸 ham²	鹹 ham²	銜 ham²

(2)鹽添嚴,凡(開口)[iem]iêm,yêm

檢 kiêm³	劍 kiêm⁵	欠 khiêm⁵	險 hiêm³
嫌 hiêm²	兼 kiêm¹	掩 yêm³	謙 khiêm¹
鹽 diêm¹	閻 diêm¹	廉 liêm¹	歛 liêm⁶
黏 niêm¹	念 niêm⁶	嚴 nghiêm¹	驗 nghiêm⁶
炎 viêm¹	瞻 chiêm¹	貶 biêm³	

---

① 編者注:文集本尚有"立 lâp⁶"一例。

例外①：添 thêm¹。

（3）凡（合口）［am］am

　　凡 pham²　　　犯 pham⁶　　　梵 pham⁶

例外：汎 phiêm⁵。

（4）合盍洽狎［ap］ap

　　答 dhap⁵　　　雜 tap⁶　　　臘 lap⁶　　　踏 dhap⁶

　　塔 thap⁵　　　納 nap⁶　　　甲 giap⁵　　　鴨 ap⁶

　　押 ap⁵　　　　壓 ap⁵

例外②：合 həp⁶，盒 hop⁶。

（5）葉帖業［iep］iêp

　　劫 kiêp⁵　　　脅 hiêp¹　　　俠 hiêp⁶　　　協 hiêp⁶

　　怯 khiêp⁵　　　業 nghiêp⁶　葉 diâp⁶　　　涉 thiêp⁶

　　接 tiêp⁵　　　妾 thiêp⁵

（6）乏韻［ap］ap

　　法 phap⁵　　　乏 phap⁶

韻部總討論：

（1）漢越語韻部的系統性很強。特別表現在陽聲韻和入聲韻的對立上。陽聲韻分爲-ng、-nh、-n、-m 四類，入聲韻分爲-c、-ch、-t、-p 四類。-ng 與-c 相對應，因爲-ng［ŋ］與 c［k］都是舌根音。例如：

　　東＿冬 ông：屋＿沃 ôc

　　東₌鐘 ung：屋₌燭 uc

　　登 âng：德 âc

　　蒸 ing：職 ɨc

---

①　編者注：文集本無。
②　編者注：文集本無"盒"一例。

唐 ang：鐸 ac

陽 iəg：藥 iəc

-nh 與-ch 相對應，因爲-nh[ȵ]與-ch[ȶ]都是舌面音。例如：

庚₋耕 anh：陌₋麥 ach

庚₌清青 inh：陌₌昔錫 ich

-n 與-t 相對應，因爲-n[n]與-t[t]都是舌尖音。例如：

真 ân：質 ât

寒 an：曷 at

-m 與-p 相對應，因爲-m[m]與-p[p]都是唇音。例如：

侵 âm：緝 âp

覃談咸銜 am：合盍洽狎 ap①

　　（2）梗攝讀-nh、ch，自成一類，這是漢越語的最大特點。漢語陽聲韻原來祇有-ng、-n、-m 三類，入聲韻原來祇有-k、-t、-p 三類。漢越語的-nh 是從-ng 分化出來的，-ch 是從-c[k]分化出來的。分化的原因未詳。但有一點可以肯定，nh、ch 必然經過 ng、c 的階段，然後演變爲 nh、ch。試看梗攝入聲"亦、隻、惜、錫、席"等字至今還讀-iêc，可得其中的消息②。又試看喃字（越南仿照漢字造成的字），-ng 尾的字多用梗攝字爲聲符，例如：

鉦 chiêng¹（鑼），从金，征聲③。

胵 giêng¹（正月），从月，正聲。

喨 kiêng¹（戒掉），从口，京聲。

擏 khiêng¹（擡），从手，輕聲。

---

① 祇有入聲韻母-iêc（"亦、隻、惜、錫、席、碧"等字的韻母），沒有陽聲-iêng 和它相配，是例外。編者注：文集本注語作：漢越語中沒有入聲韻母 iêc，祇有"亦"diêc 是例外。

② 編者注：文集本無"試看梗攝入聲……消息"一句。

③ 也寫作"鉦"，可能就是漢語"鉦"字。

㗂 tiêng^{5}(話),从口,省聲。

⿸声灵 thiêng^{1}(神靈),从靈,聲聲。

⿰吊永 viêng^{5}(上墳),从吊,永聲。

⿰勤生 siêng^{1}(勤),从勤,生聲。

可見"征、正、京、輕、省、靈、聲、永、生"等字本來是收音于-ng的。又有一個 liêng^{1} 字,疑是古漢越語"靈"字(漢越語"靈"讀 ling^{1}),那麽,梗攝本來收音于-ng,更有明證了。

(3)漢越語歌麻同韻,和日本漢字、朝鮮漢字的情況是一樣的。

(4)漢越語齊祭與支脂之不同韻,廢與微不同韻,故"鷄、肌"不同音,"藝、義"不同音,"黎、離"不同音,"肺、費"不同音。

(5)漢越語魚虞不同韻,和日本漢字、朝鮮漢字的情况是一樣的。這就和《切韻》系統相一致了。在漢越語裏,"餘"讀 dɨ 而"逾"讀 du,"除"讀 trɨ 而"廚"讀 tru,"如"讀 nhɨ,而"儒"讀 nhu,"胥"讀 tɨ 而"須"讀 tu。

(6)漢越語蒸登與庚耕清青不同韻,這和日本漢字、朝鮮漢字的情况是一樣的。漢越語這兩類字讀音的區别很突出,因爲不但元音不同,連韻尾也不相同,有時候元音相同,衹有韻尾不同。蒸登的韻尾是-ng[ŋ]。庚耕清青的韻尾是-nh[ȵ]。試比較下列各組字的讀音:

恒 hăng^{2}:行 hanh^{2}

崩 bâng^{1}:烹 phanh^{1}

冰 bâng^{1}:兵 binh^{1}

憑 bâng^{2}:平 binh^{2}

應 ɨng^{1}:英 anh^{1}

陵 lâng^{1}:靈 linh^{1}

興 hɨng^{1}:馨 hinh^{1}

蠅 dăng^{1}:盈 dinh^{1}

徵 tring¹：貞 trinh¹

升 thâng¹：聲 thinh¹

（7）與平聲相對應，漢越語職德與陌麥昔錫不同韻。不但元音不同，而且韻尾也不同。有時候元音相同，祇有韻尾不同。職德的韻尾是 c[k]，陌麥昔錫的韻尾是 ch[c]，試比較下列各組字的讀音：

刻 khâc⁵：客 khach⁵

黑 hâc⁵：赫 hach⁵

北 bâc⁵：百 bach⁵

逼 bic⁵：碧 bich⁵

抑 ic⁵：益 ich⁵

弋 dic⁶：譯 dich⁶

力 lic⁶：歷 lich⁶

識 thic⁵：適 thich⁵

即 tic⁵：積 tich⁵

息 tic⁵：惜 tich⁵

五、聲　調

漢語是有聲調的語言，越語也是有聲調的語言。漢語有平、上、去、入四聲，分化爲陰陽兩類，即陰平、陽平、陰上、陽上、陰去、陽去、陰入、陽入，共八個聲調。實際上（就其有陰陽八聲的方言來説）祇有六個聲調，因爲陰入與陰平同聲，陽入與陽平同聲，入與平的不同，祇是收音不同而已。越語共有六個聲調，正好與漢語六個聲調相當。

越語六個聲調的名稱是：（1）平聲（băng²）；（2）弦聲（huyên²）；（3）問聲（hoi³）；（4）跌聲（nga⁴）；（5）鋭聲（săc⁵）；（6）重聲（năng⁶）。爲陳述的方便起見，我們把平聲叫做"第一聲"，弦聲叫做"第二聲"，問聲叫做“第三聲”，跌聲叫做“第四聲”，鋭聲叫做“第五聲”，重聲叫做“第六聲”。與漢語的聲調對應，我們可以把第一聲叫做“陰平”，第二聲叫做“陽平”，第三聲叫做“陰上”，第四聲叫做“陽上”，第五聲無[k][ʨ][t][p]收尾的叫做“陰去”，有[k][ʨ][t][p]收尾的叫做陰入；第六聲無[k][ʨ][t][p]收尾的叫做“陽去”，有[k][ʨ][t][p]收尾的叫做“陽入”[①]。可見，陰入和陰去同調，陽入和陽平同調，與漢語方言一般陰入和陰平同調、陽入和陽平同調者稍有不同。

現在分别叙述漢語四聲八調與越語六調的對應情況：

（1）漢語的陰平等于越語的第一聲，例如：

包 bao^1	申 thân^1	朱 chu^1	衣 y^1
江 giang^1	休 hɨu^1	抄 sao^1	忠 trung^1
肩 kiên^1	炊 xuy^1	披 phi^1	芳 phɨəng^1
軍 quân^1	哉 tai^1	胥 tu^1	消 tiên^1

（2）漢語的陽平分爲兩類：第一類是全濁字，等于越語的第二聲，例如：

徒 dhô^2	乘 thɨa^2	排 bai^2	蛇 sa^2
從 tong^2	尋 tâm^2	喉 hâu^2	詞 tɨ^2
遐 ha^2	羣 quân^2	酬 thu^2	魂 bôn^2
誰 thuy^2	蹄 dhê^2	環 hoan^2	蟬 thuyen^2

第二類是半濁音（疑喻泥來娘日明微八母）的字，等于越語的第一聲，例如：

疑母

牙 nha^1	元 nguyen^2	言 ngôn^1	吴 ngô^1

---

① 越南“國語”字陰平無號，陽平用﹨號，陰上用 ? 號，陽上用 ~ 號，陰去、陰入用﹒號（標在字母上面），陽去、陽入用·號（標在字母底下）。

吟 ngân¹　　吾 ngô¹　　芽 nha¹　　迎 nghinh¹

宜 nghi¹　　研 nghiên¹　　娱 ngu¹　　原 nguyên¹

峨 nga¹　　倪 ngê¹　　涯 nhai¹　　愚 ngu¹

喻三

于 vu¹　　雲 vân¹　　芸 vân¹　　炎 viêm¹

爰 viên¹　　耘 vân¹　　員 viên¹　　王 viəng¹

喻四

羊 diəng¹　　延 duyên¹　　祥 diəng¹　　沿 diên¹

姨 di¹　　耶 da¹　　俞 du¹　　盈 doanh¹

移 di¹　　惟 duy¹　　昇 di¹

泥母

奴 nô¹　　年 niên¹　　泥 nê¹　　南 nam¹

能 năng¹　　男 nam¹　　難 nan¹　　農 nông¹

黏 niêm¹

來母

牢 lao¹　　良 liəng¹　　雷 lôi¹　　來 lai¹

林 lâm¹　　图 linh¹　　流 liu¹　　苓 linh¹

厘 ly¹　　郎 lang¹　　凉 liəng¹　　倫 luân¹

連 liên¹　　婪 lam¹　　梨 lê¹　　陵 lăng¹

娘母

娘 niəng¹

日母

人 nhân¹　　仁 nhân¹　　壬 nhâm¹　　仍 nhïng¹

而 nhi¹　　如 nhï¹　　兒 nhi¹　　姙 nhâm

茸 nhung¹

明三

矛 mâu[1]　　忙 mang[1]　　芒 mang[1]　　門 môn[1]

明 minh[1]　　氓 manh[1]　　枚 mai[1]　　侔 môu[1]

眉 mi[1]　　　苗 miêu[1]　　茅 mao[1]　　迷 mê[1]

冥 minh[1]　　眠 miên[1]　　埋 mai[1]　　旄 mao[1]

麻 ma[1]

明四

民 dân[1]　　名 dinh[1]

微母

文 văn[1]　　忘 vong[1]　　巫 vu[1]　　汶 vân[1]

無 vô[1]　　微 vi[1]　　聞 văn[1]

（3）漢語的陰上等於越語的第三聲，例如：

祖 dhan[3]　　掃 tao[3]　　耆 câu[3]　　棗 tao[3]

堵 dô[3]　　　傘 tan[3]　　琬 uyên[3]　　解 giai[3]

簡 gian[3]　　鼠 thɨ[3]　　準 chuân[3]　　詭 qui[3]

帚 trɨu[3]　　管 quân[3]　　賞 thɨəng[3]　　廣 quang[3]

（4）漢語的陽上分爲兩類；第一類是半濁字（即疑喻泥來娘日明微八母的字），等於越語中的第四聲，例如：

疑母

阮 nguyên[4]　　語 ngɨ[4]　　耦 ngâu　　我 nga[4]

藕 ngâu[4]　　齬 ngɨ[4]　　伍 ngɨ[4]　　迓 nha[4]

雅 nha[4]　　　眼 nhan[4]

喻母

勇 dung[4]　　蛹 dung[4]　　牖 du[4]　　遠 viên[4]

養 dɨəng[4]　　也 da[4]　　　已 di[4]　　有 hɨu[4]

羽 vu[4]　　　宇 vu[4]　　　雨 vu[4]　　往 vang[4]

泥母

惱 nao⁴　　乃 nai⁴　　襧 nê⁴　　卵 noan⁴①

弩 nô⁴

來母

柳 liêu⁴　　朗 lang⁴　　領 linh⁴　　輦 liên⁴

嶺 linh⁴　　儡 lôi⁴　　歛 liêm⁴　　禮 lê⁴

醴 lê⁴　　覽 lam⁴　　老 lao⁴

娘母

女 nɨ⁴

日母

繞 nhiêu⁴　　耳 nhi⁴　　汝 nhɨ⁴　　乳 nhu⁴

忍 nhâu⁴

明母

滿 man⁴　　蟒 mang⁴　　馬 ma⁴　　米 mê⁴

牡 mâu⁴　　某 mô⁴　　每 môi⁴　　美 mi⁴

買 mai⁴　　免 miên⁴

微母

晚 van⁴　　網 vong⁴　　武 vu⁴

　　第二類是全濁字,一部分等于越語的第六聲,這和漢語濁上變去的發展規律是一致的,例如:

已 ti⁶　　户 hô⁶　　父 phu⁶　　市 thi⁶

坐 toa⁶　　弟 dê⁶　　似 tɨ⁶　　序 tɨ⁶

伴 ban⁶　　受 thu⁶　　柱 tru⁶　　倍 bôi⁶

被 bi⁶　　部 bô⁶　　淡 dham⁶　　象 tiəng⁶

---

① "卵"是來母字,漢越語讀入泥母。

善 thiên⁶

但也有一部分字保持濁上，等于越語的第四聲，例如：

仕 sı̀⁴	牝 tân⁴	妓 ky⁴	但 dhan⁴
社 xa⁴	朕 trâm⁴	脛 hinh⁴	貯 tru⁴
舅 cı̀u⁴	待 dhai⁴	俟 sı̀⁴	踐 tiên⁴
駭 hai⁴	蕩 dhang⁴		

（5）漢語的陰去等于越語的第五聲，例如：

稅 thuê⁵	智 trı̀⁵	替 thê⁵	棟 dhông⁵
痛 thông⁵	絳 giang⁵	註 chu⁵	愛 ai⁵
勢 thê⁵	禁 câm⁵	嫁 gia⁵	照 chiêu⁵
葬 tang⁵	暗 âm⁵	絹 quyên⁵	翠 thuy⁵

（6）漢語的陽去等于越語的第六聲，例如：

寨 trai⁶	誤 ngô⁶	漏 lâu⁶	壽 tho⁶
尚 thıəng⁶	旺 vıəng⁶	事 sı̀⁶	附 phu⁶
定 dhinh⁶	後 hâu⁵	奈 nai⁶	怒 nô⁶
昧 muôi⁶	係 hê⁶	甚 thâm⁶	囿 hı̀u⁶

（7）漢語的陰入等于越語的第五聲，與陰去同調，例如：

拭 thıc⁵	挈 khiêt⁵	隻 chich⁵	屑 tiêt⁵
息 tıc⁵	陟 trăc⁵	祝 chuc⁵	國 quôc⁵
惜 tich⁵	法 phap⁵	曲 khuc⁵	折 chiêt⁵
必 tât⁵	甲 giap⁵	出 xuât⁵	冊 sach⁵

（8）漢語的陽入等于越語的第六聲，與陽去同調，例如：

席 tich⁶	核 hach⁶	狹 hiêp⁶	栗 lât⁶
浴 duc⁶	悅 duyêt⁶	特 dhăc⁶	敵 dhich⁶
桀 kiêt⁶	烈 liêt⁶	粒 lâp⁶	略 lıəc⁶
族 tôc⁶	陸 luc⁶	盒 hap⁶	掖 dich⁶

　　漢越語中有些改變調類的字,如"試"字本屬陰去而讀陰平,"鬪"字本屬陰上而讀陰去①,"理"字本屬陽上而讀陰去,"問、換"本屬陽去而讀陰去。這裏不一一列舉了。

---

① 　編者注:文集本無"試、鬪"二例。

主要術語、人名、論著索引